則天武后
측천무후

則天武后

측　천　무　후

우지앙　저
권용호　역

學古房

서 언

중화제국 역사상 유일한 여성 황제

남존여비의 봉건사회에서 일개 여성이 지존의 자리에 올라 세상 모든 남자들의 무릎을 꿇게 만들었다. 무측천, 고금을 뒤흔들며 눈부시게 빛나는 이 유일무이한 여성 황제는 중화제국의 역사에 진정한 기적을 만들었다.

그녀는 남존여비의 사회에서 전무후무하게도 통치 집단의 최고인 왕좌에 앉아 천하를 호령하였다. 혁혁한 전공을 세운 무장과 학식이 뛰어난 문신들은 그녀의 황관 아래에 머리를 조아렸다. 그녀는 반세기 동안의 정치인생에서 당 태종의 "정관(貞觀: 627~649)의 치(治)"[당나라 2대 황제 이세민(李世民)의 치세시기로, 안으로 위징(魏徵)·방현령(房玄齡) 같은 명신들의 보좌로 태평성세를 구가했고 밖으로 돌궐과 토번 등을 정벌하여 당나라의 기틀을 놓은 시기…옮긴이]를 발전시키고, 당 현종 시기의 "개원성세(開元盛世)"[개원(開元)은 당 현종의 연호…옮긴이]에 기초를 놓았다. 대당제국은 그녀로 인해 더욱 번성하였고, 대당의 백성들은 그녀로 인해 큰 자부심을 가졌다.

정관 11년(637)에 14살이 된 무측천은 당 태종의 부름을 받아 입궁하여 "재인(才人)"에 봉해졌다.

정관 23년(649), 태종이 붕어하자 무측천은 장안의 감업사(感業寺)로 보내져 비구니가 되었다. 당 고종 이치(李治)는 즉위하자 자신과 마음이 통했던 무측천을 다시 입궐시켜 "소의(昭儀)"로 봉하고, 신비(宸妃)라는 칭호를 올렸다. 무측천은 후궁에서 왕(王) 황후·소숙비(蘇叔妃)와 총애를 다투면서 자신의 친딸까지도 살해하는 등 온갖 수단을 동원하였다. 또 조정에서 도당(徒黨)들을 끌어들여 결국 왕 황후와 소숙비를 무너뜨렸다. 영휘 6년(655), 무측천의 황후등극식이 성대히 거행되었다. 그 규모는 황제의 등극의식을 능가했다.

무측천은 황후의 보좌에 오른 뒤, 황후의 신분과 황제의 총애를 이용해 조정에 적극적으로 참여하여 "각 기관들이 상주한 일들을 황후가 수시로 결정했다." 황후가 정무를 문제없이 잘 처리했기 때문에 군신들은 경탄해마지 않았다. 고종은 그녀가 국정을 독점하는 것이 싫었지만 산적한 국가대사를 그녀에게 의지하지 않을 수 없었다. 이렇게 무후는 점차 막후에서 무대로 나와 마침내 고종과 함께 군신들의 알현을 받았다. 상원 원년(674), 고종을 천황으로, 황후를 천후로 불렀다. 사람들은 두 명의 황제라는 의미에서 "이성(二聖)"으로 불렀다.

상원(上元) 원년, 무측천은 "천후"의 자격으로 집정을 시작했다. 천수(天授) 원년(690)에 정식으로 칭제한 후 16년 동안 그녀는 꼭두각시 황제를 폐위시키고 서경업의 반란을 진압했으며 재상 배염을 제거하였다. 동시에 천하의 관리들과 백성들에게 도성으로 와서 밀고할 것을 장려했으며 혹리를 중용해 이씨 종실을 파멸시키고 그녀를 위해 새로운 왕조를 만들게 하였다.

천수 원년(690), 성지를 내려 즉위한 날로부터 당 황실을 폐하고 국호를 주(周)로 하며 천후라는 칭호를 성신황제로 바꾸었다. 건국의 대업을 마침내 실현했다.

냉철했던 그녀는 혹리들을 기용해 많은 형구와 자백을 유도하는 수단을 만들어 공신들을 비롯한 정적들을 무자비하게 살해하였다. 무주(武周) 정권이 수립된 후 권력투쟁이 완화되면서 이런 모습은 사라졌다. 그녀는 대사를 치를 때 서두르지 않고 면밀하게 따져보고 추진하였다. 그녀의 언행을 살펴보면 잔인·총명·광분·냉정 등의 특징이 놀라울 정도로 잘 나타나 있다.

그녀는 용병술에 정통하였다. 칭제한 후 인재의 선발과 기용을 중시했다. 그녀는 수나라 이래의 과거제도를 개선하여 널리 인재를 뽑고 자천이나 시관(試官)으로 관리가 될 수 있는 길을 열어놓았다. 이밖에 그녀는 전시(殿試: 임금이 친히 주관하는 시험…옮긴이)와 무거제도(武擧制度: 무예와 병서에 정통한 사람을 뽑는 시험…옮긴이)를 만들어 인재를 발굴했다.

무측천은 만년에 제국의 후계자 문제에 심혈을 기울였다. 최종적으로 그녀는 이씨 당나라로의 회귀정책을 취해 이현(李顯)에게 태자의 자리를 주었다. 신룡(神龍) 원년(705) 정월,

무자비(無字碑)

장간지(張柬之) 등은 쿠데타를 일으켜 무측천의 퇴위를 강요하여 중종을 복위시켰다. 중종 신룡 원년(705) 11월, 무측천은 향년 82세로 호화로운 궁궐에서 세상을 떠났다.

　무측천은 죽기 전에 능 앞에 글자를 넣지 않은 비석을 하나 세우라는 유언을 남겼다고 전해진다. 50년 동안 천하를 호령했던 여황제였지만 죽어서는 글자 하나 새기지 않은 비석을 남겼을 뿐이었다. 어떤 이는 공덕이 무량하여 글로 나타낼 수 없는 것이라고 말하기도 한다. 한 사람의 공과(功過)와 시비는 자신이 떠벌리기 보다는 후인들에게 맡겨야 한다는 점을 무측천은 잘 알고 있었던 것이다.

우지앙(吳江)
2006년 8월 8일

목 차

05 ▸ 서 언
11 ▸ 본서에 나오는 唐代 제왕과 연호
12 ▸ 무측천 가계도

제1장 황후의 길

13

제1절 재인(才人)으로 입궁하다 15
제2절 사랑을 고백한 시 《여의낭(如意娘)》 29
제3절 애교로 황제를 미혹시키다 37
제4절 피비린내 나는 궁정 45
제5절 황후 왕씨를 폐위하고 무씨를 세우다 57

제2장 천후가 되다.

67

제1절 조정을 숙청하다 69
제2절 황후가 되다 85
제3절 《성씨록》을 편찬하다 95
제4절 도성을 옮기다 105
제5절 전쟁을 멈추고 백성을 풍요롭게 하다 115
제6절 두 명의 황제가 국정을 맡다 127
제7절 천후가 권력을 독단하다 147

제3장	비상시국
157	제1절 천황의 죽음 159
	제2절 조정에 나가 섭정하다 169
	제3절 황제를 폐위하고 아들을 살해하다 185

제4장	투 쟁
201	제1절 서경업의 반란 203
	제2절 배염의 투옥 211
	제3절 종실을 치다 223
	제4절 무씨일가 233

제5장	측천황제
245	제1절 여황제(女皇帝) 247
	제2절 종교의 교리로 백성을 가르치다 263
	제3절 용병술 279
	제4절 권력을 휘두르다 301
	제5절 혹리 313

제6장	이씨 당나라로의 복귀
331	제1절 누가 천자의 후계자인가? 333
	제2절 이씨와 무씨를 함께 우대하다 345
	제3절 남창이 화를 불러오다 365
	제4절 여황제의 말로 381

본서에 나오는 唐代 제왕과 연호

제호	본명	연호(지속된 시간)	연도
고조(高祖)	이연(李淵)	무덕(武德)(9년)	618년
태종(太宗)	이세민(李世民)	정관(貞觀)(23년)	627년
고종(高宗)	이치(李治)	영휘(永徽)(6년)	650년
		현경(顯慶)(5년)	656년
		용삭(龍朔)(3년)	661년
		인덕(麟德)(2년)	664년
		건봉(乾封)(2년)	666년
		총장(總章)(2년)	668년
		함형(咸亨)(4년)	670년
		상원(上元)(2년)	674년
		의봉(儀鳳)(3년)	676년
		조로(調露)(1년)	679년
		영융(永隆)(1년)	680년
		개요(開耀)(1년)	681년
		영순(永淳)(1년)	682년
		홍도(弘道)(1년)	683년
중종(中宗)	이현(李顯)	사성(嗣聖)(1년)	684년
예종(睿宗)	이단(李旦)	문명(文明)(1년)	684년
측천무후(則天武后)		광택(光宅)(1년)	684년
		수공(垂拱)(4년)	685년
		영창(永昌)(1년)	689년
		재초(載初)(1년)	689년
		천수(天授)(2년)	690년
		여의(如意)(1년)	692년
		장수(長壽)(2년)	692년
		연재(延載)(1년)	694년
		증성(證聖)(1년)	695년
		천책만세(天冊萬歲)(1년)	695년
		만세등봉(萬歲登封)(1년)	696년
		만세통천(萬歲通天)(1년)	696년
		신공(神功)(1년)	697년
		성력(聖曆)(2년)	698년
		구시(久視)(1년)	700년
		대족(大足)(1년)	701년
		장안(長安)(1년)	701년
중종(中宗)	이현(李顯)	신룡(神龍)(2년)	705년
		경룡(景龍)(3년)	707년

무측천 가계도

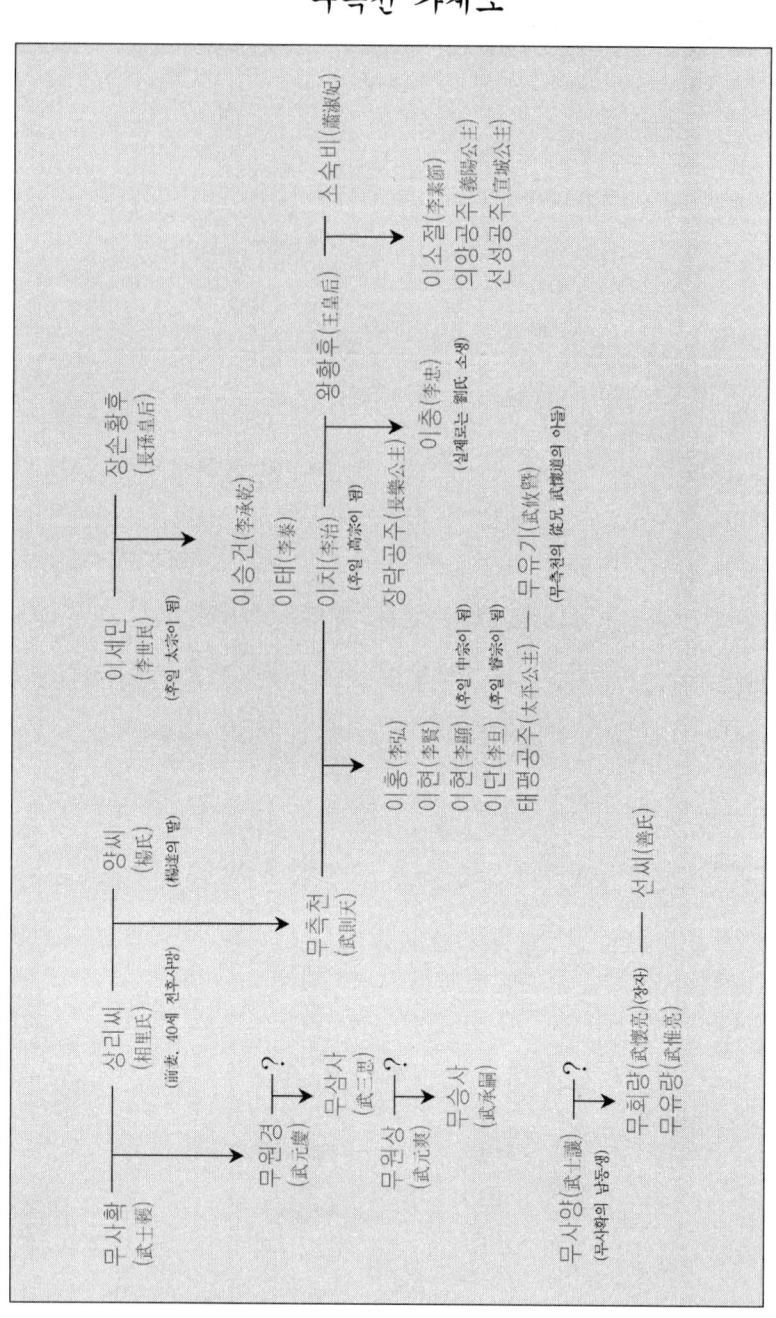

則天武后

1 황후의 길

제1절

재인(才人)으로 입궁하다

정관(貞觀) 12년(638년), 당 태종(太宗)은 무사확(武士彠)의 딸 무측천이 미모가 출중하다는 말을 듣고 입궁시켜 "재인(才人)"으로 봉했다.

당나라 초기의 후궁제도에는 "사부인(四夫人)"·"구빈(九嬪)"·"이십칠세부(二十七世婦)"·"팔십일어처(八十一御妻)"라는 편제가 있는데, 다시 말해 황후 외에 121명의 후궁이 있었다. "사부인"은 귀비(貴妃)·덕비(德妃)·숙비(淑妃)·현비(賢妃)를 말하고, "구빈"은 소의(昭儀)·소용(昭容)·소원(昭媛)·수의(修儀)·수용(修容)·수원(修媛)·충의(充儀)·충용(充容)·충원(充媛)을 말한다. "이십칠세부"는 첩여(婕妤)·미인(美人)·재인(才人)이 9명씩이고, "팔십일어처"는 보림(寶林)·어녀(御女)·채녀(采女)가 27명씩이다. 이밖에 작위가 없는 궁녀들은 천 명을 넘었다. 편제는 엄격해서 순차적으로 승진할 수 있을

제1장 황후의 길

뿐이었다. 무측천이 받은 "재인"이라는 지위는 121명의 황제의 어첩 중 삼십 위 바깥의 서열이었다. 무측천의 미모에다 공신인 아버지의 지위로 봤을 때 재인의 위치는 높은 편이 아니었다. 처음에 무측천은 언젠가 황제의 총애를 받으면 직위가 바로 올라갈 것이라 생각해서 이를 크게 염두에 두지 않았다. 그러나 세월이 지나면서 무측천의 자신감도 조금씩 약화되었다.

무측천 이전에 오랫동안 각 민족들이 서로 융합되면서 새로운 사회풍속이 형성되었다. 북조(北朝) 이래로 사회에는 뛰어난 안목을 가진 용맹하고 걸출한 여성들이 활약하고 있었다. 지금 우리가 알고 있는 "머리카락이 길면 식견이 짧다"·"여자는 재주가 없는 것이 덕이다"·"굶어 죽는 것은 작은 일이고, 정조를 잃는 것은 큰일이다"·"바람을 이기지 못할 정도로 가녀리고 연약한 발" 등의 전통 여성들에 대한 속박과 편견은 그 시기에는 전통이 아니었다. 또 여성미를 판단하는 기준도 후대와 달랐다. 당시 미녀의 기준은 연약함이 아닌 건강미였고, 정숙함과 냉담함이 아닌 청춘의 열정이었다. 무측천은 늘씬하고 견실한 몸매, 반듯한 얼굴, 수려하고 널찍한 이마, 예쁘고 초롱초롱한 두 눈, 넓고 산뜻해 보이는 귀밑머리를 가진 당시 누구나 인정하는 미인이었다. 그녀는 궁중에서 자신의 자리를 차지하는데 자신이 있었지만 이상과 현실의 차이는 너무도 컸다.

측천황후(則天皇后)

무측천의 가족은 남북조 때 지금의 산서성(山西省) 문수(文水) 일대에 거주하였다. 무측천의 조상은 역대로 관리를 지냈지만 공적은 두드러지지 않았다. 무씨 집안의 운명이 바뀐 것은 그녀의 부친 무사확 때였다. 무사확은 목재장사를 통해 가업을 일으켰고, 부를 쌓은 후에는 각계의 인사들과 교류하였다. 수나라 말기의 동란 중에 산서성에서 군대를 이끌고 있던 이연(李淵)을 알게 되었다. 무사확은 이연이 주도하는 거사에는 참가하지 않았지만 이연과 가깝고 거사 후 군수관으로 장안에 들어간 관계로 당나라가 건국된 후 14명의 "원종공신(元從功臣: 처음부터 왕을 따르며 공을 세운 사람에게 주는 공신칭호…옮긴이)"에 봉

당고조(唐高祖) 이연(李淵)

해졌다. 이렇게 무씨집안은 장안성의 새로운 귀족이 되었다.

무사확의 전처 상리씨(相里氏)는 무원경(武元慶)과 무원상(武元爽)을 낳았다. 상리씨는 무사확이 40세 초반일 때 세상을 떠났다. 당 고조 이연이 직접 나서서 그의 후처를 찾아주었다. 그래서 수나라의 재상 양달(楊達)의 딸이 그의 새로운 처가 되었다. 역사학자 진인각(陳寅恪: 1890~1969)은 말했다. "무사확은 본디 미천한 출신의 장사꾼으로 투기로 부를 쌓았으니 그의 가문이 명문가가 아닌 것은 분명하다. 그의 일생 중 가장 주목할 만 것이 양씨의 딸을 후처로 맞이한 일이다."

무측천의 모친은 수나라 관왕(觀王) 양웅(楊雄)의 질녀이다. 양웅은 수나라 황실의 직계는 아니었지만 그의 지위와 명망은 대단히 높았다. 무사확은 수나라 때 부유한 상인에 불과했고, 게다가 관왕 양웅의 집안과 혼인할 자격도 없었다. 그가 양씨에게 장가를 든 것은 수나라가 멸망한 이후였다. 그는 새로운 왕조의 귀족 신분으로 전 왕조의 종실에 장가들어 사회적 지위를 높이려고 했다. 이 역시 당시의 세태였다. 진인각은 말했다. "사서에는 당 태종이 무측천의 미모가 출중하다는 말을 듣고 그녀를 입궁시킨 것으로 기록하고 있다. 무측천의 미모는 말할 필요가 없겠으나 양씨가족을 중시한 당 태종의 심리상 영국부인(榮國夫人: 무측천의 모친…옮긴이)이 양웅의 질녀라는 사실과 관계가 있을 것이다."

무측천이 성장한 시대는 중국사회가 문벌사회에서 일반지주관료사회로 나아가던 시대였지만 문벌관념은 아직도 사회에 큰 영향을 끼치고 있었다. 무측천의 모계(母系)를 보면, 그녀의 몸에는 명문가의 고귀한 피가 흐르고 있었다. 부계(父系)를 보면, 갑작스럽게 재산을 축적한 부유한 상인출신으로 전통 문벌 관념상 명망 있는 사족(士族)의 대열에는 들어가지 못했다. 이러한 복잡한 가정에는 자연히 심각한 갈등과 분쟁이 있기 마련이었다.

무씨 가족 내부의 갈등에는 일반적인 적·서의 갈등이 아닌 사족과 서족(庶族) 간의 서열다툼이 관통하고 있었다.

무사확이 양씨와 결혼한 것은 가문의 지위를 높이기 위함이었다. 그때 무사확은 45세였고, 양씨는 43세였다. 무사확의 전처 상리씨와 남동생 무사양(武士讓)의 장자인 무회량(武懷亮)의 처 선씨(善氏)는 진양(晉陽) 토박이 출신으로, 무씨집안이 흥하기 전에 시집을 왔기 때문에 명문가 출신인 양씨와는 근본적으로 비교가 되지 않았다. 이 두 가지로 봤을 때, 양씨는 무씨 집안으로 시집 온 후 상당한 우월감을 가지고 있었다. 무씨 집안사람들은 이런 우월감을 견딜 수 없었다. 양씨의 약점은 아들을 낳지 못했다는 점이다. 무사양의 아들 무유량(武惟良) 등은 이를 빌미로 양씨를 공격했다. 갈등은 이로 시작되었다.

무측천은 유년시절 이러한 적·서의 갈등이 심한 신진관료 가정에서 보냈다. 그녀의 혈관에 흐르는 귀족과 상인의 피는 강렬한 권력욕과 호전적 성격을 형성해 목적을 위해서라면 수단과 방법을 가리지 않도록 만들었다.

무사확이 있을 때 가족 간의 갈등은 억제되었기 때문에 어린 시절에는 좋은 기억이 더 많았다. 후에 무사확이 세상을 떠나자 자녀들은 자신들을 보호해주던 큰 나무를 잃었다. 무측천의 언니들은 아직 출가하지 않았고 여동생들은 어린아이에 불과했다. 부친이 사망하자 무원경과 무원상은 공신의 후손이라는 이유로 관직을 물려받았지만 딸들은 갈 곳이 없었다. 더욱이 무사확이 세상을 떠나자 가족 간의 갈등이 격화되었다. 양씨에게 오랫동안 참고 살아온 무씨의 아들과 조카들은 이때 마침내 폭발하였다. 그들은 이 명문가의 후손에게 예를 다하지 않았다. 이것은 무측천의 첫 번째 인생수업이었다. 이후 그녀의 생활은 어떻게 되었을까? 평범한 여성이라면 결혼해서 힘든 날을 피하려 했겠지만 무측천은 그럴 수 없었다. 양씨 귀족의 혈통에다 북조 이래로 여자는 강하고 적극적이어야 한다는 세태가 그녀에게 영향을 주었다. 그녀는 일생을 평범하게 보내길 원치 않았다. 그녀는 자신의 길을 직접 개척하려고 했다. 이 길에는 많은 어려움이 있겠지만 그녀에게는 이러한 모험을 감내할만한 꿈이 있었다. 그녀에게 필요한 것은 이 시끄러운 집을 떠나 더 넓은 세상에서 재능을 펼칠 수 있는 기회였다.

이 기회는 무측천이 14살 때 찾아왔다. 정관 12년(638년), 당 태종은 무측천을 입궁시키라는 조서를 내렸다. 내시성(內侍省)은 즉각 어명을 받들어 무측천의 집으로 사자를 보내 조서를 낭독했다. 양씨 부인은 듣고 말을 잇지 못했다. 태감이 떠나자 양씨는 결국 통곡하기 시작했다. 당시의 관례로 보면 여자가 뽑혀 입궁하면 비빈이 되었다. 부모형제의 직위가 올라가고 부유해지기 때문에 관리의 집안에게는 아주 영광스러운 일이었다. 그러나 직급이 낮은 비빈이 된다면 가족들은 큰 덕을 볼 수 없었다. 궁문 안은 바다같이 깊고, 황제와 후비를 조심해서 시중들어야 하기 때문에 도리어 관리집안의 여식이나 부인들처럼 자유롭지 않았다. 전대의 황족출신인 양씨는 궁녀들의 생활을 잘 알고 있었기 때문에 기뻐하지 않고 통곡했던 것이다. 모친이 눈물을 줄줄 흘리는 것을 보며, 무측천은 "천자를 뵙는 것이 어찌 복이 아니겠습니까? 어느 자식이 슬퍼하겠습니까?"라고 말했다. 입궁하여 군주를 모시는 것이 재난이 될 가능성이 있었지만 그녀에게는 그것이 전화위복이 될 것이라는 자신감과 꿈이 있었다. 그래서 그녀는 이러한 마음을 가지고 황궁에 들어왔던 것이다. 여자 나이 14살은 아직 어린아이에 불과했다. 권력에 대한 강렬한 집착과 계획은 아니지만 복잡한 환경과 갑작스런 곤경은 그녀를 일찍 성숙시켰다. 그녀는 꿈을 위해 뒤도 돌아보지 않고 용감하게 새로운 난관을 향해 들어갔다.

궁정생활은 무측천이 생각했던 것처럼 호락호락하지 않았다.

그녀의 직위는 올라가지 않았다. 정관 11년에 입궁하여 정관 23년 태종이 붕어하기까지 12년 동안 무측천은 여전히 재인이라는 직위에 머물렀다. 게다가 그녀는 태종에게 자녀를 낳아주지 못했으니 태종이 그녀에게 얼마나 냉담했는지 알 수 있다. 이것은 왜일까? 그녀는 이름난 미인이지 않던가.

또 다른 재인이었던 서재인(徐才人)과 비교하면 그 연유를 알 수 있다. 《신당서(新唐書)·서현비전(徐賢妃傳)》에는 말하고 있다: 태종의 현비 서씨는 호주(湖州) 장성(長城) 사람으로, 4살 때 《논어》에 정통했다. 태종이 이를 듣고 재인으로 불러들였다. 입궁 후 태종은 그녀를 대단히 총애하였다. 서비는 문재가 출중하였다. 한 번은 어떤 비(妃)를 대신해서 시문을 짓는데 붓을 들자 바로 글을 써 내려갔다. 그 문사가 어찌나 화려했던지 황제조차도 문재를 알아주었다고 한다. 이 때문에 연말 제사 때 그녀가 비빈들을 인도하였다. 얼마 후 그녀는 충용으로 승진하였다. 충용은 정2품인 구빈의 하나로, 재인보다 3품이 높았다. 고종 때가 되어서 무측천은 안업사(安業寺)에서 궁으로 다시 돌아온 뒤 승은(임금이 신하에게 내리는 특별한 은혜…옮긴이)을 입어(652년) 소의로 승진하여 구빈의 일원이 되었다.

서비의 입궁시기에 대해 사서에는 자세한 글이 보이지 않는다. 서비는 영휘(永徽) 원년(650년) 24살의 나이로 사망하였다. 당시 무재인의 나이는 26살로 서씨보다 3살이 많았다. 정관 11년(637년), 무측천이 입궁할 때 서비는 겨우 11살이었다. 그래서 서씨가 입궁한 시기는 무재인보다 늦다고 할 수 있다. 서씨는 태종의 궁중에 있는 시간도 무씨보다 짧았다. 그러나 서씨는 태종의 총애를 받았고 무씨는 그러지 못했다.

태종이 서씨를 후대하고 무측천을 냉대한 원인은 무엇일까? 그것은 무측천의 사나운 기질 때문이 아닌가 싶다. 사서에 기록된 길들여지지 않은 말을 다루는 그녀의 태도를 보면 알 수 있다. 무측천은 머리회전이 빠르고 일을 처리하는데 뛰어났다. 그녀는 궁중에서 태종황제의 의상실을 맡아 훌륭하게 관리하였다. 태종은 무측천의 이러한 모습을 벌써부터 잘 알고 있었던 것이다. 이 정도라면 확실히 무서운 여인이라 하겠다.

태종은 영리하고 극단적인 여인을 좋아하지 않았다. 그는 단아하고 애교를 잘 부리는 여인을 좋아했지 숙련되고 유능한 여인을 원치 않았다. 그래서 무측천은 황궁에서 십 몇 년 동안 황제를 모셨음에도 여전히 재인의 위치에 있었던 것이다. 성욕이 가장 왕성한 14살에서 26살까지 그녀의 곁에는 자신을 사랑하지 않는, 자신보다 26살이나 많은 당 태종만 있었다. 그녀는 갖은 구속과 제약 하에 끌채에 매인 노새처럼 하루하루를 보내야 했다. 이것만 보면 그녀는 분명히 실패한 여인이었다.

웅장한 이상을 가졌던 무측천은 재능을 펼칠 수도 없었고 되는 일도 없었지만 운명을 받아들이지 않았다. 냉철한 그녀는 불편한 마음을 절대 겉으로 드러내지 않았다. 그녀는 평소 끓어오르는 정욕을 깊이 숨기고 예전처럼 자신의 책무를 다하며 황제를 모셨다. 그녀는 조정의 명부(命婦: 봉작을 받은 부인을 통칭하는 말…옮긴이)를 연회에 초청하는 각종 예의에 정통했다. 또 연악(燕樂)을 완벽하게 조직하고, 《시경(詩經)》을 모방해 쓴 가사는 소박하고 고상해서 궁정 악곡에 맞춰 노래해보면 막힘이 없었다. 궁 안의 각종 제사도 손바닥 들여다보듯 훤했다. 그러나 그녀의 흥미는 "정치에 참여하는 일"에 있었다. 정무를 처리하는 것에 대한 관심은 이미 그녀의 고질적인 버릇이 되었다. "정치에 참여하면서" 무측천은 직접 행할 수는 없었지만 정치에 익숙해져갔다. 그녀는 조정에서 관례대로 행해지는 공무와 주변상황을 파악해갔다.

무측천이 정치적으로 더욱 성숙하게 된 것은 당 태종이 만년에 태자를 몇 차례 폐위하는 문제 때문이었다. 복잡하고 험악한 궁정투쟁을 겪으며 무측천은 자신의 계획을 더욱 분명히 하였다.

장손황후(長孫皇后)는 태종에게 세 명의 아들, 즉 이승건(李承乾)·이태(李泰)·이치(李治)를 낳아주었다. 장손황후가 사망한 후, 태종은 세 아들을 모두 총애했다. 그러나 저군(儲君: 황태자-옮긴이)은 하나뿐이고 또 봉건 예법은 적장자를 세우도록 규정하고 있다.

장손황후(長孫皇后)

이것은 궁중투쟁을 피하고 국가를 안정시키는 황위계승법이었다. 태종 자신은 차남으로 황제가 되었지만 이러한 예법은 그래도 지켜야했다. 더군다나 태자 승건은 처음에 자신을 대단히 흡족하게 하였다. 이태는 위왕(魏王)에, 이치는 진왕(晉王)에 봉해져 있어 직위가 분명했다. 그러나 시간이 흐를수록 후계자 다툼은 끝내 피할 길이 없었다.

진왕 이치는 태종의 성격과 상당히 달랐다. 그의 성품은 인자하고 나약했다. 때문에 태종은 세 아들 중에 태자와 위왕 이태를 편애하였다. 후계자를 둘러싼 투쟁은 이 두 아들 사이에서 일어났다.

태자 승건은 어려서 총명하고 기민해 태자수업을 집중적으로 받았다. 고조의 상을 치르던 날, 태종은 태자에게 일반적인 정무를 처리하게 하고 자신은 뒤에서 조정만 해줌으로써 태자의 정무 처리 능력을 키워주었다. 이후 태종은 외출할 때마다 태자에게 국정을 맡겼다. 그러나 승건은 나이가 들면서 음악·여자·유희·사냥에 빠져들었다. 태종 앞에서 하는 행동과 뒤에서 하는 행동이 달랐다. 조정에서는 충효인의를 말하면서, 동궁으로 물러나서는 음란하고 방탕한 생활을 하며 학업을 소홀히 했다. 태자를 지도한 대신(大臣) 공영달(孔穎達)·우지녕(于志寧)·장현소(張玄素)는 당시의 석학이었다. 그들은 태자에게 누차 간언하였다. 태자는 앞에서 공손하게 잘못을 뉘우치면서 그들의 환심을 사는 한편 뒤에서는 몰래 사람을 보내 그들을 해칠 궁리를 하였다. 태자의 이러한 행동들이 태종의 귀에 전해지자 태종은 크게 실망하였다.

위왕 이태는 지모가 있으면서 문학적 재능이 뛰어났다. 그는 어질고 덕이 있다는 이미지로 부황의 총애를 받고 이간계로 태자의 자리에 오르려 했다. 때문에 그는 신분이 낮은 선비들을 예우했고, 태종에 대해서도 공경과 효도를 다했다. 태종은 이태의 언행이 마음에 들어 위왕부(魏王府)에 문학관(文學館)을 설치하여 학식이 있는 사람들과 교류하도록 해주었다. 매달 그에게 들어가는 경비는 태자보다 훨씬 많았다. 또 그를 무덕전(武德殿)에 거주하도록 하여 그를 총애하는 마음을 보여주었다.

이승건은 이태의 속셈을 알고도 분발하기는커녕 각종 무례한 행동을 일삼았다. 그는 근 100명의 가노들에게 돌궐어를 익히게 하고 돌궐인의 복장을 입혀 춤을 추게 했다. 또 돌궐인의 모습을 모방하게 하여 여러 개의 장막에 나눠 거주토록 했다. 심지어는 민간의 말과 소·양을 훔쳐 잡아먹기도 하였다. 한번은 그가 돌궐의 가한(可汗)으로 가장하여 죽은 척하고 부하들에게 자신을 둘러싸고 춤을 추게 했다. 그가 갑자기 벌떡 일어서자 부하들은 깜짝 놀랐는데 곁에 있는 사람들조차도 그를 미치광이라고 말했다. 한번은 주위 사람들에게 "내가 천자가 되면 내 마음대로 할 것이다. 누구라도 간언하면 바로 죽여 버릴 것이다. 그렇게 500명을 죽인다면, 누가 감히 간언을 하겠느냐?"라고 말하기도 했다. 그의 각종 행위는 그가 근본적으로 태종의 후계자가 될 능력이 없음을 보여주었다. 위왕 이태는 부마도위(駙馬都尉) 시령무(柴令武)·방유애(房遺愛) 등을 문하로 끌어들여 그들로 하여금 심복을 모아 조정의 대신들과 결탁하게 하여 저위(儲位: 황태자 자리…옮긴이)를 향한 행보에 속도를 냈다. 이승건은 이를 알고 매우 두려웠다. 그는 위왕을 암살하고자 했으나 실패하자 위왕의 문도로 가장한 사람을 현무문에 보내 위왕의 죄행을 날조한 글들을 올리게 했다. 태종이 사람을 보내 조사했으나 허구로 판명났다.

계책이 통하지 않자 태자의 노기가 부황에게로 옮겨갔다. 태종에게 불만이 있는 사람들인 태종의 서제(庶弟) 한왕(漢王) 이원창(李元昌)·대장(大將) 후군집(侯君集) 등을 모아 함께 혈주(血酒)를 마시고 병권을 찬탈하기로 맹세하였다.

정관 17년(643년), 태종의 다섯 번째 아들 제왕(齊王) 우(祐)가 모반을 일으켰다. 태자가 이를 듣고 농담하듯 말했다. "제왕 우도 모반을 하려 했나? 왜 나와 같이 모반을 일으키지 않지? 내가 있는 궁의 서쪽 담에서 대내(大內: 황궁을 말한다…옮긴이)까지는 20보도 안되니 언제라도 갈 수 있잖아, 제왕보다 훨씬 가깝고 편리한데 말이야." 뜻밖에도 그의 부하 중에 제왕이 모반을 일으키는데 참여한 사람이 있었다. 그가 체포되자 태자가 모반을 일으키려 했던 일을 폭로하였다. 태종이 장손무기와 방현령 등의 대신들을 형부로 보내 조사한 결과 태자가 확실히 모반을 하려한 언행을 했음을 밝혀냈다. 태종은 대노하며 태자를 서인으로 폐위하고, 한왕 이원창과 후군집 등의 도당을 사형에 처했다.

태자가 폐위되었으니 누구를 세워야 할까? 태종은 이태의 개성과 재능이 자신과 비슷하고 장유의 순서를 봐서라도 이태를 세워야겠다고 생각하였다. 조정에서는 태자인선을 둘러싸고 두 세력으로 분열되었다. 일파는 재상 유계(劉洎)와 잠문본(岑文本)이 중심이 된 산동과 남방의 서족지주들로, 그들은 이태를 태자로 세울 것을 주장하였다. 또 다른 일파는 장손무기가 중심이 된 관롱(關隴) 출신들로, 그들은 이치를 태자로 세울 것을 주장하였다. 이태는 일을 처리하는데 과감했지만 수단과 방법을 가리지 않아 권력을 잡은 후 관롱 출신들을 칠 수 있었다. 이치는 일을 처리하는데 지나치게 어질고 나약해 대권을 잃어버릴 수도 있었다.

고민 끝에 태종은 최종적으로 진왕 이치를 태자로 세우기로 결정했다. 그는 이치를 데리고 양의전(兩儀殿)에 와서 심복 대신인 장손무기·방현령·이적·저수량을 불러 후사를 세울 일을 논의했다. 장손무기가 태종에게 권했다. "황태자를 세우는 일은 큰일이오니, 폐하께서 누구를 세울 것인지 생각하셨다면 빨리 결정하십시오, 시간을 끄는 것은 좋지 않사옵니다." 태종이 말했다. "나는 진왕 이치를 세우기로 결정했소, 다만 그대들이 추대하지 않을까 걱정이오." 장손무기가 재빨리 말했다. "신은 조서를 받들겠습니다, 동의하지 않는 사람이 있다면 사형에 처하십시오." 태종이 이치에게 말했다. "너의 외숙부께서 너를 지지하시니, 감사의 절을 올려라."

황제가 될 가능성이 가장 적었던 이치가 태자된 것은 그야말로 어부지리였다.

제2절

사랑을 고백한 시 《여의낭(如意娘)》

그대 생각으로 붉은 꽃조차 푸르게 보이고,
그대 그리워하느라 초췌하고 쇠약해졌네요.
눈물의 세월을 보낸 일을 믿지 못하시면,
상자 열어 눈물 젖은 붉은 치마 꺼내 보세요.

이것은 《전당시(全唐詩)》에 수록된 《여의낭(如意娘)》이라는 시이다. 작가는 무측천이다. 이 시는 무측천이 안업사에 온 후 하루하루 반복되는 생활 속에 태자 이치와의 인연을 떠올리며 지은 상사시(相思詩)이다. 태종이 붕어한 후 모든 비빈들은 안업사에서 비구니가 되었다. 이제 막 절에 온 무측천 역시 많은 여인들처럼 기약 없는 기다림 속에 긴긴 밤을 보내야 했다. 그녀 자신이 그리워했던 달콤한 감정을 애절한 시로 표현했다.

당 태종이 태자를 폐위한 사건으로 무측천은 궁정투쟁의 잔혹함과 복잡함을 깨달았다. 제왕 일가의 생활은 부자가 반목하고 형제가 싸울 정도로 험악하였다. 후궁과 조정의 투쟁을 지켜보며 무측천은 자신의 무기력함과 계획의 중요성을 깨달았다. 총애를 잃은 상태로 간다면 삶은 영위할 수 있겠지만 결과적으로 아픔도 사랑도 없이 궁에서 죽어갈 것이다. 심지어 황상이 붕어한 후로 그녀에게는 궁중에 남을 권리조차도 없고 황실의 사원에서 비구니가 되어야 했다.

무측천은 이때 더 이상 천진난만한 소녀가 아닌 속이 깊은 성숙한 여인이었다. 그녀는 태종이 자신을 좋아하지 않는다는 것을 알았다. 태종의 총애를 받을 수 없게 된 이상 그녀는 다른 길을 모색해야 했다. 늙은 황제가 붕어한 후 태자가 등극하여 대통을 이어받을 수 있기에 태자야 말로 그녀의 진명천자였고 유일한 희망이었다.

무측천은 고민 끝에 새로 추대된 태자를 유심히 지켜보기 시작했다. 태자는 태종처럼 건장했으나 안색이 창백하고 제왕의 기운이 없었다. 그는 겁이 많고 나약했다. 태종 앞에서는 잘 길들여진 양처럼 충성하고 공경했다. 나이로 봤을 때 태자는 이제 막 성인이었다. 이에 태자는 그녀의 목표가 되었다. 그녀는 자세한 관찰과 다방면의 수소문을 통해 태자를 속속들이 알게 되었다: 태자 나이 22세, 자유분방하며 근심이 많고 쉽게 감동받으며, 미인이라면 정신을 못 차린다.

태종이 병에 걸리자 무측천은 태자에게 접근할 수 있는 기회를 잡았다. 태종이 만년에 중병에 걸리자, 태자 이치가 곁에서 시중들었다. 시녀들은 두 주군을 모시는 책임을 맡았다. 태자 이치는 고독을 견디지 못하는 사람이었다. 태자궁에서 태자비 왕씨(王氏)와 궁녀들이 동궁으로 이주한 후 그는 더욱 외로워졌다.

이 무렵 태자는 시녀들 중에 미모가 단연 돋보이는 한 여인을 발견했다: 높게 틀어 올린 쪽진 머리, 넓게 퍼져 있는 양쪽 빈모, 수려하고 매끈한 이마, 약간 앞으로 나온 턱에는 고귀하고 영민함이, 늘씬한 몸매에는 청춘의 생기가 넘쳐흘렀다. 그녀가 바로 무측천이다. 태자는 무측천의 미모에 매료되었다. 그는 무측천의 몸에서 발산되는 건강미와 기민한 기운을 더욱 좋아하였다. 태자의 마음은 심란해졌고 주체할 수 없었다.

이치는 부왕의 면전에서 위엄을 갖추며 예의를 잃지 않으려 했지만 구애하고픈 마음은 억제할 수 없었다. 정욕의 힘은 위대해서 언제나 기회를 찾을 수 있었다. 복도와 전당(前堂)·화원에서 힐끗 쳐다보거나 회심의 미소를 지을 때마다 태자의 마음은 흔들렸다. 태종이 사망하기 2개월 전 병상에 누워있을 때 두 사람은 은밀한 만남을 시작하였다.

태종의 사망이 임박하자 이치와 무측천은 이제 마음 놓고 만날 수 있었다. 12년 동안 재인으로 지낸 무측천은 여기서 주저앉고 싶지 않았다. 그녀는 신분상승을 꾀했다. 그녀는 지극히 위험하면서도 권력을 얻을 수 있는 첩경인 태자와의 사통을 선택했다. 수(隋) 문제(文帝)가 위중할 때 양광(楊廣)이 진부인(陳夫人)을 희롱한 추태가 발생했고, 당 태종의 병세가 악화될 때 이치가 무재인과 사통하는 일이 벌어졌다. 43년을 두고 일어난 일이 어쩌면 이리도 흡사할까? 다른 점이라면 전자가 호색한이자 술꾼이었던 양광 태자가 주동자였던 반면 이번은 야심만만한 무재인이 주동자였다는 점이다.

"동궁을 문란하게"한 것은 무재인이 새로운 후원자를 선택한 정치적 복선이었다. 그러나 이것은 그저 복선에 불과했다. 권력을 쟁취한다는 것은 상상처럼 간단한 일이 아니었다. 얼마 후, 성대한 등극의식을 치르고 태자는 고종이 되었다. 그는 그때의 격정적인 시간을 거의 잊고 있었다. 그러나 무측천은 잊을 수 없었다. 고종의 주의를 끌기 위해 그녀는 안업사에서 일을 꾸몄다.

당고종(唐高宗) 이치(李治)

고종의 새로운 정권의 규정에 따르면, 태종 생전의 모든 비빈들은 반드시 안업사에서 비구니로 거주해야 했다. 무재인도 예외는 아니었다. 새로운 황제는 권력을 인수하는 과정에서 해야 할 일이 많았다. 그는 무측천과의 관계를 잠시 한쪽으로 접어둘 수밖에 없었다. 무측천은 안업사에 온 후로 심각한 위기감을 느꼈다. 안업사에서의 1년은 그녀에게 있어 앞날을 예측하기 힘든 위험한 시기였다. 이곳을 나가지 못한다면 이름 없는 야생화처럼 절의 한 모퉁이에서 시들어 죽어갈 것이다. 그녀는 반드시 이곳을 빠져나가 다시 새로운 황제가 생활하는 곳으로 가야만 했다.

이제 막 절에 온 무측천은 고종과 함께 한 나날들을 강렬하게 그리워하였다. 시간이 흐를수록 그녀는 절에서의 고독하고 적막한 생활을 탄식했다. 그녀는 시간을 헛되이 보내면 청춘은 다시 오지 않을 것이라 생각했다. 부귀영화의 유혹, 지위를 잃은 아픔, 권력에 대한 강렬한 집착은 억제된 정욕이나 애정생활의 파탄보다 더 고통스럽고 절망스러웠다.

무측천은 눈물로 붉은 치마를 적시는 것 같은 고독한 생활을 순순히 받아들일 수가 없었다. 그녀가 가장 동경하고 재능을 가장 잘 발휘할 수 있는 곳은 바로 궁정이었다. 그녀가 쥐고 있는 가장 강력한 패는 그녀가 새로운 황제와 남녀로서 맺은 관계였다. 그녀가 이 패를 잘 쓰기 위한 관건은 어떻게 이치와 모종의 연락을 취할 수 있는 가였다. 이런 일은 아무에게나 맡길 수 없었다. 오로지 그녀 자신에게 달려 있었다. 연락지점은 안업사 밖에 없었다. 무측천은 이 시기가 태종의 기일이라는 것을 알았다.

그녀는 이 얻기 힘든 기회를 반드시 잡아야 했다. 일이 벌어진 상황은 다음과 같다: 무측천은 고종을 마주하고 눈물을 흘렸다. 고종도 감동하여 울었다. 그녀는 자신의 눈물로 황제의 눈물을 이끌어냈다. 무재인의 눈물은 고도로 계산된 지능화된 눈물이었다. 안업사에서의 일은 주도면밀하게 계획된 정치적 행동이었다. 이 눈물은 두 사람의 감정을 다시 이어주었다. 그녀가 안업사를 떠나는 것은 이제 시간문제였다. 무측천이 안업사를 떠날 시간은 고종이 생각했던 것보다 빨리 왔다. 이 일에 그의 황후 왕씨(王氏)가 주도적인 역할을 했다.

안업사에서 고종과 무측천이 흉금을 털어놓고 이야기를 나눈

저수량(褚遂良)

직후, 또 다른 권력자가 이를 주목하였다. 이 권력자가 바로 왕 황후이다. 왕 황후는 관롱 귀족 출신으로, 태종이 고종을 위해 안배한 정략적 혼인이었다. 태종은 붕어할 즈음 이치와 왕 황후의 손을 잡고 고명대신 저수량에게 말했다. "짐의 아들과 며느리를 경에게 부탁하오." 고종이 즉위하자 왕 황후는 황후 다음이었던 소숙비(蕭淑妃)의 압박을 받았다. 소숙비는 미모가 빼어나고 언변에도 뛰어나 하루가 다르게 총애를 받았다. 왕 황후는 황제의 냉대를 받았다. 소숙비는 황제에게 아들 하나를 낳아주었다. 그가 바로 허왕(許王) 이소절(李素節)이다. 또 의양(義陽) 공주와 선성(宣城) 공주가 있었다. 왕 황후의 장자 연왕(燕王) 충(忠)이 태자였지만 그는 후궁 유씨(劉氏) 소생이었다. 그녀가 낳은 친아들은 없었다. 소숙비는 미모도 빼어났지만 간계도 잘 썼다. 왕 황후의 지위는 위태로웠다. 궁정 내에 왕·소 세력 간의 갈등은 조정의 각 파벌 간의 정치적 갈등과 뒤섞여 있었다. 고종의 숙부이자 고명대신 중 세력이 가장 강했던 장손무기와 저수량 등의 조정대신들은 궁정 내의 왕 황후와 밀접한 관계를 맺고 있었다. 그들은 모두 관롱 사단으로, 왕 황후의 지위는 필히 조정의 관롱 사단의 이익에 영향을 줄 수 있었다.

왕 황후는 소숙비와의 다툼에서 밀리고 싶지 않아 무씨를 끌어들였다. 여인의 본성은 자극을 받으면 체면을 가리지 않고 추문이든지 근친상간이든지 개의치 않았다. 그래서 그녀는 비밀리에 무측천에게 머리카락을 기르게 하고 궁으로 불러 소숙비와 황제 간의 긴밀한 관계를 끊으려 했다.

장손무기(長孫無忌)

이러한 조치를 후인들은 재앙을 자초한 것이라고 볼 것이다. 그러나 왕 황후와 그녀와 긴밀한 관계를 이루고 있는 고문(顧問)들은 당시 이를 헤아리지 못했다. 그들은 처지가 불행한 사람을 궁으로 맞이하는 것일 뿐 그녀는 그들의 은혜에 감격해서 배은망덕한 짓을 하지 않을 것이라 생각하였다. 무측천은 이렇게 운명을 바꿀 수 있는 아주 작은 기회를 잡고 권력의 중심으로 가는 큰 걸음을 내딛었다. 무측천이 권력을 얻는 과정에는 계획표가 있다. 계획표에는 먼저 무엇을 하고 그 다음 무엇을 할 것인지에 대한 전체적인 윤곽이 있다. 어떤 사람을 남기고 어떤 사람을 제거할 것인가에 대해서도 나름대로의 생각이 있다. 그녀는 방해가 되는 사람을 제거해야 했다. 어떤 사람이 쓸모가 있고 언제가 적기인지를 그녀는 완벽하게 계획하고 있었다.

무측천의 처음 입궁에서 두 번째 입궁까지는 후에 권력을 차지하는 행보에 비하면 작은 걸음이라고 할 수 있다. 그러나 그녀가 이렇게 힘든 첫 걸음을 내딛는데 꼬박 십 몇 년이 걸렸다. 그녀는 이 목표를 계획하는 과정 중에 뜻을 세우고 어려움 속에서도 흔들리지 않았다. 또 감정을 드러내지 않고 냉철한 생각으로 기회를 엿보며 대담하게 나아갔다.

무측천은 다시 내궁에 들어와 고종의 여자가 되었다.

제3절

애교로 황제를 미혹시키다

낙빈왕(駱賓王)의 무측천을 토벌하자는 격문에는 "애교로 황제를 미혹시켰다."라는 구절이 있다. 이 말은 무측천이 갖은 애교로 고종을 미혹시켰음을 말한다. 사실 그는 문제의 일부분만 보았을 뿐이다. 무측천이 고종의 마음을 사로잡은 것은 외모만이 아니라 고종을 심적으로 그녀에게 의지하게 만든 것이 가장 큰 원인이었다.

무측천이 은밀히 입궁하게 된 것은 왕 황후의 도움이 컸다. 입궁 후 황후의 궁에 숨어 머리카락을 길렀다. 두 사람은 함께 소숙비에 대항하기로 하였다. 이것은 다른 여인에게는 염치없는 일이었을지 모르지만 야망을 품은 무측천은 망설일 이유가 없었다.

무측천은 "애교로 황제를 미혹함으로써" 고종의 환심을 얻었다. 그녀가 황제의 총애를 받을 수 있었던 까닭을 《무측천전》에는 "무후의 속은 깊어, 유순한 태도로 큰일을 했다."라고 설명하고 있다. "유순한 태도"라고 한 것은 무슨 의미일까? "유순한 태도"는 정치상의 굴욕이 아니라 여성생활에서의 굴욕이다. 사랑을 다투는 문제에서 양보함으로써 고종에게 다정한 사람이라는 느낌을 주었다. 심지어 그녀는 자신의 언니 한국부인(韓國夫人)과 한국부인의 딸 하란씨(賀蘭氏)를 고종에게 소개하기도 하였다.

영휘 4년, 무측천의 나이는 29세였고, 한국부인은 32세였다. 경국지색의 미모를 가진 한국부인의 딸은 후에 위국부인(魏國夫人)으로 봉해졌다. 이때 그녀의 나이는 15·6세쯤이었다. 한국부인 모녀는 무측천이 직접 궁으로 데려온 사람들이었다. 왕·소의 약점은 서로 질투가 심해 "황제를 잘 보필할 수 있다"는 느낌을 주지 못한데 있었다. 반대로 무측천은 이러한 느낌을 성공적으로 심었다. 영휘 연간 궁정 투쟁에서 무측천은 마침내 자신의 바람대로 황후로 책봉되었다. 한국부인 모녀의 공은 조정에서 무측천을 지지한 대신 이적(李勣)과 허경종(許敬宗)에 뒤지지 않았다.

이충이 태자로 세워진 지 반년 정도 지나서 무측천은 이홍(李弘)을 낳았다. 궁에 들어온 지 10년 동안 무측천은 고종에게 4남 2녀를 낳아주었다. 이는 고종의 12자녀 중에 반을 차지한다. 무측천이 입궁한 후로 다른 비빈들은 더 이상 아이를 낳지 못했다. 이로 무측천이 후궁에서 얼마나 총애를 받았는지 알 수 있다. 무측천은 총애를 받았으나 즉각 권력을 차지하지 않았다. 그녀는 자신의 입지가 불완전해 빨리 안정을 취해야 한다는 점을 알았다. 이 무렵, 즉 영휘 3년(652년)에 왕 황후의 수양아들인 이충이 태자로 책립되었다. 상서를 올려 이충을 태자로 세워야 한다고 청한 사람 중에는 왕 황후의 숙부이자 중서령 유석(柳奭) 외에 태위 장손무기·상서좌복야 우지녕·우복야 저수량·시중 한원(韓瑗)이 있었다. 그들은 삼성(三省)의 장관이자 고명원로들이었다. 그 뒤로 당시 거의 모든 재상(이적 제외)들이 장손무기 쪽에 서서 이충의 동궁관을 맡아 왕 황후와 태자 이충의 지위를 지키려고 하였다. 이 일로 당 태종이 고종을 위해 안배했던 고명그룹(임금이 임종하기 전 국가대사를 위임한 대신 그룹…옮긴이)이 드러났다.

무측천은 이 일로 자신의 적이 아주 강하다는 것을 알았다. 그녀는 자신의 실력이 아직 황후와 대적하기에는 역부족임을 깨달았다. 그래서 그녀는 어떤 불만도 나타내지 않았다. 그녀는 왕 황후와 황제에게 환심을 사는 방법을 택했다. 사서에서 "무측천은 겸손한 말투에 신분까지 낮춰가며 황후의 시중을 들었다. 왕 황후는 매우 기뻐하여 황제 앞에서 여러 차례 그녀를 칭찬했다. 이것으로 그녀는 소의로 승진할 수 있었다."라고 한 것으로 보아, 무측천은 미모뿐만 아니라 인내하며 미래를 도모하는데도 뛰어났음을 알 수 있다.

고종은 무측천 수중의 가장 강력한 수단이었다. 무측천은 당연히 이 패를 사용할 것이다. 고종의 마음을 잡고 자신의 말을 듣게 하려면 자신의 장점을 이용해야 했다.

황제는 활력이 충만한 그녀의 몸뿐만 아니라 정신적으로도 의지했다. 그렇지 않았다면 그녀 때문에 소숙비와 왕 황후를 절대 그렇게 냉대하지 않았을 것이다. 더군다나 왕씨와 소씨의 미모는 그녀보다 뛰어났다. 또 그녀가 "애교를 부려서 사람을 홀리게 하는 것"도 아니었다. 왜냐하면 그녀는 의도적으로 귀엽고 얌전한 척했지 진심으로 황제를 맞이하지 않았기 때문이다. 그녀는 자신보다 4살이나 어린 황제에게 애교가 부려지지 않았다. 그녀는 황제를 남편이나 남동생 대하듯 관심을 갖고 위로했고, 그가 말하는 국정에 관한 일들을 끝까지 들어주었다. 게다가 그녀는 그에게 소신을 가지고 일을 할 것이며 대신들의 눈치를 볼 필요가 없다고 격려했다. 고종은 마음속의 말을 할 수 있는 곳이 생겼다. 어떤 역사학자들이 분석한 것처럼, 태자 이치와 선왕의 재인인 무측천 간의 사랑은 나약한 이치의 심각한 모친 콤플렉스와 무측천이 그에게 큰 누나 같은 관심을 주었던 것 때문일지도 모른다. 무측천은 그에게 평범한 여인처럼 투정을 부리거나 새가 사람을 따르는 것처럼 의지하지 않았다. 이치는 그녀에게서 어머니의 사랑이 담긴 정감 어린 위로와 격려를 받아 부족했던 자신감과 박력이 생겼다. 고종이 무측천을 사랑하고 공손하고 어진 왕 황후와 총애를 믿고 아양을 잘 떨었던 소숙비를 냉대한 원인이 여기에 있었다. 고종은 무소의가 좋은 비이자 훌륭한 조수이며, 조정에 대한 그녀의 각종 분석이 타당하다는 생각을 점점 갖게 되었다. 고종은 점점 그녀를 떠날 수 없었고, 무측천의 말이라면 무조건 따랐다.

　황제의 마음을 사로잡았다고 해서 성공한 것은 아니다. 그녀가 왕 황후와 싸우려면 황후 뒤에 있는 대신들과 싸워야 했다. 그들과 싸우려면 무측천은 시야를 후궁이 아닌 조정에 두어야 했다. 적은 강대하지만 강대한 적일수록 바깥의 적도 많고 내부의 갈등도 첨예했다. 무측천은 점차 자신이 개입할 수 있는 여지를 발견했다. 그것은 바로 조정에서 주도권을 쥐고 있는 관롱 귀족들이 곳곳에서 대신들을 보좌하며 젊은 황제를 마음대로 움직이려 한다는 점이었다. 고종은 그들에게 불만이 있었다. 게다가 그들은 기득권을 누리며 자신들과 뜻이 다른 사람들을 배척했다. 기타 오래된 파벌의 귀족이든 신흥서족관료든 그들에게 큰 불만이 있었다. 이러한 역량들은 아직 뭉쳐지지 않았을 뿐이었다. 무측천은 적의 적을 이용해 관롱 귀족의 저승사자 역을 맡기려 했다.

당 태종이 사망한 후 장손무기가 국정을 독점했다. 장손무기는 당나라 초기 관롱 귀족 사단의 핵심인물이다. 당 태종이 임종할 무렵 관롱 사단이 조정을 장악하고 있었다. 당 태종은 사망하기 직전 장손무기와 저수량을 침실로 불러 후사를 맡겼다. 새로 즉위한 고종은 장손무기를 태위 겸 검교중서령에 임명해 상서성과 문하성을 주관하도록 했다. 이로써 그에게 정책·행정·감사(監査)·군사 등의 주요 권한이 집중되었다. 일반지주 출신인 이적이 재상 그룹에 있어 겉으로는 각 파벌의 정치적 역량이 균형을 유지하고 있는 것처럼 보였지만 장손무기는 일반지주 출신의 대신들을 극력 배척하고 관롱 귀족의 권세를 확대하였다. 장손무기와 저수량은 영휘 원년(650년) 6월에서 영휘 3년(652년) 9월까지 우문절(宇文節)·유석·한원·내제(來濟) 등의 관롱 출신 귀족관료들을 재상으로 발탁하고 이적을 상서좌복야에서 사퇴시켜 이름뿐인 재상으로 만들어 버렸다. 장행성(張行成)·고계보(高季輔)가 차례로 세상을 뜨자 조정에서 일반지주들의 역량은 현저하게 약화되었다. 일련의 숙청을 통해 조정에는 그와 대항할 수 있는 정적들이 거의 사라졌다. 무덕(武德)·정관 연간에 대부분의 원로공신들은 사망했다. 그들의 자제들 중 공과 이름이 조금이라도 높은 사람들은 모두 숙청을 당했다. 이적만 사태의 추이를 조용히 주시하고 있었다.

영휘 4년(653년), 당나라 조정에서 방유애가 모반하려한 일이 일어났다. 방주자사(房州刺史)이자 부마도위(駙馬都尉) 방유애(房遺愛)(정관 연간 재상을 지낸 방현령의 아들)가 처 고양(高陽) 공주(태종의 딸)와 밀의하고 영주자사(寧州刺史)이자 부마도위 설만철(薛萬徹)[고조의 딸 단양(丹陽) 공주의 남편]과 남주자사(嵐州刺史)이자 부마도위 시영무(柴令武)[태종의 딸 파릉(巴陵) 공주의 남편]와 공모하여 진주자사(秦州刺史)이자 고종의 숙부인 형왕(荊王) 이원경(李元景)을 황제로 세우고자 하였다. 일이 발각되자, 고종은 장손무기에게 이 사건을 조사하도록 명을 내렸다. 장손무기는 이 기회를 이용해 사람들을 처형했다. 사건에 연루된 사람 중에 가장 먼저 화를 당한 사람은 오왕(吳王) 이각(李恪) [태종의 셋째 아들로, 모친은 양제(煬帝)의 딸 양씨이다]이었다. 정관 17년 전 태자 승건을 폐위한 후 태종은 이각을 줄곧 태자 후보자로 고려했지만 장손무기의 강력한 반대에 부딪쳤다. 장손무기는 고종을 추대하여 즉위시킨 후 명망은 높았지만 자신과 원한관계에 있던 이각이 마음이 놓이지 않았다. 그래서 그는 이각을 이 사건에 연루시켜버렸다. 이러한 심리를 모반에 연루된 방유애가 알아차렸던 것이다. 그는 공(功)으로 사형을 면하고자 이각을 이 사건에 연루시켜버렸다. 장손무기 역시 이각을 사형에 처해버렸다. 이각은 죽을 때 장손무기가 권력을 농단하여 현량들을 해쳤으니 종묘사직에 신이 있다면 곧 그의 집안을 멸족시킬 것이라고 욕을 했다. 그와 함께 화를 당한 사람으로는 강하왕(江夏王) 이도종(李道宗)이 있다. 이도종은 태종의 서제로 원래부터 장손무기·저수량과 사이가 좋지 않았다. 그는 이 사건에 정략적으로 연루되어 상주(象州)로 유배된 후 그곳에서 병사했다.

무측천은 이 사건으로 충직하고 관대할 것 같은 장손무기가 실제로는 잔인하고 개인의 이익을 도모한다는 사실을 알았다. 이 일로 그녀는 고종에게 가깝고 믿음이 가는 신하를 임용하고 군주로서의 위신을 세우는 일에 극력 간언해야 한다는 믿음을 가졌다. 때문에 그녀는 늘 조정의 대사를 분석해 고종에게 문제의 진실을 보도록 했다. 이로부터 무측천 역시 자신의 정치적 인생을 시작했다.

무측천은 미모와 애교로 황제의 총애를 얻었고, 기지와 총명으로 황제의 마음을 그녀의 곁에 묶어두었다. 그녀는 고종의 총비이자 유력한 조수였다.

제4절

피비린내 나는 궁정

영휘 4년(653년), 무소의는 딸을 하나 낳았다. 왕 황후가 소식을 듣고 자주 보러왔다. 하루는 왕 황후가 아이를 잠깐 안아보고 침상위에 다시 눕혀 놓았다. 시녀가 왕 황후가 왔음을 알리자 무측천은 고의로 자리를 떠났다. 왕 황후가 간 뒤 무측천은 들어와 아이를 목 졸라 숨지게 하고 이불로 덮어놓았다. 그녀는 고종이 퇴청한 뒤 분명히 아이를 보러 올 것이라고 확신했다. 과연 고종이 왔다. 무측천은 고종에게 아이가 너무 귀엽다고 자랑하고 있었다. 시녀가 아이를 안고 나오자 무측천은 아이를 건네받았다. 아이를 보는 순간 무측천은 크게 놀랐다. 아이는 눈을 뜨지 않았고 호흡도 없었다. 아이가 사망했던 것이다. 무측천은 너무나 당황해하며 짐짓 몹시 비통해하는 모습을 지어냈다. 그녀는 대성통곡하며 물었다. "아침까지 잘 있던 아이가 어찌 된 일이야" 평소 무측천에게 잘 훈련된 시녀가 말했다. "저희들도 아기씨가 조용히 자고 있는 줄 알았습니다!" 무측천은 정신 나간 사람처럼 울기만 하지 않았다. 그녀는 눈물을 닦고 물었다. "내가 방에 없을 때 누가 들어왔느냐?" "방금 황후마마께서 오셔서 아이를 잠깐 안아주었습니다." 무측천의 유도와 시녀들의 증언으로 황제는 왕 황후가 영아를 죽인 살인범이라고 확신했다. 이것이 바로 당나라 역사상 유명한 "영아를 목 졸라 죽인 사건"이다.

권력을 잡으려면 계획과 책략에 치중해야 한다. 여기에는 "음모(陰謀)"와 "양모(陽謀)"가 있다. 이 두 가지 중 하나라도 없어서는 안 된다. 여인으로서 무측천은 음모를 꾸미는 것뿐만 아니라 국면을 꿰뚫어보는 안목과 탁월한 리더쉽을 가지고 있었다. 이씨 종실을 다루는 과정에서 그녀의 양모는 거침없이 발휘되었다.

무측천은 입궁하자 사람들의 이목 때문에 후궁에서만 생활했고 정식 비빈이 되지 못했다. 그러나 이제 누구도 그녀를 막을 수 없었다. 얼마 후 그녀는 소의로 책봉되어 후궁에서 가장 잘 나가는 비가 되었다. 왕 황후와 소숙비는 총애를 잃자 무측천을 공적(公敵)으로 삼았다. 이로 인하여 궁내의 삼각관계에 변화가 왔다. 숙적 관계에 있던 왕·소가 연합하여 무측천에게 대항하는 형국이 되었다. 그러나 황제는 무측천에 대한 소·왕 두 사람의 비방을 거들떠보지 않았다.

무측천이 임신하자 왕 황후의 위치는 더욱 불안해졌다. 영휘 3년(652년) 7월, 왕 황후의 숙부이자 중서령 유석 등은 고종의 장자 진왕(陳王) 이충(李忠)을 태자로 책립하려고 했다. 당시 이충의 나이 열 살이었다. 이충의 모친은 신분이 낮아 왕씨나 그 배후세력에게는 위협이 되지 못했기 때문에 이충을 내세워 태자의 자리를 선점하면 무측천과 소숙비가 장래 자신과 충돌하는 것을 피할 수 있었다.

왕 황후는 태자를 세운 뒤 마음의 안정을 되찾았다. 이에 그녀는 무소의와 소원했던 관계를 풀고 고종의 호감을 얻어 자신의 성과를 확실히 하려 했다. 그래서 그녀는 예전의 쌀쌀한 태도를 바꾸어 직접 무소의를 찾아가 안부를 물었다. 무소의 역시 총명한 사람이라 본심을 감춘 채 겉으로 공손한 척 했다. 그러나 그녀는 이런 표면상의 화해는 황후만 좋게 해준다는 점을 알았다. 고종은 왕 황후를 좋아하지 않았지만 폐위하고자 하는 생각은 없었다. 어쨌든 황후를 폐위한다는 것은 국가 전체로 봤을 때 중대한 일이었다. 마음이 여린 고종이 왕 황후를 폐위한다는 것은 쉬운 일이 아니었다. 그녀는 고종에게 왕 황후를 증오하는 마음이 생기도록 해야 했다. 고종이라는 이 난관을 넘지 못한다면 어떻게 조정의 대신들을 다룰 수 있겠는가?

무측천이 황후가 되기 위한 관건은 황제의 태도에 있었다. 황제의 태도가 전부는 아니지만 가장 중요한 일이었다. 무측천은 늘 혼란한 상황에서 문제의 핵심을 짚고 가장 빠른 길로 나아갔다. 당시 무측천은 내궁을 장악해가고 있었지만 조정에는 도움을 줄 수 있는 세력이 없었다. 이런 상황에서는 음모를 펼칠 수밖에 없었다. 그래서 그녀는 영아를 목 졸라 죽이는 일을 조작했던 것이다.

왕 황후는 영아를 살해한 일을 강력하게 부인했지만 그녀의 말을 믿는 사람은 없었다. 아이를 보러온 사람은 그녀뿐이었고 다른 사람은 없지 않는가. 고종은 원래부터 왕 황후를 좋아하지 않았다. 지금 그녀가 더욱 미워졌다. 그는 황후가 이전에 소숙비를 질시한 것처럼 무씨를 질시한 것이라고 생각했다. 왕 황후의 이런 행동은 국모로서 체통을 잃는 것이었다. 황후를 폐위하고자 하는 생각이 일었다.

사람들이 치밀하게 계산된 무측천의 행동이 절묘하다고 느끼는 것은 제3자가 보기에 왕 황후에게는 영아를 죽이려는 동기가 확실하게 있었던 반면 누구도 무측천이 자신의 딸을 목 졸라 죽일 것이라고 생각하지 못했다는데 있다. 황후를 폐위하는 정치적 조치로 무측천은 권력의 정점으로 가는 의미 있는 걸음을 내딛었다. 대가는 어린 생명을 희생한 것이었다.

음모는 여기서 그치지 않았다. 왕 황후의 배후에는 거대한 정치세력들이 있었기 때문에 단번에 문제를 해결한다는 것은 불가능했다. 왕 황후는 관롱의 대 귀족 출신으로, 왕사정(王思政)의 후손이었다. 왕사정은 우문태가 북주를 세울 때 공훈을 세운 핵심인물이다. 그의 지위는 우문태 정권의 지지기반인 "팔대주국(八大柱國)" [북조(北朝) 서위(西魏)의 최고관직인 주국대장군(柱國大將軍)을 지낸 우문태(宇文泰)・이호(李虎)・왕원흔(王元欣)・이필(李弼)・독고신(獨孤信)・조귀(趙貴)・우근(于謹)・후막진숭(侯莫陳崇) 8명을 말한다…옮긴이] 다음이었다. 영휘 연간 조정을 장악하고 있던 인물들은 모두 왕 황후 쪽에 있었다. 장손무기와 저수량이 그녀를 지지했고 그녀의 숙부 유석은 중서령에 있었다. 후궁과 조정이 함께 연계되어 권력이 넘어가는 과정에 태종이 고종에게 안배한 보좌진 역시 왕씨가 후궁에서 주도권을 잡는 기초가 되었다.

영휘 6년(655년) 6월, 후궁에서 또 한 차례 큰 일이 발생하였다. 황후는 정신이 혼미해지자 모친 위국부인 유씨와 굿판을 벌여 지금의 불운에서 벗어나려 하였다. 궁중에서 몰래 무술을 행하는 것은 금기였다. 하필이면 이때 왕 황후가 신중하지 못해 칼을 무측천에게 넘기고 말았다. 무측천은 고종에게 밀고하여 이 일을 고종의 두통과 연관지었다. 고종은 직접 사람들을 데리고 황후궁으로 가 수색하였다. 황후의 침상 아래에서 나무로 만든 작은 인형이 발견되었다. 인형에는 황제의 이름과 생신이 새겨져 있었다. 작은 나무 인형의 가슴에는 바늘이 하나 꽂혀 있었다. 왕 황후는 이때 대경실색하며 아무런 말도 하지 못했다. 이에 무릎을 꿇고 자신이 한 일이 아니라고 주장했다. 그녀는 다른 사람이 자신을 무고하기 위해 나무인형을 몰래 침상 아래에 갖다 놓은 것이라고 하였다. 모든 증거들은 그녀에게 불리했다. 이 일로 고종은 황후의 악독한 마음이 질투의 범위를 넘어 더 이상 용서할 수 없는 지경에 이르렀다고 판단하고 황후를 폐위하려고 했다.

이전에 왕 황후의 숙부이자 재상의 일원이던 유석은 생질녀를 도와줄 방법을 찾아내지 못했다. 고종이 자신을 홀대하고 있다고 느낀 그는 내심 불안하여 영휘 5년(654년) 6월에 재상 직에서 물러나게 해달고 하였다. 고종은 만류하지 않고 바로 그를 재상에서 면직하고 이부상서에 임명하였다. 이 일의 배후에 무측천의 그림자가 드리워져 있음을 알 수 있다.

유석을 면직한 것은 장손무기 세력에 대한 정면 도전이었다. 얼마 후 고종은 5품 이상의 대신들을 불러놓고 훈시했다. "경들이 선제 좌우에 있을 때, 5품 이상의 관원들이 일을 논하는 것을 보니, 조당에 있을 때는 얼굴을 맞대고 토론하고 퇴청해서는 밀봉한 상주문을 끊임없이 올렸소. 지금은 어찌 그리 일들이 없소, 어찌

공들은 말을 하지 않는 것이오?" 고종이 즉위한 지 5·6년 동안 대면하거나 글을 올려 국정을 논의한 사람이 없을 정도였으니 고명 사단이 조정을 어느 정도로 독점했는지 알 수 있다.

영아 살해사건으로 무소의는 황제의 지지를 얻었다. 황제를 통해 그녀는 폐위문제를 정식으로 조정에 제기하였다. 지금, 대립하는 쌍방이 점차 수면위로 떠올랐다. 왕 황후를 배후에서 지지하는 조정의 원로 중신들이야말로 무측천의 진정한 적이었다. 영휘 연간의 정국은 이치가 황제이고 장손무기가 보호자인 형국이었다. 황제의 지지를 얻는 것은 일의 절반만 성공한 것이다. 일의 다른 절반은 보호자의 지지를 얻는 것이다. 그러나 장손무기와 또 다른 고명대신 저수량의 지지를 얻는 것은 쉽지 않았다. 그들은 정계의 거물이어서 영아 살해사건만으로는 이 난관을 넘기 어려웠다. 더 중요한 것은 장손무기 가족과 황후의 왕씨 가족은 관롱 사단 중에서도 가장 명망 있는 가문으로, 그들 간에는 생사고락을 함께 한 정치적 이익이 있었다는 점이다. 그들은 왕 황후가 넘어지는 것을 좌시하지 않을 것이다. 당시의 장손무기는 조정의 영수여서, 무측천은 그와 대항하기에 아직 부족했다. 적이 나보다 강한 상황에서 무측천은 인내하며 장손무기에게 잘 보이려 하였다.

어느 날 저녁 무렵, 고종은 무측천과 함께 수레를 타고 태위 장손무기의 저택에 왔다. 사람들이 금은보화와 명주·비단을 실은 10대의 수레를 호송해왔다. 장손무기는 고종과 무측천이 온다는 소식을 듣고 급히 나가 영접하고 산해진미를 준비해 대접하였다. 그들은 즐거운 분위기 속에서 한담하며 술을 마셨다. 술이 몇 순배 돌자 무측천이 장손무기의 아들에 대해 물었다. 무기는 바로 아들을 불러냈다. 장자 장손충(長孫沖)은 이미 비서감(秘書監)으로 있었고, 총희 소생인 세 명의 서자들은 아직 나이가 어려 관직이 없었다. 무측천은 고종에게 청하며 말했다. "숙부님께서는 국가의 공신이니, 전 가족이 음관(蔭官: 조상이나 부친의 공로로 얻는 벼슬…옮긴이)을 받아야 마땅하옵니다. 폐하께서는 은택을 베푸시어 숙부 집안을 널리 살피시옵소서." 고종은 무측천의 속뜻을 알아차리고 무기의 세 서자에게 산조대부(散朝大夫)라는 관명만 있고 일이 없는 직함을 내렸다. 무기는 사양하려 했으나 윤허하지 않을 것 같아 세 아들에게 감사의 절을 올리라고 하였다. 고종이 또 각종 선물을 하사하자 무기는 받았다. 이때서야 고종은 간접적으로 말했다. "황후는 아들도 없고, 덕도 없으니 어찌해야 하오?" 장손무기는 황제가 온 이유를 알았지만 의미를 알아듣지 못하는 척하며 좌우를 둘러보더니 다른 사람을 거론하며 대답을 회피하였다. 고종은 숙부가 황후를 폐위하는 것에 찬성하지 않음을 알고 기분이 좋지 않았다. 군신 간의 대화는 이렇게 끝이 났다.

어떤 이는 이번 일에 대한 장손무기의 처신이 옳았다고 생각한다. 어떤 이는 말한다: 고종과 무측천이 관직을 내리고 상을 내린 의도는 분명했다. 무기가 군주의 마음을 바로잡으려 했다면 사양하고 받지 않으면 그만이었다. 당나라 초기 현무문(玄武門) 사변이 일어나기 전날 밤, 이건성(李建成)은 금은보화를 실은 수레 한 대를 태종 사단의 핵심멤버인 울지경덕(尉遲敬德)에게 보냈다. 경덕은 사양하고 받지 않았다. 설마 무기의 수준이 울지경덕만 못했을까? 그는 왜 이런 태도를 취했을까?

장손무기는 무측천의 의견에 반대했으면서 고종과 무측천의 선물을 받았다. 그 원인을 살펴보면 두 가지 가능성이 있다. 첫째는 무기의 탐욕스런 마음이다. 둘째는 무소의의 능력을 낮게 평가한 것이다. 그는 현재와 미래에도 국면의 주도권을 장악한다면 황제가 오랫동안 자신을 존중해 줄 것이라 생각하여 선물을 받는 일쯤은 대수롭지 않게 여겼던 것이다. 그러나 장손무기는 잘못 판단했다. 그는 사물은 계속 변화한다는 사실을 간과했다. 무측천의 세력은 처음에는 보잘 것 없었지만 그녀의 손에는 "비장의 카드" 고종이 있었다. 이 카드를 잘 쓰기만 하면 자신의 세력이 크지 않아도 두려울 것이 없었다. 반면 장손무기는 적을 너무 경시했고 원칙도 없었다. 삼켜서 뼈를 뱉어내지 않아도 되는 고기도 있지만 목에 걸리는 고기도 있다. 무측천은 사람들이 마음대로 삼킬 수 있는 양이 아니라 사자였다. 다만 당시에는 날카로운 발톱이 완전하게 드러나지 않았을 뿐이었다.

무측천이 왕 황후와의 권력다툼에서 승리할 수 있었던 것은 그녀가 운영한 정보망의 도움이 컸다. 왕 황후를 쓰러뜨리는데 결정적인 역할을 한 영아살해사건은 바로 궁중의 시녀들이 중요한 역할을 하였다. 몇 년 후, 고종이 무 황후를 폐위하고자 할 때 이 정보망은 적시에 무측천에게 알려주어 화를 모면하게 해주었다.

무측천은 두 번째 입궁 후 자신의 실력과 계책으로 자신의 위치를 공고히 하였다. 고종의 총애도 나날이 깊어갔다. 그녀는 왕 황후가 준 임무를 완성했고 게다가 소숙비와 총애를 나누었으니 그야말로 삼천 궁녀 중에 가장 많은 총애를 받았다. 이때의 무측천은 소숙비와 왕 황후의 눈엣가시였다. 지금 후궁의 권력투쟁은 왕 황후와 소숙비가 연합하여 무측천을 공격하는 상황이 되었다.

무측천이 그들과의 암투과정에서 유리한 국면을 잡으려면 왕황후와 소숙비의 행동을 손바닥 보듯 훤하게 알고 있어야 했다. "지피지기"하면 자연히 "백전백승"이라 하지 않았던가. 후궁에서 누가 이 정보망을 엮을 것인가?

후궁에서 수많은 일을 겪어본 무측천은 궁정투쟁에서 신분이 낮은 시녀들의 역할을 잘 알았다. 궁정생활에서 가장 중요한 부분은 황제도 황후도 아닌 하인·시녀·요리사 같은 미천한 사람들이 멸시받는 일이다. 무측천은 시녀들이 중간에 끼어들지 않으면 궁정에서는 어떤 음모도 통하지 않는다는 것을 알았다. 무측천 자신도 궁녀 출신으로 그들의 고충을 잘 알기 때문에 위세를 부리지 않고 따뜻하게 대해주었다.

궁정투쟁에서 시녀들의 역할은 전체 국면을 좌지우지할 수 있었다. 《자치통감(資治通鑒)》에는 기록하고 있다: 북제의 황제 고환(高歡)이 한번은 세자 고징(高澄)을 죽이려고 하였다. 고징이 고환의 애첩과 통간하였다고 시녀가 알려왔기 때문이었다. 두 명의 시녀가 더 증언하였다. 이때 고징은 어려운 상황에 빠졌다. 후에 어떤 사람이 고징에게 해법을 제시했다. 고징은 증언을 한 두 시녀를 매수하였다. 그녀들은 고징 세자는 근친상간을 한 적이 없고 일시적인 충동으로 세자를 무고했다고 말을 바꿔 증언했다. 고징은 이때서야 위기에서 벗어나며 세자의 지위를 지켰다. 이 이야기는 시녀들의 지위는 낮지만 어떤 중요한 시기에서는 국면을 바꿀 수 있는 힘이 있음과 그녀들은 늘 사람들의 위협을 받거나 뇌물로 위증하였음을 보여준다.

가족 내부의 심각한 갈등을 몸소 겪은 무측천은 자연히 시녀들의 역할을 알았다. 그녀의 적수 왕 황후는 이와 반대로 시녀들의 역할을 알지 못한 사람이었다. 왕 황후는 고집스럽고 융통성이 없었다. 그녀는 하인들의 처지를 헤아리지 않았고 심지어 그들의 환심을 살 가치가 없다고 여겼다. 왕 황후의 모친 역시 하인과 시녀들을 무례하게 대했다. 하인과 노비들은 그녀를 대단히 싫어하였다. 황후의 숙부인 유석도 이렇게 행동하였다. 왕 황후와 유석 등의 약점은 무측천이 시녀들을 매수해 유리한 국면을 차지했다는 점이다. 그녀는 시녀들과의 관계를 이용해 자신의 정치세력을 위해 일하게 했다.

무측천은 궁녀들에게 많은 정성을 쏟았다. 황제에게 상을 받으면 모조리 궁녀들에게 나눠주었다. 특히 황후와 유석에게 박대를 받은 환관이나 여사(女史: 황후를 보좌하는 관리…옮긴이)들을 구슬리고 많은 하사품을 베풀었다. 궁녀들은 하나같이 그녀를 공경하며 무소의에게 충성을 바쳤다. 이러한 작은 수단으로 무소의는 손쉽게 궁중에서 가장 존경받으면서 소식도 가장 빠른 사람이 되었다. 왕 황후와 소숙비가 있는 곳의 모든 상황을 속속들이 알았을 뿐만 아니라 궁 전체의 일도 완벽하게 파악했다. 실제로 황궁은 너비 1리(400m) 길이 2리(800m) 밖에 되지 않는 곳이다. 그녀가 이렇게 큰 곳을 통제하지 못한다면 역사상 가장 위대한 여왕은 되지 말아야 할 것이다. 이렇게 무측천은 후궁에 촘촘한 정보망을 깔아놓았다. 왕·소와의 자리다툼이건 후에 고종에게서 권력을 빼앗는 과정이건 이 정보망은 조정에서 짜놓은 정보망과 더불어 그녀에게 큰 힘을 보탰다. 왕 황후가 자신의 딸을 살해했다고 무고한 사건은 무측천이 총감독을 맡고 후궁의 정보망을 최대한 가동하여 연출한 것이었다. 무측천의 정치인생 중 가장 위험했던 순간이었던 인원(麟元) 원년(664년) 그녀가 40세 때 고종은 황후를 폐위하는 조서까지 만들어 놓았으나 후궁의 정보망이 또 한 차례 중요한 역할을 했다.

궁정은 약육강식이 지배하는 곳이다. 무측천은 권좌에 오르기 위해 궁정에서 각종 수단을 사용하였다. 그녀의 조종으로 궁정은 또 한 차례 피비린내 나는 "폭풍전야"의 살벌한 상황에 빠지게 된다.

제5절

황후 왕씨를 폐위하고 무씨를 세우다

유석을 재상에서 파직한 다음해인 영휘 6년(655년), 무측천은 황후의 자리를 향한 행보를 시작했다.

장손무기가 국정을 장악하면서 뜻을 펼치지 못했던 허경종(許敬宗)·이의부(李義府)·최의현(崔義玄)·왕덕검(王德儉)·원공유(袁公瑜)·후선업(侯善業) 등은 동면하던 동물이 봄날의 기운을 느낀 것처럼 서서히 꿈틀거리기 시작했다. 그들은 장손무기에 반대하는 세력을 결성하였다. 그들을 지지한 사람이 바로 고종과 무측천이었다.

9월, 고종은 어전회의를 소집하였다. 소집된 네 명의 대신은 장손무기·저수량·이적·우지녕이었다. 우지녕 역시 관롱 사단의 인물이었다. 소의의 추종자인 허경종·이의부 등은 아직 회의에 참가할 자격이 없었다. 이로 볼 때 당시의 형세는 소의에게 불리했다. 네 명의 대신 중 관롱 사단 출신이 아닌 사람으로는 이적

처음에 이적은 장손무기 등과 보조를 맞춰왔다. 네 사람 모두 폐위에는 찬성하지 않았다. 이적은 줄곧 형세가 분명치 않으면 자신의 태도를 표명하지 않았다. 첫 번째 논쟁에서 고종은 바로 폐위문제를 꺼냈다. 쌍방은 논쟁을 벌인 후 소득 없이 헤어졌다.

이적(李勣)

　무측천을 황후로 세우는 것을 지지하는 파와 반대하는 파에 대해 역사학자 진인각은 대립하는 정파는 각 지역 귀족들의 이익집단을 대표한다고 생각하였다. 진인각의 주장에 따르면, 이씨의 당나라는 6세기 초기 흥성했을 때 서북지역, 즉 섬서(陝西)와 감숙(甘肅)의 많은 대 가문들(즉, 이곳에서 말하는 "관롱 사단")과 정략적 혼인을 맺었다. 이들 가문들은 서위(西魏) 이후로 북방에서 통치계급의 핵심이었다. "관롱 사단" 내부의 복잡한 혼인관계는 이미 황실에 충성하는 인적 네트워크를 만들었다. 고종이 이 귀족집단의 한 사람인 왕 황후를 폐위하고 이 집단 출신이 아닌 무측천을 세우고자 했을 때 이 인적 네트워크가 드러났던 것이다. 진인각은 또 황후를 폐위하는 문제는 후궁 내 후비들 간의 투쟁에만 국한되는 것이 아니라 실질적으로 정치·사회적으로 관롱 사단과 산동 사단의 승부를 결정짓는 관건으로 생각하였다. 고종이 무측천을 황후로 세우려 할 때 결정에 참여한 네 명의 대신 중 장손무기·우지녕·저수량은 관롱 사단 소속으로 반대파였다. 반대파 인물인 한원·내제·상관의 등이 관롱 사단에 속하게 된 것은 이들의 출신과 관적을 보면 알 수 있다. 이적만 산동 출신이었기 때문에 찬성파였다. 최의현·허경종·이의부 등은 무측천을 황후로 세우는 것에 찬성은 했지만 그들의 명망은 이적과 비교할 수 없었기 때문에 무씨를 황후로 세우기 위해서는 이적의 태도가 매우 중요했다.

다음날, 고종은 어전회의를 또 소집했다. 사공(司空) 이적은 병을 핑계로 오지 않았다. 황제가 다시 폐위문제를 거론했을 때 저수량은 앞서 했던 말로 대답하였다. 고종은 듣지 않았다. 저수량은 무릎을 꿇고 상주했다. "폐하께서 새 황후를 구하시려면 영족(令族: 명문대가…옮긴이)의 여성 중에서 고르셔야 합니다. 무소의가 옛날 선제를 섬겼다는 것은 누구나 다 아는 사실이옵니다. 지금 황후로 세우신다면 후인들의 웃음거리가 되지 않겠습니까? 지금 신이 폐하의 뜻을 거역하였으니 만 번 죽어 마땅하옵니다." 저수량이 무씨와 당태종의 관계를 지적하자 고종은 부끄러운 듯 말이 없었다. 이때 저수량은 더 이상 고종을 자극하는 행동을 하지 말아야 했다. 그는 조정에 들어올 때 사용하는 조홀(朝笏: 천자 이하 공경사대부가 조복을 입었을 때 띠에 끼고 다니는 것-옮긴이)을 전(殿)의 계단에 놓고 "지금 조홀을 폐하께 돌려드리겠나이다."라고 하며 사직하겠다고 위협했다. 그는 말을 하며 두건을 풀고 머리를 땅바닥에 부딪치며 강렬하게 반대의사를 나타냈다. 머리에서 피가 흘렀다. 고종은 그의 이런 행동을 보고 대노했다. 좌우에 명하여 저수량을 끌고 나가도록 했다. 장막 뒤에 있던 무측천이 크게 소리를 쳤다.

"저 늙은 도적놈을 왜 때려죽이질 않느냐!"

저수량 등의 행위는 냉철하지 못했지만 그래도 효과는 있었다. 황제는 노기가 충천했으나 고명대신인 저수량의 지위 때문에 신중하게 생각하지 않을 수 없었다. 역대 제왕의 통치에서 전조의 노신들이 공공의 적에 대항하며 견고하게 방어할 경우 새로운 황제도 함부로 승부를 걸 수 없었다. 더군다나 세가 약한 고종은 신하들과의 권력게임에서 이길 자신감이 절대적으로 부족했다. 후에 이적이 한마디 거들지 않았다면 고종은 거의 무소의를 황후로 세우려는 계획을 포기했을 것이다.

저수량과 불미스러운 일이 일어난 다음날, 황제는 이적을 소환했다. 이 역시 무측천의 요구였을 것이다. 이적이 병을 핑계로 오지 않았다는 것은 그의 생각이 장손무기 등과 달랐음을 의미했다. 무측천은 민감하게 이 순식간에 지나는 신호를 포착하였다. 황제는 이적을 소환하여 그와 독대하였다. 나머지 세 사람은 자리에 없었다. 고종이 이적에 말했다. "수량이 무소의를 책봉하는 일에 고집을 꺾지 않는구려. 수량은 고명대신이니, 일이 안되면 그만둘까 하오." 이적이 대답했다. "이는 폐하의 집안일 입니다. 왜 다른 사람에게 묻습니까?" 이적의 이 말로 무소의는 황후로 책봉되었고, 영휘 연간의 정국은 파국으로 치달았다. 이적의 이 한마디가 이렇게 큰 영향력이 있었을까? 진인각은 말했다: 옛 역사에는 이적이 고종에게 한 말이 주관이 없는 말이라 하지만 실제적으로는 적극적인 찬성이었다. 당시 고종이 무측천을 황후로 세우려 한다는 것을 모르는 사람은 없었지만 이 일은 네 명의 대신이 결정을 지어주지 않으면 안 되었다. 이적은 거부권을 사용하지 않고 기권하는 계책을 택했다. 이것이 적극적인 찬성과 무엇이 다르겠는가? 이적은 당시 군부의 대표였다. 고종이 그의 지지를 받는다면 외삼촌 장손무기를 비롯한 관롱 사단의 반대를 무마하고 과감하게 일을 추진할 수 있었다. 이적이 관롱 사단 쪽에 서지 않았던 것은 무씨와 그는 같은 산동 출신으로 굳이 반대할 필요가 없었기 때문이었다.

정치적으로 무측천의 시대가 도래했다. 한나라 이후 귀족이 국정에 간섭하고, 외척이 장기간 중앙정국에 영향을 주는 국면이 끝났다. 무측천의 득세로 외척이자 태종의 일등공신이며 고종의 일등 고명대신이었던 장손무기는 황후의 폐립문제에서 발언권을 상실했다. 이후 극소수의 특별한 시기를 제외하고 외척이 정치 세력으로 등장한 경우는 역사에서 사라졌다. 황후가 정치에 간여한 시기는 있어도 외척의 그림자는 없었다. 무측천이 권력의 심장부로 가는 과정은 문벌사족이 철저히 와해되는 역사였다.

무측천은 황후가 된 후에도 장손무기에 대한 경계심을 풀지 않았다. 그녀는 관롱 사단은 한 차례 패배했지만 이러한 정치투쟁에서 재능 있고 경험 많은 노신들이 힘을 모아 반격해올 것이라는 것을 알았다. 그들은 작전을 바꾸어 다시 황상을 통제하고 조정에 영향을 끼치려 할 것이다. 지금 자신은 황후가 되었지만 그들의 권력기반을 약화시키지는 못했다. 장손무기는 아직 건재하고 다른 사람들도 여전히 조정의 주요 부서를 장악하고 있었다. 정치를 쇄신하려면 관롱 사단을 제거해야 했지만 지금 관외(關外) 서족(도성 밖의 군소지주들···옮긴이)을 임용한다는 것은 시기상조였다. 그녀는 즉위한 후 백성들이 자신을 추대하도록 어진 국모의 이미지를 심어야 했다. 너무 일찍 시작해서 사람들에게 황후를 바꾼 일로 복수한다는 느낌을 준다면 자신의 이미지에 좋지 않았다. 더군다나 반대파를 제거하기 위해서는 세상 사람들이 황상과 그녀가 옛 신하들을 함부로 죽인다는 말을 하지 않도록 그들이 수긍할 수 있는 확실한 증거가 있어야 했다.

현경(顯慶) 원년(656년) 2월 신해일, 고종은 조서를 내려 무후의 부친 무사확을 사도(司徒)로 추증하고 주국공(周國公)에 봉했다. 모친 양씨도 대국부인(代國夫人)에 봉했다. 무측천이 이렇게 한 목적은 무씨 가문의 지위를 높이기 위해서였다. 당대의 황후는 반드시 명망 있는 문벌가문 출신이어야 했다. 뿐만 아니라 이러한 책봉을 빌어 무측천도 조정에 이미 거대한 황후의 세력이 형성되어 있음을 보여주고자 하였다. 11월, 고종의 총애를 받은 무후는 세 번째 황자인 이현(李顯)을 낳았다. 이를 경축하기 위해 각 경관(京官)과 조정에 모인 사자들은 모두 승진하였다. 이현은 곧바로 주왕(周王)에 봉해졌다.

무측천은 장손무기 일파에 손을 대기 전 그들과 두 차례 각축전을 벌였다. 첫 번째는 폐후 왕씨와 폐비 소씨의 진압이다. 두 번째는 자신의 아들 이홍을 태자로 세운 것이다. 이 두 가지는 권력을 공고히 한 중요한 조치였다.

세를 잃은 폐후 왕씨와 폐비 소씨는 궁 안의 쓸쓸하고 외진 곳에 수감되었다. 영휘 6년(655년) 11월의 어느 날, 무후는 가족을 만나러 집으로 갔고, 고종은 혼자 후궁을 한가로이 거닐다 양심의 가책을 느껴 왕·소 두 사람을 보러 갔다. 정원의 문은 굳게 잠겨 있었다. 문 옆에는 시녀들이 식사를 제공할 수 있도록 작은 구멍이 하나 나 있었다. 궁중의 비빈들은 총애를 잃으면 왕왕 냉궁(冷宮)으로 쫓겨났다. 그녀들은 상당 시간 구금상태로 있었지만 실제로는 감금이었다. 고종은 작은 구멍을 통해 안으로 소리쳤다. "황후, 숙비, 어디 있소?" 조금 후 느릿느릿 발 끄는 소리와 무기력하고 처량한 소리가 들려왔다. "저희들은 이미 총애를 잃어 별원에 수감되어 있사옵니다, 황상께서 저희들의 존칭을 불러주실 줄은…… 황상 지난날을 생각해서라도 저희를 내보내주세요! 저희에게 다시 세상을 보게 해주세요. 우리가 평생 불경을 읽게 이곳을 회심원(回心院)으로 바꿔주세요."

고종은 대단히 비통해했다. "괴로워하지 마시오, 내 반드시 방법을 생각해 보겠소."

궁중 곳곳에는 무측천의 감시자가 있었기 때문에 황제의 행동은 수시로 그녀에게 보고되었다. 무측천이 궁으로 돌아오자 어떤 사람이 즉각 고종이 냉궁을 찾아갔다고 보고했다. 그가 아직도 두 여인을 그리워하고 있단 말인가! 무측천은 황제가 말을 꺼내기도 전에 물었다. "황상께서 여 죄수들을 보러 가신 것이 사실입니까?" 겁이 많은 황제는 얼른 부인했다. 무천측이 말했다. "그럼, 안 가셨으면 됐습니다."

며칠이 지나도 왕 황후와 소숙비는 황제의 소식을 받지 못했다. 하루는 칙사가 망나니들을 데려왔다. 칙사는 두 여인에게 조서를 낭독했다. 그녀들은 그때서야 최후가 왔음을 알았다.

왕 황후는 죽음에 임해서도 귀족으로서의 고귀함과 자존심을 잃지 않았다. 그녀는 죽기 전에 말했다. "무소의가 총애를 얻었으니 첩은 죽음뿐이로다!" 소숙비는 심하게 욕설을 퍼부었다. "요괴 같은 무씨가 나를 이 지경으로 만들었구나. 내가 고양이로 태어나고 무씨가 쥐로 태어난다면 그년의 목을 영원히 물어버릴 것이다." 망나니는 그녀들의 수족을 자른 뒤 남은 몸둥이를 술 장독 안에 던져 넣어 "뼈까지 취하게 했다." 그녀들은 그렇게 천천히 죽어갔다.

무후가 왕씨와 소씨를 죽인 것은 그녀의 황후자리를 확고히 하기 위한 조치였다. 황제는 여전히 왕씨를 황후로, 소씨를 숙비로 부르고 있다. 또 왕·소는 "다시 세상을 볼 수 있게" 요구하며 냉궁을 "회심원"으로 바꾸려고 한다. 황제의 마음이 변한다면 무씨는 어찌 되겠는가? 그래서 무측천이 왕·소를 잔혹하게 살해한 것은 그녀 개인의 지위로 봤을 때 취해야 할 조치였다. 그러나 두 사람을 살해한 것에 그녀는 약간의 두려움이 있었다. 무측천은 궁중에서 수시로 악몽에 시달리며 피범벅이 된 그녀들이 나타나는 꿈을 꾸고 그녀들의 혼백도 보았다고 한다. 무후는 소씨가 죽기 전에 한 저주가 두려워 궁중에 고양이를 기르지 못하게 했다. 이는 무측천의 잔혹한 모습과 보통 사람 내지 여인으로의 모질지 못한 모습을 동시에 보여준다. 후에 그녀는 정치적으로 노련해지면서 살인을 빠뜨릴 수 없는 수단으로 여겼다.

무측천에게는 걱정거리가 또 하나 있었다. 그것은 태자를 바꾸는 것이었다. 이것은 황후의 지위를 공고히 하고 관롱 사단의 위협을 없애는 또 하나의 중요한 행동이었다. 무측천에게는 두 아들이 있었다. 장자는 이홍이고, 차남은 무측천이 황후의 자리에 오른 달에 태어났는데, 황제는 이 황자에게 이현(李賢)이라는 이름을 지어주고 노왕(潞王)에 봉했다. 영휘 3년, 연왕 이충(왕 황후의 수양아

들)이 황태자로 세워졌다. 그러
나 지금 무측천에게는 두 아들
이 있다. 황위계승법에 따르면,
적자를 세우는 것이 이치에도
맞고 누구도 반대할 수 없었다.
그러나 반드시 어떤 사람이 이
문제를 꺼내고 일정한 단계를
거쳐야 바꿀 수 있었다. 이 임
무는 무측천에게 충성을 다한
허경종이 맡았다. 허경종(592~
672)은 자가 연족(延族)으로, 항
주(杭州) 신성(新城)[지금의 절강성(浙
江省) 부양(富陽) 서남쪽] 사람이다.
수나라 대업(大業) 연간 수재가
된 뒤 이밀(李密)의 혁명군에 참

허경종(許敬宗)의 후예 허원(許遠)

가하여 기실(記室)을 맡았다. 당나라 초기에 진왕부(秦王府)의 학사
(學士)를 지냈다. 정관 연간에는 여러 차례 관직을 옮기다가 검교
중서시랑(檢校中書侍郞)이 되었다. 고종이 즉위하자 예부상서에 임명
되었다.

　허경종이 상소했다. "현재 황후께서는 적자가 있습니다. 해와
달이 모두 나왔으니 횃불을 들고 다시 빛을 찾을 필요가 없습니
다. 어째서 거꾸로 줄기로 뿌리를 대신하고 옷을 거꾸로 입으려
하십니까? 부자지간의 일은 다른 사람들이 함부로 말할 수 없습
니다. 황상께서 적서의 관계를 분명하게 처리하셔야 사람들도 마

음을 놓을 것입니다."

고종은 그의 뜻을 알았다. 허경종을 밀실로 불러 그에게 어떻게 하면 좋을 지를 물었다. 허경종이 말했다. "황태자는 국가의 근본입니다. 근본이 바르지 않으면 백성의 마음을 묶어둘 수 없습니다. 지금 동궁태자의 모친은 출신이 미천합니다. 그녀는 황상에게 적자가 있음을 알고 있어 마음이 놓이질 않을 것입니다. 제때에 황상의 적자를 정식으로 태자로 세우고, 지금의 태자를 조치해야 합니다. 이렇게 해야 그들도 마음이 놓일 것입니다." 황제가 말했다. "이충은 이미 태자에서 물러나기로 하였소, 짐은 그를 양왕(梁王)에 봉하고, 무후의 장자 이홍을 태자로 세우겠소!"

여기에서 무측천의 황후자리는 마침내 안정되었다.

則天武后

2 천후가 되다

제1절

조정을 숙청하다

"사람을 쏘려면 먼저 말을 쏘아야 하고, 적을 잡으려면 먼저 왕을 잡아야 한다." 이 말은 양군이 교전할 때 상용하는 기술이다. 권력투쟁에서 무측천은 "적을 잡으려면 먼저 날개를 꺾어야 한다."는 점을 보여주었다. 적의 수뇌 장손무기를 치기 전에 무측천은 재상 한원이 저수량을 경성으로 다시 불러들이려는 계획과 이부상서 당림(唐臨)이 관롱 사족 출신의 중신 내제를 보호하고 무후의 중견 이의부를 제거하려는 의도를 무력화시켰다.

현경 원년 말, 무측천은 예정대로 인사이동을 단행했다. 장손무기의 친척들은 하나둘씩 외지로 발령받고 조정을 떠났다. 우선, 태상경(太常卿)이자 부마도위 고이행(高履行)이 익주[지금의 사천성(四川省) 성도(成都) 일대]대도독부장사(益州大都督府長史)로 임명되었다. 이어서 공부상서 장손상(長孫祥)이 형주대도독부장사(荊州大都督府長史)로 임명되었다. 이번 인사이동은 정상적인 내외이동처럼 보였지만 이중 한 명은 장손무기의 내외종 사촌형제이고, 한 명은 그의 당형제였다. 그 목적은 조정에 있는 장손무기의 날개를 꺾기 위함이었다.

현경 원년(656), 저수량이 좌천당함으로써 관롱 사단은 치명상을 입었다. 이후 그들은 시종일관 저수량을 다시 중앙으로 불러오려 하였다. 장손무기는 어떤 실질적 행동을 취하지 않았지만 저수량을 구명하기 위한 계획이 시작되었다. 시중 한원이 문제해결을 위해 나섰다. 저수량이 폄적된 지 1년 여 후, 한원은 저수량을 변론해야 할 때라고 판단했다. 그는 정성껏 상주문을 써서 아뢰었다. "조정에서 어진 신하들이 폄적당하는 것은 역대로 정치가 잘못되고 있다는 조짐입니다. 수량은 평생 동안 선왕을 섬김에 청렴하고 강직하였음은 말하지 않겠습니다. 사심 없이 국가를 위해 충언하여, 선제께서는 지기로 형제로 여기셨습니다. 이 때문에 임종 때 그를 부르시어 유조(임금의 유언…옮긴이)를 맡기셨습니다." 그는 계속해서 또 역사에서 실례를 들며 말했다. "국가가 쇠망하고 정치가 부패하는 것은 어질고 충간하는 신하를 멀리했기 때문입니다." 마지막으로 그는 결론지었다. "수량이 황상을 거슬린 죄가 있으나 1년간 고초를 겪었으니 폐하께서는 가련히 여겨 사면해주시옵소서!"

그의 말이 끝나자 황제도 저수량의 당초 의도는 별 문제가 없었음을 인정했다. 문제는 그의 태도가 황제에게 너무 불경했다는 것이다. 한원은 기분이 너무 들뜬 나머지 다시 아뢰었다. "지금 신은 소인이 득세하고 군자의 도가 사라지고 있음이 심히 우려됩니다." 이어서 한원은 일시적 감정으로 언급하지 말아야 할 시 구절을 인용하는 우를 범하고 말았다. "《시경》에는 '찬란하던 주나라 왕실을, 포사(褒姒)가 망하게 했네.'라고 했습니다. 신은 우리 당의 쇠망을 원치 않나이다." 이것은 무후를 주나라를 멸망시킨 포사에 비유하여 공개적으로 모욕을 준 것이었다. 고종은 대노하며 말했다. "물러가시오!" 조정에서 의론이 진행될 때 무후는 한마디도 언급하지 않았지만 그녀의 침묵은 더욱 무서웠다. 그녀는 반격을 준비하고 있었다.

한원은 집으로 돌아온 후 사직서를 제출하려 했으나 황제는 윤허하지 않았다. 고종은 일찍감치 왕씨를 폐위하고 무씨를 황후로 세우려고 했다. 누구라도 이 문제로 상소한다면 무측천이 나서지 않더라도 비참한 최후를 맞이할 것이다. 한원이 재상 직을 걸고 위협해도 황제는 꿈쩍도 하지 않았다. 그가 주동적으로 사직을 청했더라도 재상 직에는 얼마 있지 못했을 것이다.

현경 2년(657년) 3월, 고종은 낙양에서 저수량을 담주도독(潭州都督)에서 다시 계주[지금의 광서성(廣西省) 계림(桂林)]도독(桂州都督)으로 좌천시키라는 명을 내렸다. 저수량은 도성에서 점점 더 멀어졌다. 얼마 후, 황후파의 핵심인물인 이의부를 중서령에 임명한다는 조서를 내렸다. 8월, 이의부와 황후의 또 다른 도당인 시중 허경종은 시중 한원과 중서령 내제가 저수량과 반역을 도모하였다고 상주하였다. 그들은 상주문에서 계주는 군사를 쓸 수 있는 땅이라는 점과 한원이 반역을 일으키면 저수량이 계주도독이 되어 밖에서 호응하기로 했다는 점을 지적했다. 이 근거 없이 날조된 죄목을 믿는 사람들은 없었지만 현경 2년 7월 고종은 좌천을 명하는 네 개의 칙령을 내렸다. 한원을 진주자사(振州刺史)로, 내제를 대주자사(臺州刺史)로 좌천시키고 종신토록 입조하지 못하도록 하였다. 저수량을 다시 애주[지금의 베트남 청화(淸化)]자사(愛州刺史)로, 영주자사(榮州刺史) 유석을 다시 상주자사(象州刺史)로 좌천시켜버렸다. 저수량은 애주에 도착한 후 황제에게 도성으로 돌아갈 수 있게 해달라고 상주했으나 황제는 그의 요청을 받아들이지 않았다. 다음해, 저수량은 애주자사로 부임하러 가던 길에 사망하였으니 향년 63세였다. 장손무기의 오른팔과 왼팔이 불모의 땅인 남쪽으로 폄적을 당하자, 그의 세력은 점차 약화되었다.

장손무기의 세력이 약화되자 무측천의 심복들이 하나둘씩 재상 그룹에 진입했다. 그중 이의부는 조정에서 총애를 믿고 독단을 일삼았다. 이의부는 중서령에 오르자 또 다른 중서령 두정윤(杜正倫)과 마찰을 일으켰다. 두정윤은 당 태종 때 중서시랑이었다. 그는 당시 "두 궁궐을 출입하며 기밀을 주관했다." 이의부는 고종 때에 와서야 중서사인으로(중서령에서 중간그룹에 해당한다) 승진하였다. 이 두 중서령은 한 명은 선임이라는 이유로, 한 명은 황후의 지지를 받는다는 이유로 서로 치열하게 암투를 벌였다. 현경 3년(658년) 11월, 이의부는 보주자사(普州刺史)로, 두정윤은 횡주자사(橫州刺史)로 좌천당했다.

이의부의 좌천은 관롱 사단이 반격할 수 있는 절호의 기회였다. 당시 이부상서로 있던 당림(唐臨)은 양순찰사(兩巡察使)를 천거하는 방법으로 투쟁을 계속했다. 당림 역시 관롱 사단의 일원이었다. 그의 조상은 우문태를 따라 중원으로 들어왔고, 조부 당근(唐瑾)은 북주 때 내사(內史)를 지냈다. 당림 본인과 형 당교(唐膠)는 당시 명망이 아주 높았다. 현경 3년, 당림은 수중의 권력을 이용해 허위(許偉)를 강남도순찰사(江南道巡察使), 장윤(張倫)을 검남도순찰사(劍南道巡察使)에 임명해줄 것을 주청했다. 당림의 의도는 이러했다. "허위는 내제와 가까운 친구이고, 내제가 폄적당한 대주는 강남순찰사의 관할범위 내에 있었다. 허위가 강남도순찰사가 되면 내제를 보호할 수 있었다. 장윤은 이의부와 원수지간이고, 이의부가 폄적된 곳은 검남순찰사의 관할범위 내에 있었다. 장윤이 검남도순찰사가 되면 이의부를 제거할 수 있었다." 일찌감치 주도면밀한 정보망을 세운 무측천은 재빨리 이 계책을 전해 들었다. 그녀는 이의부를 기용하지는 못해도 무씨를 지지하는 핵심인물이었기 때문에 유배 중이었음에도 그를 보호하였다. 그녀는 고종에게 말했다. "당림이라는 자가 권력을 이용해 사사로이 사람을 골라 관직을 수여하는데 조정에서는 의론이 분분합니다. 이 자를 교체하지 아니하면 조정의 위신에 누가 될 것이옵니다." 고종은 "사람을 보내 사사로이 남의 허물을 사찰했다"는 죄로 당림을 파직했다. 당림은 얼마 후 조주자사(潮州刺史)로 있던 중 사망했다.

 위의 상황을 봤을 때, 장손무기 진영은 무측천에게 계속 밀리는 형국이었다. 이의부가 크게 득세해도 장손무기는 그의 언행을 제지하지 않았다. 무측천이 적자를 세울 때도 그는 나서지 않았다. 이렇게 물러서기만 한다면 장래의 더 큰 일은 더욱 맞서기 어려워질 것이다. 반복되는 투쟁으로 현경 4년 초 친 무후 세력이 조정에 형성되었다. 관롱 사단은 와해되어 태위 장손무기 혼자만 남았다. 장손무기를 넘어뜨리는데 가장 큰 장애물은 바로 무측천의 남편인 고종 이치였다. 이치도 외숙부의 말을 잘 듣는 황제가 되고 싶지 않았지만 그에게 외숙부를 제거하도록 하는 것은 어려운 일이었다. 영휘 초년, 낙양 사람 이홍태(李弘泰)가 장손무기가 모반을 하였다고 고발한 적이 있었다. 고종은 소장(訴狀)을 받자 묻지도 않고 이홍태를 참수토록 명했다. 그러나 상황은 이제 그때와 달랐다.

현경 4년(659년), 무측천은 창끝을 장손무기에게 겨누었다. 4월, 낙양 사람 이봉절(李奉節)이 태자세마(太子洗馬) 위계방(韋季方)과 감찰어사(監察御史) 이소(李巢) 붕당을 고발하였다. 허경종은 신무장(辛茂將)과 함께 이 안을 조사하게 해달라고 청했다. 일반 관원의 붕당 안을 재상 두 명이 나서서 심문하겠다고 한 것은 당연히 다른 속셈이 있었다. 위계방은 장손무기의 문하이자 친구였기 때문에 허경종은 이것으로 꼬투리를 잡으려고 하였다. 심문할 때 대리시의 관원이 허경종의 언질을 받고 위계방에게 장손무기와 함께 범죄를 모의했음을 자백한다면 관대한 처벌받을 수 있다고 했다. 위계방은 상황이 심각하다고 여겨 끝까지 인정하지 않았다. 그는 또 자살을 기도했으나 실패하는 바람에 감옥에서 숨이 곧 끊어질듯한 상태에 있었다. 허경종은 그에게 어떤 증좌도 확보할 수 없고 곧 죽을 목숨이라 여겨 고종에게 허위로 아뢰었다. "위계방이 장손무기와 함께 충신과 친척들을 모함하고 권력을 장손무기에 넘겨 모반하려 했습니다. 지금 일이 드러날까 두려워 자살했습니다." 고종이 믿지 않을까봐 또 위계방의 몸에서 찾아낸 사신(私信)을 고종에게 넘겨주며 말했다. "이 편지는 조사(趙師)에게 쓴 것인데, 조사는 바로 장손무기이옵니다. 은밀한 말로 충신들을 해치고 모반할 기회를 엿보고 있사옵니다." 이것은 무측천과 허경종 등이 오랫동안 준비해온 계획이었다. 고종으로서는 갑자기 국구(國舅:

장손무기의 여동생이 당 태종의 황후인 文德順聖皇后임--옮김이)가 모반을 일으키려 한다는 것에 크게 놀랐지만 믿을 수 없었다. 그는 또 시중 신무장에게 다시 조사하라고 했다. 신무장은 허경종의 심복으로 당연히 그가 조사한 결과는 허경종과 같았다. 고종은 그래도 믿지 않았다. "신무장은 어리석고 무용한 사람이라 그가 말한 것을 믿을 수 없소. 국구는 이런 일을 절대 하지 않을 것이오. 국구가 소인배들의 이간에 약간 흔들렸을지 모르나 어떻게 모반까지야 하겠소?" 그러나 증좌가 있으니 고종은 어쩔 줄 몰라 다급한 나머지 울기 시작했다. "우리 집안은 정말 불행하구나, 친척 간에 계속 딴 마음이 생기니, 예전에 고양공주가 방유애와 모반을 일으키더니 지금은 외삼촌도 이러시니, 내가 무슨 얼굴로 세상 사람들을 보리! 이 일이 과연 사실이라면 나더러 어찌 하란 말인가!"

허경종은 장손무기 등이 발호하는 것을 매우 싫어했다. 그는 고종이 이미 반신반의하는 모습을 보고 달콤한 세 치 혀를 놀리기 시작했다. "방유애는 젖먹이에 불과하옵니다. 한 여자와 모반을 일으키다니 뭐가 되겠습니까? 장손무기는 다릅니다. 그는 이전에 선제와 천하를 얻었고, 세상 사람들은 그의 지략에 탄복했습니다. 이후 30년간 재상으로 있었고 사람들은 그의 위세를 두려워합니다. 만일 암암리에 거사를 일으키는 날에는 폐하께서는 누구를 보내 막으시겠습니까? 지금 다행히 종묘에서 보우하시어 이 작은 사건으로 간사한 무리들의 음모가 밝혀졌습니다. 이것은 천하의 큰 행운입니다. 신은 장손무기가 위계방이 자살했다는 것을 알고 궁지에 몰려 반란을 일으킬까 걱정입니다. 그가 한번 손짓하면 그의 도당들이 구름처럼 몰려들 것이니, 분명히 종묘사직의 우환이 될 것입니다! 폐하께서는 수나라를 보지 못하셨습니까? 우문화급(宇文化及)의 부친은 재상이었고, 남동생은 공주에게 장가를 들어 금병(禁兵)을 장악했습니다. 수문제는 그에게 조금의 의심 없이 조정을 맡겼습니다. 우문술(宇文述) 사후 우문화급이 금병을 통솔하자 강도(江都)에서 모반을 일으켰습니다. 자신에게 충성하지 않는 자들을 먼저 살해했습니다. 신의 집안도 그때 화를 당했습니다. 이에 대신 소위(蘇威)와 배구(裴矩) 등이 그에게 복종했습니다. 날이 밝자 수나라는 멸망했습니다. 바로 전대에 일어난 일이 오니, 바라옵건대 폐하께서는 이를 잘 살피시어 속히 결단을 내리십시오."
허경종은 무기를 태종 때의 역신 방유애와 수나라의 우문화급과의 비교를 통해 강도 사태와 같은 대란으로 황제가 곧 피살될 것이며 황제를 시해할 사람이 바로 장손무기라는 점을 그럴듯하게 늘어놓았다.

다음날, 허경종은 황제에게 아뢰었다. "어제 저녁 위계방이 장손무기와 모반을 도모한 사실을 자백했습니다. 신이 위계방에게 '장손무기는 황제와 친척간이고, 양대(兩代)에 걸쳐 총애를 받았는데, 무슨 원한으로 반란을 도모했는가?'라고 물었습니다. 그러자 위계방이 '한원이 장손무기에게 말하더군요, 유석과 저수량이 양왕(王 황후의 수양아들인 이충)을 태자로 세우길 권했는데 지금 양왕이 폐위되자 황상이 그대를 의심하여 고이행을 외지로 보냈다구요. 이 일로 장손무기는 크게 근심하며 온 종일 사태를 진정시킬 방법을 강구했습니다. 후에 장손상마저 외지로 발령이 나고 한원 역시 노여움을 받아 저희들과 반란을 일으키려고 모의했습니다.'라고 대답했습니다. 신이 그의 말을 따져본 결과 모두 사실이었습니다.

법에 따라 장손무기를 체포해야 합니다."

이 말은 고종이 의심할 것에 대비해 미리 주도면밀하게 준비된 것이었다. 고종은 자신도 모르게 믿어버렸다. 고종은 모반을 일으켰다는 소식에 망연자실하며 무기의 관직을 삭탈하는데 동의했다.

후인들은 이것으로 고종은 신하들에게 쉽게 속을 정도로 무능했다고 생각한다. 당연히 고종은 그의 부친인 태종보다 명철하지 않았고 위엄도 부족했다. 그러나 문제의 핵심은 허경종이 거침없는 언변으로 수·당의 황위계승에서 통치자가 편안히 쉴 수 없었던 마음의 병을 지적한 것에 있다. 수나라 때 황위계승문제에서 적장자가 황위를 계승하는 제도가 시행되지 못했다. 수 문제가 장자를 폐위하고 차자를 세웠지만 그의 사후 다섯째 아들 양량(楊諒)이 태원(太原)에서 군사쿠데타를 일으킴으로써 수나라에 어두운 그림자를 드리웠다. 나라에는 장자가 황위를 이어야 한다는 개념이 없었기 때문에 명의상 덕이 있는 자가 황제가 되어야 했지만 실제로는 힘이 센 사람이 황제가 되었다. 수나라 말기 군웅들이 일어나 칭제한 것과 수양제가 일국의 지존으로 시해된 것은 통치자에게 "능력이 있어야 왕이다"라는 위기감을 주었다.

당나라 초기 이세민 형제가 유혈극을 벌여 정권을 잡았다. 이세민은 종실의 직위를 군공(郡公)으로 낮추고, 공이 있는 사람만 왕으로 봉했다. 그는 형제인 이건성과 이원길의 후세들을 모조리 살해했다. 종실에 대한 이세민의 태도는 정관 원년 양주도독(涼州都督) 이유량(李幼良)을 사형시킨 일로 그 일단을 엿볼 수 있다. 이유량은 이세민의 작은 할아버지였다. 어떤 사람이 그가 무사를 양성한다고 알리자 이세민은 중서령 우문사급(宇文士及)을 보내 조사하게 했다. 조사결과 사실로 판명나자 그를 처형해버렸다. 중서령을 보내 변방의 장수들이 불순한 세력들을 길렀는지를 조사한 것에서 이세민이 이 일을 얼마나 중시했고 또 그가 받은 위협이 얼마나 컸는지 알 수 있다.

이세민은 엄격하게 종실을 다루었지만 즉

당태종(唐太宗) 이세민(李世民)

위 후에도 쿠데타의 위협을 받았다. 한 사람은 그의 숙부이자 유주도독(幽州都督)이었던 이원(李瑗)이었고, 또 한 사람은 이씨 성을 하사받은 수나라의 항장(降將)이자 경주(涇州)를 지키던 나예(羅藝)였다. 이 두 차례의 쿠데타는 신속하게 진압되었지만 통치자의 마음에 어두운 그림자를 드리웠다. 이유량 사건은 대략 이 두 차례의 쿠데타 후에 일어났기 때문에 당 태종이 이렇게 처리한 것은 당연했다. 실제로는 이것이 마지막 쿠데타는 아니었다. 같은 해 말, 이주도독(利州都督) 이효상(李孝常)과 우무위장군(右武衛將軍) 유덕유(劉德裕) 등이 모반을 주동했다는 혐의로 살해되었다. 정관 17년 제왕(齊王) 우(祐)가 쿠데타를 일으켰다가 실패한 것도 한 예이다.

이로 보면, 남북조 시기 기회만 있으면 자신의 정권을 세우려고 했던 이런 분위기는 여전히 당나라 초기의 몇몇 통치 집단 특히 황실에 존재했음을 알 수 있다. 권력을 잡은 사람은 이 때문에 시시각각으로 방비하지 않을 수 없었다. 그중 정권이 바뀔 때 이를 틈타 모반을 일으키는 것이 가장 위협적이었다. 그래서 고종은 자신이 여러 차례 외숙부의 의도를 어기고 더욱이 관롱 귀족 전체와 적이 될 수 있는 상황에서 장손무기가 모반할 가능성이 있다고 보고 허경종의 말을 믿어버렸던 것이다. 그러나 고종은 큰 공을 세웠고 6년간이나 자신을 보좌했던 외숙부를 모반죄로 차마 처벌할 수 없었다. 고종이 울며 말했다. "외숙부께서 정말 이렇게 하셨더라도, 짐은 차마 처형하지 못하겠다. 그렇지 않으면 세상 사람들이 짐을 뭐라 하겠는가! 후대 사람들은 또 짐을 뭐라고 하겠는가!" 허경종은 이때 고종이 이미 믿고 있음을 확신하면서도 마음이 여린 고종이 장손무기를 놓아줄까 걱정되어 더 부풀리며 말했다. "박소(薄昭)는 한나라 문제(文帝)의 외숙부였습니다. 문제가 대왕(代王)에서 황제가 된 것은 박소의 공이 컸습니다. 후에 문제는 박소가 백성을 살해했다는 이유로 용서하지 않고 법대로 처리했습니다. 백관들에게 상복(喪服)을 입게 하고 울며 그를 처형했습니다. 지금까지도 세상 사람들은 문제를 성군이라 합니다. 지금 장손무기는 태종 때와 고종 때의 은혜를 잊고 사직을 빼앗으려 했습니다. 그 죄가 박소보다 크면 컸지 적지 않습니다. 다행히 간계가 드러나 역적들이 스스로 자백했습니다. 무엇이 더 염려되옵니까? 옛말에 벨 때 베지 않으면 도리어 화를 입는다고 했습니다. 안위가 경각에 달려있사오니, 절대 놓쳐서는 아니 되옵니다. 장손무기는 바로 지금의 간웅으로, 정권을 찬탈한 왕망(王莽)이나 사마의(司馬懿)와 같은 무리입니다. 폐하께서 조금이라도 지체하시면, 신은 변란이라도 일어날까 두렵사옵니다. 그땐 후회해도 소용이 없을 것입니다."

일련의 그럴듯한 이유와 무서운 결과가 결국 고종의 마음을 무너뜨렸다. 그는 외숙부를 심문할 용기가 없어 허경종에게 모든 것을 처리하도록 했다. 영문을 알 수 없는 중대한 모반사건의 주범은 이렇게 결말났다. "장손무기를 태위 직에서 파면하고 그 봉읍(封邑)을 환수하며, 양주도독(揚州都督) 신분으로 검주(黔州)[지금의 사천성(四川省) 팽수(彭水)]로 귀양 보내되 1품대신의 대우로 매일 정제된 백미 2승(升), 멥쌀과 수수 각 1두(斗) 5승, 밀가루 1승, 기름 5승, 소금 1승 반, 식초 3승, 꿀 3합(合), 밤 1두, 배 7과(顆), 연유 1합, 마른대추 1승, 면화 10근(根), 탄 10근과 각종 야채류와 매월 양 20마리, 돼지고기 60근, 생선 30마리, 술 9두를 제공한다." 고종은 자신의 골육인 이 어른이 풍성한 대우를 받으며 만년을 편히 보내길 바랬다.

장손무기가 무너지자 관롱 사단은 중심을 잃었다. 무후의 뜻에 따라 허경종은 장손무기 사건을 확대하여 관롱 사단에 최후의 일격을 가하기 시작했다. 한 달여 만에 많은 관롱 사단의 관원들이 좌천당했다. 허경종이 상주했다. "무기가 역모를 일으켜 저수량·유석·한원과 결탁하였습니다. 유석은 후궁과 내통하여 갖은 만행을 저질렀습니다. 우지령 역시 무기를 따랐습니다." 관롱 사단의 또 다른 핵심인물인 우지령은 책후부사(册后副使)이자 태자태사(太子太師)에 있었지만 양왕을 태자로 세우는 것을 지지했고 무후를 세울 때 입장을 표명하지 않아 무기의 도당을 따랐다는 죄명으로 태자태사와 동중서문하삼품에서 면직되었다. 무후는 관롱 사단에서 지위가 높고 명망 높은 이 사람을 조정에 남겨두면 좋지 않다고 판단했던 것이다. 이로 이미 세상을 떠난 저수량은 관직을 삭탈 당했고, 유석과 한원은 제명되었으며, 우지령은 면직되었다.

관롱 사단의 자제들도 화를 면할 수 없었다. 장손무기의 아들이자 비서감 겸 부마도위였던 장손충은 제명되어 영남(嶺南)으로 추방당했다. 장손무기의 당형제 장손지인(長孫知仁)도 기주사마(冀州司馬)로 좌천당했다. 족자(族子: 집안의 조카…옮긴이)이자 부마도위인 장손전(長孫詮) 역시 지금의 사천성 서창(西昌) 일대로 추방당했고 얼마 후 자살했다. 장손무기의 내외종

고사렴(高士廉)

사촌 형제이자 고사렴(高士廉)의 아들인 고이행이 연루되어 익주장사(益州長史)에서 홍주[지금의 강서성(江西省) 남창(南昌)]도독(洪州都督)으로 좌천되었고 얼마 후 다시 영주[지금의 호남성(湖南省) 영릉(零陵)]자사(永州刺史)로 좌천되었다. 당시 양주자사로 있던 조지만(趙持滿)은 장손전의 생질(여자형제의 자녀…옮긴이)이자 한원의 내질(아내 형제의 자녀…옮긴이)이었다. 허경종은 그가 서량(西凉)에서 모반을 일으킬까 걱정되어 그를 속히 도성으로 불러 하옥했다. 그러나 그는 끝내 입을

열지 않아 결국 모반죄로 처형되었다.

조정의 신하가 수도에서 멀어지거나 황제의 시야에서 사라지면 그의 안전은 보장받을 수 없었다. 7월, 허경종은 이적・신무장 그리고 이제 막 취임한 두 재상, 즉 병부상서 겸 동중서문하삼품으로 있던 임아상(任雅相)・탁지상서 겸 동삼품으로 있던 노승경(盧承慶)과 함께 장손무기 모반사건을 재조사하는 한편 중서사인에 오른 원공유(袁公瑜) 등을 증거수집 차 검주로 보냈다. 원공유는 장손무기에게 연루된 사람들에 대한 진술서를 받고자 했으나 장손무기는 단호하게 진술을 거부했다. 원공유가 장손무기에게 말했다. "그대는 왜 죽음으로 자신의 죄를 사죄하지 않소? 그대가 죽으면 나는 그대의 진술서에 대신 사인해줄 수 있는 방법을 찾아보겠소." 장손무기는 어쩔 수 없어 목을 매달고 자살했다. 원공유는 또 한원을 찾아 법대로 처리하려 했으나 한원이 이미 폄적지에서 사망했다는 소식을 들었다. 그는 직접 그의 관을 열고 시신을 확인한 후 귀경했다. 이밖에 같은 시기에 피살된 사람으로는 장손상・장손은(長孫恩)・유석 등이 있다.

여기까지, 관롱 사단 중 가장 흥성했고 서로 깊게 엉겨있었던 몇몇 가문들이 큰 화를 입었다. 그들은 당나라 초기에 흥성하여 3・40년간 조정을 독점하였다. 장손무기 사단이 철저히 와해되자 이의부가 보주에서 이부상서 겸 동중서문하삼품으로 복직되어 재상신분으로 인사권을 주관하게 되었다. 허경종과 이의부가 조정을 주도함으로써 무측천은 이제 아무런 걱정 없이 황후가 될 수 있었고 국가정치에 있어서도 자신의 정치적 영향력을 극대화 할 수 있게 되었다.

무측천은 황후가 된 후 줄곧 태위 장손무기를 없애려고 했지만 무기는 황제의 심복이자 가장 명망 있는 대신이었고 게다가 장손무기 사단은 오랫동안 국정을 독점하고 있어서 처음부터 그 뿌리를 쳤더라면 그들의 강력한 저항에 부딪쳤을 것이다. 무측천은 애초부터 싹을 자르는 전술을 택했다. 먼저 그 날개를 잘라 힘을 약화시킴으로써 무기를 고립시켰고 마지막에 핵심인물을 제거하였다. 결국 무측천은 치열한 권력투쟁에서 승리하였다.

제2절

황후가 되다

　황후의 대관식은 11월로 정해졌다. 왕 황후를 폐위한 지 불과 한 달 후였다. 무측천은 대관식을 몰래 거행하고 싶지 않았다. 그녀는 떳떳하고 당당하게 치루고 싶었다.
　예의(禮儀)는 위세를 나타내는 가장 좋은 매개이다. 여성 황제 무측천에게 지난날의 예법은 어울리지 않았다. 그녀는 사람들에게 위의(威儀: 무게가 있어 외경할만한 거동…옮긴이)로 위엄을 세워야 했다. 위의를 나타낼 때 무측천은 옛날의 관례를 벗어나 사람들이 하지 않았던 것을 행하며 자신의 비범한 위풍을 당당하게 보여주었다.
　무측천은 황후의 보좌에 앉기까지 많은 음모를 썼다. 이것은 당시 예법에 맞지 않는 부분이 있다. 고명대신 저수량은 황제에게 태종의 재인이었던 무측천을 공개적으로 황후로 세운다면 사람들에게 인륜을 저버렸다고 비난받을 것이라 말한 적이 있다. 그러나 무측천은 이를 심각하게 받아들이지 않았다. 세상 사람들이 비웃은들 또 어쩌겠는가? 비웃음만으로는 사람을 죽일 수 없다. 반대로 비웃은 사람들은 웃고 난 후 권력에 머리를 조아려야 한다. 그래서 그녀는 황후대관식을 황제의 등극식보다 더 성대하고 장엄하게 거행하여 사람들에게 무씨가 순리대로 황후가 되었음을 당당하게 알리고 싶었다.

황후를 책봉하는 날이 왔다. 대전에는 문무백관들이 줄지어 있었다. 무씨 황후가 시녀들에 둘러싸여 전 안으로 들어왔다. 머리에 쓴 봉관(鳳冠)에는 눈부신 금진주가 번쩍거리고, 천지에 제를 올릴 때 입는 비단도포에는 무지개 빛이 감도는 봉황이 춤추었으며, 붉고 널찍한 허리띠는 정중앙에서 신발 아래로 드리워져 있었다. 무씨는 차분하고도 위엄스러웠다. 이적이 옥으로 만든 상자 안에 있던 황후의 옥새를 그녀에게

당나라 관리들의 관복(官服)

정식으로 전달했다. 무씨가 황후의 보좌에 오르자 곧이어 성지가 낭독되었고, 성대한 음악이 연주되는 가운데 아름답고 장엄한 4 언으로 된 축하시를 낭송하는 것으로 의식을 마무리하였다. 그 다음 황궁 서쪽의 숙의문(肅義門)에서 새 황후는 문무백관과 각국 사절단의 하례를 받았다. 이것은 특별히 기획된 것으로 역사상 전례가 없었다. 화려한 제복을 입은 기사(騎士)들이 앞에서 황후의 수레를 선도했고, 또 훈장과 휘장을 단 관원들은 열을 지어 있었다. 숙의문에 도착하자 무씨는 수레에서 내려 누대위로 올라가 그 위에 섰다. 누대 아래 광장에는 단정하게 의관을 한 왕자・문무관원・각 국의 사절단이 무릎을 꿇고 있었다. 첫 번째 열은 자포(紫袍)를 입고 옥대를 찼으며 금장식을 단 왕자들과 3품 이상의 관원들이었다. 두 번째 열은 옅은 자포를 입고 금대를 찬 4품 관원들이었다. 세 번째 열은 붉은 색이 감도는 자포를 입고 금대를 한 5품 관원들이었다. 네 번째 열은 진하고 옅은 두 종류의 녹포(綠袍)를 입고 은대를 찬 6・7품 관원들이었다. 그 다음은 품계에 따라 도열하였다. 무후는 신하들에게 인자한 미소를 지으며 신하들의 경례에 답했다. 의식이 끝나자 황궁으로 돌아와 백관들과 각국의 사절단을 접견했다.

현경 5년(660년) 정월, 무측천은 동도에서 고향인 병주(幷州)로 돌아왔다. 이번에는 금의환향이었다. 무측천은 그녀의 가족과 고향 친척들

무측천의 고향마을

에게 연회를 베풀고 상을 내렸다. 이 모든 행사의 하이라이트는 열병식이었다. 고종은 3월 28일 병주성에서 성대한 열병식을 거행하였다. 이것은 무장부대의 열병식이라기보다 무 황후의 고향 방문에 대한 위세의 표현이었다. 열병식에는 건국이후 성장해온 장수들인 양건방(梁建方)과 장연사(張延師)가 지휘하는 부대와 중앙을 지키는 황궁의 금병이 참가하였다. 훈련과정은 "북을 한번 치면 군중 앞에 등장하고, 북이 다시 울리면 정열하며, 북이 세 번 울리면 교전하는 것이다." 일사불란하게 등장해 정렬하고 교전한 다음 왼쪽에는 "곡직원예진(曲直圓銳陣)"을, 오른쪽에는 "방예직원진(方銳直圓陣)"을 펼쳤다. 군진을 여러 차례 공격하자 다양한 진을 갖추며 방어했고, 보병이 물러나고 기병이 들어오자 다시 일사불란하게 모여 각자의 원 위치로 돌아갔다. 성루의 비룡각(飛龍閣)에서 열병하던 고종과 대신들은 이 기세등등하고 웅장한 진세(陣勢)에 매료되었다. 허경종이 아뢰었다. "장연사의 군대는 일사불란하면서 견고하고, 양건방의 군대는 과감하고 예리합니다. 모두 일대의 명장입니다." 산전수전을 다 겪은 백전노장 이적도 감탄하며 말했다. "이번 훈련은 갑옷과 투구 등 복장이 화려하고, 장사들은 일제히 힘을 다하고 있습니다. 무기장비에서 장사들의 사기까지 전율을 느끼게 합니다, 옆에서 봐도 위협을 느끼는데, 하물며 전장에서 교전할 때는 어떠하겠습니까?" 이것은 무 황후의 힘을 보여주는 예이다.

무측천은 궁정 내의 도당들을 매수하여 정보망과 감시망을 만들어 놓았다. 조정의 원로중신들과 투쟁할 때 조정에도 도당을 매수하였다. 제일 먼저 그녀 쪽에 선 사람이 허경종과 이의부였다.

허경종은 강남 사족의 후예였다. 그의 부친 허선심(許善心)은 618년 팽성각(彭城閣)의 변란 때 반란군에 의해 피살되었다. 허경종은 무릎을 꿇고 애원한 끝에 살아남았다. 조정의 정적들은 수시로 허경종의 과거사를 퍼뜨렸다. 허경종은 부끄럽고 화가 났지만 어찌할 수 없었다. 그는 이세민의 개인 교수가 될 만큼 학식이 뛰어났다. 정관 17년, 황제를 대신해 기밀문서를 작성하는 일을 맡고 있던 잠문본(岑文本)이 병사하자 허경종이 그의 직위를 맡았다. 이로 그는 고위직에 올랐고 문하성과 중서성에 재직하며 국사를 편찬하는 일을 맡게 되었다. 645년, 그는 태자의 스승이 되고, 649년에는 재상이 되었지만 얼마 후 모함을 받고 지방관원으로 강등되었다.

허경종은 조정의 신하 중 가장 먼저 무측천 편에 선 사람이자 조정에 있는 무측천의 심복이었다. 그는 장손무기에게 태도를 바꿀 것을 권했지만 무기는 단호하게 거절했다. 이로 무측천과 허경종은 자연스럽게 같은 길을 가게 되었다. 오랫동안 무측천과 장손무기는 서로 대등한 세력을 유지했다. 왕 황후의 숙부 유석이 영휘 5년 중서령을 사직하고 이부상서를 맡게 된 것은 무측천의 첫 번째 승리였다. 그러나 다음해 5월 장손무기는 한원을 시중에, 내제를 중서령에 임명하려고 했다. 한·내 두 사람의 정치적 관점은 장손무기와 같았기 때문에 장손무기의 역량은 결코 약화되지 않았다. 영휘 6년(655년), 왕 황후가 굿판을 벌인 일이 일어난 후 고종은 유석을 이부상서에서 수주자사(遂州刺史)로 폄적시켰고, 후에 다시 영주자사로 폄적시켜버렸다. 이에 대해, 장손무기 등은 반격을 준비하였다. 황제는 유석을 좌천시킴과 동시에 무측천을 신비

(宸妃)로 승격시키려고 하였다. 이것은 황후로 가는 중요한 조치였다. 그러나 조정에서 제동을 걸었다. 한원과 내제는 이렇게 할 경우 제도적인 근거가 없으니 황제는 이 생각을 접어야 한다고 여겼다. 쌍방은 일진일퇴의 힘겨루기를 거듭해서 어느 쪽이 주도권을 잡았는지 말할 수 없었다. 그러나 무측천의 활동은 조정 사람들의 주의를 끌었다. 사람들은 자연스럽게 다음의 문제를 떠올렸다: 태위의 힘이 클까 아니면 소의의 힘이 클까?

무측천이 장손무기에게 계속 사람을 보내 안부를 묻고 그의 지지를 얻으려 했다는 점에서 태위의 힘이 커보였을 것이다. 그러나 조정의 일부 신하들은 이번 투쟁에서 소의가 태위에게 승리하기를 희망했다. 허경종이 바로 이런 인물이었다. 그는 막후에서 무측천과 함께 일할 사람들을 물색해봤지만 그들은 사태의 추이를 관망하며 나서려 하지 않았다. 영휘 6년(655년), 허경종은 예부상서에 임명되어 정사에 참여하게 되었고 후에 또 태자빈객(太子賓客)을 겸하게 되었다. 6월, 그는 마침내 또 다른 조력자인 중서사인 이의부를 찾았다.

이의부는 재주(梓州)[지금의 사천성에 있다] 사람으로, 서족지주 출신이다. 그가 정치적으로 득세하게 된 것은 태종 때 재상 급 인물이었던 유계(劉洎)와 잠문본의 추천 때문이었다. 유·잠 두 사람은 바로 장손무기와 대립했던 정파의 영수였다. 장손무기는 그를 좋아하지 않아 "벽주사마(壁州司馬)로 좌천시켜" 멀리 보내려고 했고 황제의 동의도 받은 상태였다. 그런데 칙서를 문하성으로 보내려고 할 무렵 상황이 돌변하였다.

당대 중서사인은 상당히 높은 자리였다. 그들은 황제의 비서이기 때문에 반드시 조당에서 돌아가며 당직을 서야 했다. 옛날에는 밤에 조당에서 당직을 서는 것을 "숙직(宿直)"이라 하였다. 그날 밤, 숙직을 선 사람은 또 다른 중서사인이자 허경종의 조카인 왕덕검(王德儉)이었다. "좌천"당하길 원치 않았던 이의부는 왕덕검에게 도움을 청했다. 왕덕검은 그에게 한 가지 묘책을 일러 주었다. "무소의가 지금 총애를 얻고 있으니 황상께서는 그녀를 황후로 세우려 할 것입니다. 하지만 재상들의 반대가 두려워 그렇게 하지 못하고 있습니다. 그대가 과감히 나서서 이 일을 먼저 언급한다면 전화위복이 될 것입니다." 왕덕검이 이의부에게 일러준 것은 사실 그 자신은 할 수 없었던 일이었다. 이의부는 달랐다. 그는 반드시 위험을 무릅쓰고 나서야 했다. 이것은 그에게 유일한 선택이었다. 이에 이의부는 이날 저녁 왕덕검을 대신해 숙직을 섰다. 이 기회를 이용해 이의부는 "내각의 문으로 상주서를 올려" 무소의를 황후로 세울 것을 주청했다. 이 건의는 무측천과 황제가 바라던 것이었다. 황제는 즉각 이의부를 소환하여 그 자리에서 발령을 철회하고 그를 중서사인에 유임시켰다. 이후 무측천은 비밀리에 또 사람을 보내 그를 위로하고 파격적으로 부 재상에 해당하는 중서시랑으로 발탁하였다.

이의부가 다시 살아난 것은 태위와 소의의 힘겨루기에서 나타난 중대한 변화였다. 군신들은 이 변화로 하늘을 찌를 듯한 권세를 가진 장손무기는 이제 궁정 깊은 곳의 무소의를 이길 수 없다는 결론을 내렸다. 옆에서 지켜보던 사람들과 장손무기에 대한 불만으로 무측천과 결탁하고 싶었으나 움츠리고 있던 사람들은 이제야 한 숨을 놓기 시작했다. 순식간에 조정에는 무측천을 추대하는 세력이 형성되었다. 이에 위위(衛尉) 허경종・어사대부 최의현(崔義玄)・중승(中丞) 원공유(袁公瑜) 등이 무측천의 심복이 되었다. 이들은 조정에서 가장 먼저 무측천 쪽에 선 사람들로, 궁내의 정보망과 더불어 그녀를 득세하게 만든 기본 역량이었다.

허경종・이의부・원공유는 기타 무측천을 지지하는 사람들과 사당(死黨: 목숨을 걸고 뜻을 모은 붕당…옮긴이)을 만들어 서로 협력하였다. 무측천이 측근들을 배치하자 조정은 더 이상 관롱 사단의 천하가 아니었다. 그러나 무측천의 도당들은 총애를 받자 본성을 드러내기 시작했다. 그들은 독직과 부패를 일삼았고 총애를 믿고 독단적으로 안건을 처리했다. 그중 다른 사람의 재산과 처를 빼앗은 이의부의 횡포는 누구나 다 알았다. 그의 모친이 출상할 때의 영구행렬이 수 리에 이를 정도였다. 어떤 점에서 무측천은 이런 선전효과를 보길 원했다: 자신의 명을 따르는 사람은 권세를 얻고 부귀영화를 누릴 수 있다. 이런 권세와 부귀영화는 그녀가 언제라도 줄 수 있고 뺏을 수도 있었다.

그러나 이의부의 행동은 확실히 심한 점이 있었다. 현경 원년(656년) 8월, 낙주(洛州)의 순우(淳于)씨라는 한 아름다운 여인이 간통으로 대리시의 감옥에 수감되어 있었다. 이의부는 그녀의 미색을 듣고 평소 친분이 있던 대리시승(大理寺丞) 필정의(畢正義)에게 그녀를 풀어주도록 해 첩으로 삼으려고 했다. 이것은 관롱 사단에게 반격할 수 있는 기회를 주었다. 대리시경(大理寺卿) 단옥현(段玉玄)이 즉각 이 일을 상주했다. 고종은 급사중(給事中) 유인궤(劉仁軌) 등에게 명하여 이 안을 조사하도록 했다. 이의부는 일이 드러날까 두려워 대담하게도 필정의에게 감옥에서 자살할 것을 강요했다. 이의부가 첩을 들이려는 일은 사실로 판명나지 않았고, 또 필정의도 한사코 진술을 거부해 고종은 더 이상 이의부의 죄를 추궁하지 않았다. 이 일에는 무측천이 개입되었을 것이다. 그녀는 이의부에게 화가 났지만 사람을 쓸 때 당연히 관롱 사단에게 반격할 여지를 주고 싶지 않았고 자신을 지지하는 사람을 잃고 싶지도 않았을 것이다.

사건이 흐지부지하게 끝나자, 관롱 사단의 인사들은 이 기회를 놓치지 않았다. 시어사(侍御史) 왕의방(王義方)이 상주했다. "이의부가 천자의 눈앞에서 대담하게도 6품 관원을 무자비하게 살해한 것은 절대 용서할 수 없는 일이옵니다. 설사 필정의가 자살했다 해도 이의부의 위세가 두려웠기 때문입니다. 그렇다면 사람을 살리고 죽이는 권한이 황상의 수중에 있는 것이 아닙니다. 이러한 풍조를 오래둘 수 없습니다. 황상께서는 이 안을 분명히 조사하셔야 하옵니다." 이 탄핵은 확실한 증좌가 없었지만 매우 일리 있는 말이었다. 그러나 왕의방은 대신을 모욕했다는 죄명으로 좌천당하고 말았다. 이 배후에 황후의 손이 그녀의 측근들을 가려주고 있음을 알 수 있다. 그녀는 이의부의 장단점과 공과를 기억했다. 그녀는 주동적인 위치에서 간사한 소인배들에 의해 끌려 다니지 않을 것이다. 그녀가 소인배를 임용한 것은 정치수단이자 정치적 필요성 때문이었다. 80세까지 그녀가 임용하고 버린 소인배들은 부지기수였다.

무측천은 각종 정치수단으로 마침내 위풍당당하게 황후의 보좌에 올랐다. 그녀의 권력과 지위는 이제 새로운 국면을 맞이했다.

제3절

《성씨록》을 편찬하다

현경 4년(659년) 3월, 고종은 《씨족지(氏族志)》를 《성씨록(姓氏錄)》으로 바꾼다는 조서를 내렸다. 《씨족지》중에 무측천 가족의 명망이 기록되어 있지 않은 것이 그 이유였다.

무측천이 황후의 자리를 안정시킨 후 영휘 정국을 다시 뒤흔든 것은 두 가지 조치 때문이었다. 하나는 대량의 "비주류(雜色)"를 "주류(流內: 一品에서 九品의 관리…옮긴이)"로 편입시킨 것이고, 다른 하나는 《성씨록》의 문벌체계로 태종 때의 《씨족지》를 대신한 것이다. 전자로 가문이 변변치 않고 선대의 공이 없는 사람들이 상류층으로 진입할 수 있었다. 후자로 5품 이상의 관원들은 천하의 사족에 이름을 올려 자신들의 사회적 명망을 올릴 수 있었다. 이러한 과감한 조치들은 인심을 잡기 위한 한 방편이었다.

당대의 관리임용은 고종 현경 연간에 공석 중인 자리는 제한되었으나 응시하는 사람이 많아지는 심각한 상황이 나타났다. 당시 중앙과 지방의 관원 수는 13,000여 명에 불과했던 반면 매년 관리가 될 수 있는 자격을 얻어 임용을 기다리는 사람은 많게는 1,400명 정도에 이르렀다. 사람마다 30년은 재직한다고 할 때, 약 15,000명 정원에 매년 500명만 관리로 충원될 수 있었다. 매년 임용을 기다리는 1,400명은 이 수의 근 3배나 되고, 더군다나 현직 관원들 중 30년 후에도 많은 사람들이 그대로 재직하고 있을 것이다. 그래서 매년 채용이 끝난 후에도 많은 사람들이 관직을 얻지 못해 "각 품급의 관원은 넘쳐나고, 자리를 구하려는 인원은 날로 증가하는" 상황이 연출되었다. 현경 2년에 황문시랑지이부선사(黃門侍郞知吏部選事) 유상도(劉祥道)가 개혁할 것을 주청하는 상소를 올린 적이 있고, 후에 중서령 두정윤도 이 문제를 해결하려고 했다. 고종은 조서를 내려 백관들을 불러 의논하였다. 대부분의 사람들은 큰 변화를 원치 않았기 때문에 토론은 결과 없이 흐지부지하게 끝났다. 사실, 유상도·두정윤 등이 임용 제도를 개선하려고 한 것은 주로 "비주류가 주류로 편입되고 평가를 통해 선발하지 않는", 다시 말해 선대의 공도 없고 과거시험도 보지 않은 많은 사람들이 내관으로 들어오는 것에 착안하였다.

당시, 정통관료계층을 "주류"라고 하였다. "비주류"는 "주류"에 상대되는 개념으로, 외지를 떠도는 관리를 말한다. 이는 축구경기의 후보 선수와 유사한 개념이다. 중앙에 있던 관리들이 물러나야 그에 상응하는 외지를 떠도는 관리들이 이를 대체하였는데, 이를 주류로 들어오는 것이라고 해서 "입류(入流)"라고 한다. 외지를 떠도는 관리들은 권문세가들의 무시를 받았으며, 일반적으로 서족

계층이 이를 담당했다. 손오공은 필마온(弼馬瘟: 옥황상제의 말을 돌보는 일을 하는 관리…옮긴이)이란 관직이 비주류의 말단 관직이라는 것을 알고 화를 냈고, 일생동안 이를 수치스럽게 여겼다. 당 태종 시기, 비주류들이 주류로 승진하려면 엄격한 심사를 통과해야 했기 때문에 매년 주류로 올라가는 비율은 높지 않았다. 그러나 무측천이 황후의 보좌를 차지한 후 그 비율이 크게 증가하였다. 비주류가 주류로 되는데 아무런 심사도 거칠 필요가 없었다. 이러한 현상이 나타나게 된 것은 그녀가 황후의 자리를 공고히 하기 위한 의도와 관련이 있다. 사람을 매수하고 도당을 만드는 것은 원래 무측천이 줄곧 사용한 수단이었다. 과거 그녀는 한 사람씩 매수했지만 지금 그녀는 황후의 자리에서 수중의 권력을 이용해 대량으로 사람들을 매수할 수 있었다. 조정에 장손무기를 지지하는 사람들이 많았기 때문에 주류로 들어오는 사람들 중에 심복을 만들지 않는다면 그녀는 고립된 상황에서 장손무기 일파에 반격을 당할 위험이 있었다.

　당시 과거시험을 통해 임용되는 사람은 극히 드물었다. 진사는 매년 평균 10여 명 배출되었고, 명경과(明經科)도 이 수의 3·4배를 넘지 않았다. 매년 주류로 들어오는 1,400명 중 과거 출신자들이 차지하는 비중은 극소수였다. 대부분의 사람들은 외지를 떠돌다 주류로 들어오거나 자원입대하여 전장에서 공을 세워 관계(官界)로 진출했다. 유상도·두정윤 등의 관롱 사단 인물들이 비주류가 주류로 들어오는 것을 제한하자고 한 것은 근본적으로는 선대의 공을 강조한 것이었다. 다시 말해 부친이나 조부의 관품으로 관리가 될 수 있는 자격을 얻고 임용되는 것인데 문벌제도의 잔재였다. 이들의 요구가 받아들여지면 많은 신흥계층이 관계에 진출하는데 큰 타격을 입을 수 있었고 나아가 귀족의 특권이라고 할 수 있는 문음제도가 강화될 수 있었다.

그러나 실제 결과는 "일은 실행되지 않았고", 주관부서의 건의는 통과되지 않았다. 그 이유는 이제 막 황후가 된 무측천이 신흥 사회세력의 지지를 받고 민심을 얻기 위해서는 이 신흥세력에게 기회를 주어야 했고 또 이러한 움직임에 제동을 걸어야 했기 때문이었다.

이때 정치적으로 두드러진 또 다른 현상은 매관매직을 일삼던 이의부였다. 이의부는 당나라 역사상 가장 악독한 탐관이었다. 그 본인만 매관매직을 한 것이 아니라 그의 세 아들과 사위도 이런 행위로 문전성시를 이루었다고 한다. 그가 매관매직을 한 목적에는 당연히 재물을 거두려는 것도 있었겠지만 정치적 의도가 다분했다. 그 의도란 "심복을 끌어들이고, 붕당을 만드는" 것이었다. 무측천의 지지가 없었다면 이의부는 이러한 행위를 할 수 없었을 것이다. 이의부의 붕당은 자연히 무측천의 붕당이기도 했다. "비주류가 주류로 편입되고 평가를 통해 선발하지 않는" 점과 매관매직하는 행위로 무측천의 의도를 알 수 있다. 그것은 바로 심복을 많이 모아 장손무기의 세력을 궤멸시키는 것이었다.

이와 동시에, 무측천은 또 황제의 명으로 사족을 지정하는 방법을 취했다. 정관 12년(638년) 당 태종은 《씨족지》를 반포했다. 그 당시 무측천은 왜 《성씨록》으로 개정하려 했을까?

위·진·남북조 이래로 사족의 풍기가 농후했다. 사족과 서족 간의 지위는 하늘과 땅 차이였다. 당나라가 건국된 후 사회등급

편제에도 문벌제도를 부정하는 추세가 나타났다. 그러나 몇 백년 간의 문벌관념은 당나라 초기 사회에 지대한 영향력을 발휘하고 있었다. 당나라가 천하를 얻게 된 것은 관롱 사족의 지지 덕분이었다. 천하를 차지하자 관롱 사족 사단은 통치를 공고히 하는 중요한 세력이 되었다. 당 태종은 통치를 확고히 하기 위해서라도 이들에게 의지해야 했다. 그는 이전 왕조의 사족을 억누르고 싶었다. 그 목표는 관롱 사족이 아닌 명망 높고 역사적으로 지위가 높았던 산동의 사족들 특히 최씨・노(盧)씨・이씨・정(鄭)씨 같은 큰 성씨였다. 정관 8년, 당 태종은 황족을 포함한 당나라 귀족의 명망을 높이기 위해 고사렴(高士廉) 등에게 《씨족지》를 편찬하도록 명했다.

정관 12년 《씨족지》가 개정된 후, 당 태종은 최민간(崔民幹)이 황실보다 더 높은 제1등 가문에 올라 있는 것을 발견했다. 그는 이런 관점이 시대정신에 맞지 않는다고 판단해 새로운 원칙으로 등급을 나눌 것을 제기하고 이를 수정할 것을 명했다. 새 규정과 옛 규정이 모두 현 권세가들을 인정한 점은 과거의 작위나 부친・조부의 관직을 인정한 것과는 달랐다. 이는 현재 관직의 고하로 사회등급을 구분 짓는 원칙이었다. 다시 말해, 조상이 어떤 관직을 역임했느냐를 보는 것이 아니라 지금의 관직이 어느 정도인지를 보는 것이었다.

그러나 문벌제도에 익숙하고 또 이를 지키려는 편찬자들은 옛날의 관념에서 벗어나지 못했다. 수정된 《씨족지》 중에는 지금 높은 관직이나 작위가 없으면서 과거의 작위로 이름이 나있던 많은 구사족들이 여전히 황실이나 외척 아래의 최고등급에 있었다. 그래서 정관 《씨족지》는 황족과 외척의 지위만 높여 주었을 뿐 당시 많은 신흥귀족들의 사회적 지위는 인정하지 않았다. 이에 몇몇 고관들은 족보를 교환하거나 혼인을 맺는 등의 방식으로 명문가와 관계를 맺었고 상당수의 일반지주 출신 관리들도 각종 방법으로 재빠르게 신분향상을 꾀했지만 문벌관념상 여전히 고위층에 진입할 수 없었다. 이것은 당사자에게 있어 영욕과 관계된 일이었다.

특히 고종이 즉위한 후 몇 년 동안 변방에서 전쟁이 빈발해지자 전공을 올린 사람에게도 후한 상을 주었다. 설인귀(薛仁貴)의 경우, 태종 말년에 백의종군하여 공을 세운 후 병졸에서 5품에 해당하는 유격장군(遊擊將軍)이 되었다. 이런 상황은 갈수록 보편화되었다. 또 소정방(蘇定方)의 경우, 수나라 말기 농민봉기에 참가했고 정관 초년에도 이정(李靖)을 따라 돌궐을 정벌했음에도 영휘 초년까지 4품 아래인 중랑장(中郞將)에

설인귀(薛仁貴)

불과했다. 그는 현경 연간 이후에 큰 공을 세워 정3품의 대장군으로 승진하여 종1품의 국공(國公)에 봉해졌다. 이들 전공으로 고위직에 나아가게 된 많은 관료들은 점점 법에 정한 사회적 지위를 빨리 얻으려고 하였다. 또 몇몇 사람들은 전공도 없으면서 빠르게 고관이 되었다. 이의부 같은 사람은 무측천에게 의탁하면서 3품

의 중서령이 되었다. 이적은 정관 때 명망 있는 고위인사였지만 사망할 때까지 정관 《씨족지》에는 높은 등급에 오르지 못했다. 몇 십년간 생사를 넘나들면서 신하로서 가장 높은 삼공(정1품)에 오른 이적이 자신의 가문을 높이지 못했다는 것은 아이러니컬하다. 구 《씨족지》에 기록된 사람들은 당시 태종과 함께 천하를 통일하고 천하를 다스렸던 개국공신들로 무측천의 지지자들 대부분은 기재되어 있지 않았다.

세월이 흘러 세상이 변하자, 《씨족지》의 틀을 바꾸고 새롭게 권세가들의 사회등급을 정해야 하는 시기가 왔다. 현경 4년(659년) 3월, 허경종·이의부 등의 건의로 고종은 《씨족지》를 《성씨록》으로 고치도록 조서를 내렸다.

《성씨록》은 본래 무씨와 신흥귀족을 위해 만든 것이기 때문에 《씨족지》보다 더 "당시 조정에서의 관직을 중시했다." 《성씨록》의 기본원칙은 "조정에서 5품 이상의 관원은 모두 사족에 올린다."는 것이었다. 이렇게 함으로써 전공으로 5품 이상의 관직에 오른 군졸들은 모두 사족이 되었다.

《씨족지》에는 예전의 관직을 포기하지 않은 신흥귀족가문을 올려놓고 그들의 군망(郡望: 해당지역에서 많은 사람들의 존경을 받는 가문…옮긴이)을 기록하지 않은 반면 구 사족의 경우에는 군망을 기술해 진위를 알아볼 수 있도록 했다. 사실 무씨처럼 개국과정 중에 일어난 신흥귀족들 중에 《씨족지》에 군망이 기록되지 않은 가문들은 대단히 많았는데, 이적이 그 일례였다. 그래서 허경종의 건의는 무 황후가 지지하지 않더라도 배후에 많은 사람들이 호응했다. 이를 위해 고종은 조서를 내려 새 《성씨록》 200권을 편찬하도록 했다. 고종이 직접 서문을 쓰고 따라야 할 등급에 따라 서열을 확정하였다.

《성씨록》은 장손무기가 폄적된 후 신속하게 수정되어 현경 4년(659년) 6월에 반포되었다. 이것은 의심할 바 없는 무측천 진영의 중대한 승리였다. 《성씨록》에는 무측천과 장손 황후의 가문이 1등 가문에 나란히 올라있지만 장손씨 가문의 중심인물인 장손무기는 관직을 이미 삭탈 당했고, 그 가문의 아우와 조카 및 자손들은 죽지 않았다 하더라도 이미 제명되어 서인이 되었기 때문에 실질적으로 《성씨록》 족보에 들어간 사람은 없었다. 이적의 가문은 1등 가문에 들어갔다. 허경종과 이의부는 재상 자격으로 2등 가문에 들어갔다. 그밖에 공을 세워 5품 관원으로 발탁된 사람들이 《성씨록》에 올라갔다. 뿌리 깊은 문벌관념의 영향과 사회에서 《성씨록》을 배척하려는 움직임이 있었지만 《성씨록》은 어쨌든 황제의 명의로 반포되어 실행되었다. 이의부는 또 천하의 《씨족지》를 거두어 불태울 것을 상주했다.

새로 편찬된 책의 기준은 분명했다: 조정에서 5품 관직을 얻은 사람은 족보에 들어간다. 이는 5품(당연히 5품 이상의 사람들을 포함) 관원들은 《성씨록》에 이름을 올릴 수 있음을 의미했다. 게다가 《성씨록》은 일률적으로 군망을 밝히지 않고 오로지 관품의 고하로만 등급을 배열하였다. 이는 혼인·혈통·가풍·가학 등과 같은 전통적 기준과는 완전히 상반되는 것이었다. 현대인들은 이를 대수롭지 않게 여기겠지만 당나라 초기에는 문벌관념이 아직 뿌리 깊게 남아 있어서 명망 있는 관원이라도 가문을 세우고 성씨를 전하는 것을 가장 중시하고 영광스럽게 여겼다. 《성씨록》은 권문세가

들이 오랫동안 의지해온 "출신가정"과 사회적으로 인정되어 온 문벌의 독점을 타파하여 5품 이상의 관원들도 이름을 올릴 수 있게 하였다.

《성씨록》은 옛 《씨족지》와 달리 전공도 중시했다. 새로 편찬된 책에 수록된 사람들 대부분은 당시 대외 전쟁에서 배출된 새로운 영웅인물이었다. 서족출신의 일반 병사라도 전공을 계속 세워 5품 관원이 되면 사족으로 올라갈 수 있었다.

일군의 하급관리들을 "비주류에서 주류로 편입"시켜 그들 중에 무측천의 지지자를 상당수 심는다면, 《성씨록》의 수정으로 5품 이상의 사람들은 황제가 정한 사족이 되는 것이었다. 그래서 중급 이상의 관원들 특히 무관들 중에 일군의 지지자들을 매수하였다. 군 지휘관들 중 적지 않은 사람들이 무측천의 도당이 되었다. 적어도 그들은 무측천과 장손무기의 투쟁에서 무기를 지지하는 태도를 취하지 않을 것이다. 만일 통치자가 병권을 확실하게 장악하지 못한다면 그의 보좌는 불안할 것이다. 장손무기가 실패한 원인이 이점이었다. 영휘 연간 궁을 차지한 지 얼마 되지 않아 그는 쿠데타를 일으킬 능력을 상실해갔다. 반면 무측천은 군대를 장악하기 시작하여 이 해에 장손무기에게 최후의 공격을 감행했다.

비주류를 주류로 편입시키는 것과 《성씨록》을 편찬한 것 외에 시대를 초월하는 과감한 조치를 또 실시하였다. 그것은 바로 이 시기의 과거제도에 변화를 준 것이다. 다시 말해, "제과(制科: 황제가 직접 주관하던 시험…옮긴이)" 거인(擧人)들이 많아지기 시작했다는 점이다. 당나라 초기의 과거제도는 관료를 충원하는 보충역할을 했다. 이와 동시에 선대의 공으로 관리가 되는 제도가 여전히 성행했을 뿐만 아니라 귀족의 자제들은 고속 승진을 했고 원로공신들의 자손들에게는 높은 관직이 수여되었다. 제과는 황제가 임시로 조서를 내려 특별한 재능을 가진 인재를 선발하는 시험이었다. 고조와 태종 때 상황은 알 수 없으나 고종 영휘 3년 이후 끊임없이 과거를 시행하여 사람을 뽑았다. 특히 현경 4년(659년) 3월, 8개 과목에서 인재를 선발하였는데 응시한 사람들이 900여 명에 달했다. 이때 곽대봉(郭待封)·장구

무측천의 친필글씨

령(張九齡) 등은 대조홍문관(待詔弘文館)과 수장공봉(隨仗供奉)에 발탁되었다. 이것은 장손무기 사단에 총 공세를 펴기 전에 힘을 결집하려는 의도가 있었다. 무측천은 제과를 통해 인재를 선발하여 민심을 얻었다. 그래서 그녀는 훗날 섭정을 한 후로 제과를 크게 열어 민심을 얻었고, 이로써 국가를 경영할 많은 인재를 선발했다.

제4절

도성을 옮기다

홍도(弘道) 원년(683년), 무측천은 조정을 낙양으로 옮겼다.

무측천의 중대조치에는 늘 정치적 목적이 있다. 고종 때 그녀는 대명궁(大明宮)을 짓는 것과 같은 정치적 의도가 조금도 없는 일로 내정(內廷: 황제와 환관·후궁 등이 생활하는 곳…옮긴이)과 외정(外廷: 조정대신들이 국사를 논의하는 곳…옮긴이) 간의 긴밀한 연계를 분리하여 황권을 제약하는 재상권력을 약화시켰다. 이어 무측천은 또 천도를 통해 자신의 권력을 더욱 공고히 하려 했다.

무측천은 황후의 자리가 안정되자 수도를 장안에서 낙양으로 천도하는 일을 시작했다. 조정은 사실상 태종 때 세 차례에 걸쳐 낙양으로 천도하였다. 그러나 현경 2년(657년), 무측천은 마침내 단계적인 성과를 거두게 되는데 그것이 바로 낙양이 조정의 행궁(行宮: 황제가 행차했을 때 머무는 곳…옮긴이)이 아닌 제2의 수도로 공식적으로

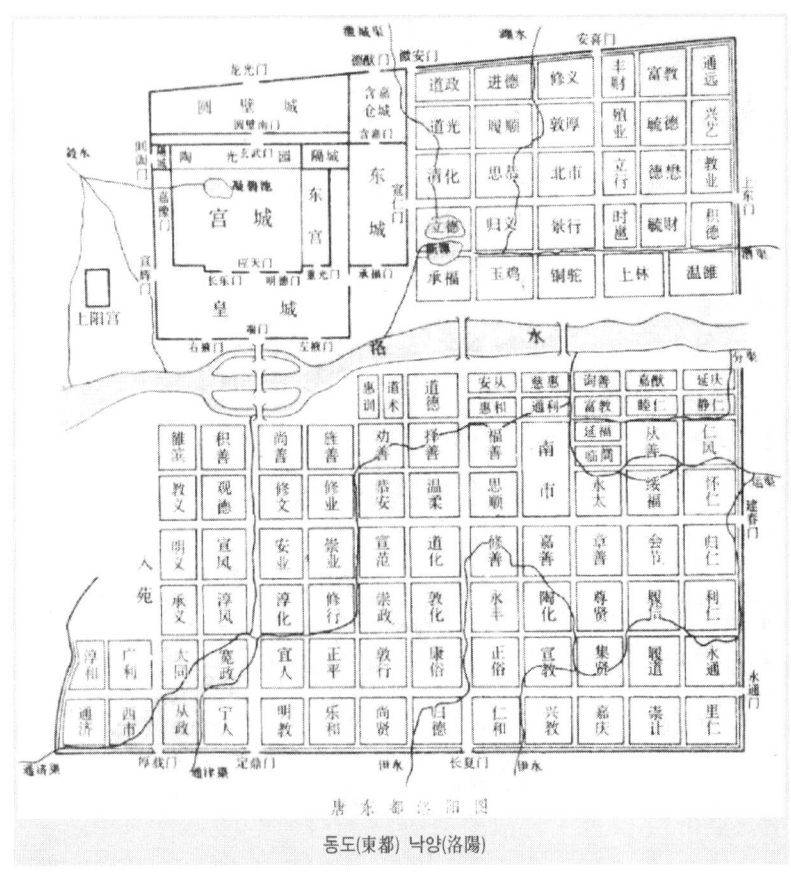

동도(東都) 낙양(洛陽)

정해진 것이다. 각 부서와 아문(衙門: 관서…옮긴이)은 낙양에 출장기구를 두었다. 당연히, 이것은 엄청난 공정이었다. 이후 5년 동안 무측천은 이 일에 큰 공을 들였다. 용삭(龍朔) 2년(662년) 낙양에 동도국자감(東都國子監)을 열었다. 고종시기, 7차례 이상 조정을 낙양으로 옮겼다. 고종은 새로운 수도가 건설된 후 통치한 26년 중 약 10년을 낙양에서 정무를 보았다. 함형(咸亨) 2년(671년) 고종 일행이 동도로 행차할 때 장안에는 아직 처리해야 할 정무가 많아 태자를 경사에 두어 국사를 주관하게 했다. 태자를 장안에 둔 것은 무측천의 의도적인 계획이었다. 이럴 경우 재상 몇 명도 장안에 있어야 했기 때문에 자신이 정부를 구성하는데 유리했다. 더군다나 이현을 낙양으로 불러들이기로 결정한 후 배염(裵炎)을 제외한 장안에 있던 나머지 재상들은 함께 오라는 통지를 받지 못했다. 682년, 조정을 마지막으로 낙양으로 옮겼다. 정부를 옮기는 과정에서 구 재상 그룹 중 무측천에게 장애가 되었던 사람들은 하나둘씩 제거되었다. 683년 이의염(李義琰)이 사직을 청하자 무측천은 허락했다. 중서령 최지온(崔知溫)은 낙양에서 죽었다. 중서령 겸 태자좌서자(太子左庶子) 설원초(薛元超) 역시 장안에서 말을 하지 못하는 병에 걸려 사직을 주청하여 비준을 받았다. 8월, 태자 이현이 동도로 소환되자 배염이 그를 수행했다. 이현의 둘째 아들 당창왕(唐昌王) 이중복(李重福)이 경사유수(京師留守)로 임명되었다. 유일하게 장안에 남아있던 재상 유인궤는 부유수(副留守)로 임명되었다. 황제·태자를 비롯해 이름뿐인 재상 유인궤를 제외한 모든 재상들이 낙양에 모이자 무측천은 새 정부의 조직명단을 선포하였다. 이로 전 조정은 늘 새 도읍지로 가서 공무를 처리하였다. 이것은 이미 정해진 제도였다. 텅 빈 도성에는 시종 보잘 것 없는 수습정부만 남았지만 실제적으로는 전 황실과 그들의 수행원뿐만 아니라 중앙정부의 모든 행정기구들은 이번 몇 차례의 이동으로 모두 옮겨가버렸다. 홍도 원년(683년), 무측천은 조정을 낙양으로 영구히 천도하였다. 도성으로 낙양의 지위는 701년까지 지속되었다.

조정이 동·서 두 도성 간을 오가게 되자 제국의 재정은 극도로 나빠졌다. 몇 차례의 천도는 막대한 혼란을 초래했고 천문학적인

돈이 들어갔다. 많은 수행원들이 통과하는 지역의 백성들은 생활이 극도로 궁핍해졌다. 낙양에는 도성에 있어야 할 필수시설들이 들어설 수 있도록 많은 새로운 궁전과 관서가 필요했다. 천문학적 돈이 들어가는 공사는 고종 때 끊임없이 진행되었다. 이처럼 엄청난 돈이 들어가는 대규모 공사에는 분명히 이유가 있었다.

첫째는 전통 사학자들이 지적한 무측천의 감정과 정신 상태이다. 왕 황후와 소숙비를 제거한 후, 미신에 빠진 무측천이 그녀들의 일을 방해하는 것을 자주 보았다고 한다. 소숙비가 죽기 전에 한 저주가 얼마나 강렬했던지 무측천은 일생동안 그 저주에서 벗어나지 못했다. 그녀는 수시로 고양이의 위협을 느꼈다. 무측천은 후궁을 장악한 날부터 늘 악귀처럼 산발을 한 왕·소 두 사람의 그림자를 보았다. 이 때문에 그녀는 몇 차례 궁전을 바꾸어봤지만 이런 환영(幻影)에서 벗어나지 못했다. 결국 하는 수 없이 낙양에 머물고 장안으로 돌아가지 않았다는 것이다.

둘째는 완전히 경제적 원인이었다는 것이다. 장안은 비교적 낙후되고 경제가 발달하지 않은 지역에 위치해있고 장기간 지속된 심각한 가뭄의 영향을 받기 쉬웠다. 외지에서 장안으로 곡물을 공급한다는 것은 어렵고 비용도 많이 들었다. 반면 낙양은 수나라 때 건설한 복잡한 수로를 이용하면 곧장 도달할 수 있었기 때문에 훨씬 수월했다. 영순(永淳) 원년(682년) 4월, 관중지역의 재난으로 식량이 부족해지자 고종과 무측천은 동도 낙양으로 가기로 결정했다. 그곳은 배로 식량을 운송하기 편리했고 강회(江淮)에서 운송해오는 식량들이 상당량 비축되어 있어 관원들의 식량문제를 해결할 수 있었다.

도성은 넓고 인구가 많아 생활용수도 자연히 풍부해야 한다. 인근의 강물을 성내로 끌어들여 도처로 보내주는 것도 급한 일이었다. 수상교통 역시 육지보다 편리했다. 적절하게 사용한다면 도성을 더욱 발전시킬 수 있었다. 장안과 낙양은 이런 점에서 기본적으로 일치했지만 지리적 제한 때문에 차이가 났다. 장안은 용수원(龍首原)에 위치하여 평탄하고 막힘이 없기

수양제(隋煬帝)

때문에 궁성·황성과 외곽의 성들이 나란히 남쪽을 향해 있었다. 낙양은 낙하(洛河)가 관통하였다. 낙양은 낙하가 성의 중심부를 지나고 있어 물을 끌어들이기가 장안보다 쉬웠다. 수양제가 통제거(通濟渠)와 영제거(永濟渠)를 개통시킴으로써 낙양은 운하의 기점이 되었다.

강과 수로가 낙양성내를 지나고 있어 성내에는 뱃길도 있고 물을 쓰기도 편리했다. 물을 쉽게 끌어들일 수 있기 때문에 몇몇 고관대작들은 저택에 상당히 넓은 연못을 조성하기도 하였다. 장하문(長夏門) 동쪽 네 번째 거리 이도방(履道坊)에 있는 백거이(白居易)의

저택은 택지가 17무(畝: 중국의 토지면적 단위로, 대략 지금의 665.5㎡에 해당…옮긴이)로, 그중 물이 5분의 1을 차지하였다. 그 안에 나무를 심어놓은 섬과 다리도 있었다. 장안성에서는 이러한 광경을 보기 힘들었다.

도성은 정치 중심이자 경제 중심이어야 한다. 당시 당나라의 중심은 양주(揚州)라고 해야 할 것이다. 후에 익주(益州)만이 이에 비견될 수 있었다. 그래서 "첫 번째는 양주, 두 번째는 익주"라는 말이 생겼다. 장안과 낙양은 이 두 도시보다 훨씬 낙후되었다. 낙양은 경제 중심지라고 말할 수 없지만 그래도 비교적 번영했으므로 경제도시라고 할 수 있었다. 무측천이 동도 낙양을 신도(神都)로 바꿀 때 관외의 옹(雍)·동(同)·진(秦) 등을 비롯한 7개 주(州)의 10만 호를 낙양으로 이주시켰다. 이렇게 많은 인구 중에는 다수의 고관대작들도 포함되어 있어 현지 상업을 필연적으로 발전시킬 수 있었다.

수양제가 개통한 통제거(通濟渠)의 역할 중 하나가 동남지방의 식량을 운수하는 것이었다. 함가창(含嘉倉)은 낙양성에 식량을 저장하는 창고였다. 식량을 배로 운송한 후 언제라도 창고에 비축할 수 있었다. 이들 운하를 신속하게 통과하여 태항산(太行山) 동부지역과 강회(江淮) 지역이 두 도성과 연계되었고 강남과 영남지방도 갈 수 있었다. 장강 하류 각 부(部: 당나라 때의 행정구역명칭…옮긴이)의 공물을 비롯해 영남의 공물도 운반해올 수 있었고 상품도 이를 따라 들어왔다.

천도에 대해 여러 가지 견해가 있다. 그중 가장 중요한 것은 정치적인 견해이다. 장안은 양북(兩北) 지역의 자연중심, 다시 말해 관롱 사단이 통치하고 있을 때 문인관료기구의 정치중심이었다. 낙양을 새로운 도읍으로 정하는 것 자체가 관롱 귀족 정치세력의 전성기가 이미 지났다는 상징적 의미를 갖고 있다. 천도는 또한 산동과 하북 출신의 많은 관원들의 환심을 사는 조치였다. 그들은 고종 때 고관을 지냈고 더군다나 무측천의 가장 열렬한 지지자라고 할 수 있다. 진인각은 다음과 같이 말하고 있다: "무측천이 관롱 사단이 아닌 산동의 비 명문가 출신으로 하루아침에 정권을 잡고 오랫동안 낙양에 머물면서 전국의 중심이 산동으로 옮겨왔으며, 진사과를 통한 인재선발로 남북조의 귀족계급을 타파하고 동남의 풍부한 물자를 운송하여 국방력을 강화했다."

이상의 정치 경제적 원인은 무측천 시대에 행한 중대한 전략적 조치라고 할 수 있다. 어떤 부분은 그녀 자신도 모르게 효과가 나타났을 것이다. 사실, 천도에 대해 무측천은 현실적 측면을 고려한 부분이 있다. 그것은 바로 재상 그룹의 통제를 벗어나는 것이었다. 쉽게 말해 이기지 못하면 도망가는 것이었다.

무측천은 황후가 된 후에도 오랫동안 재상 그룹 내의 반대세력에 직면해 있었다. 그녀가 조정을 장악하는데 이들의 반대는 고종과 당나라 종실의 반대보다 훨씬 심했다. 상원(上元) 2년(675년) 8월 조정 후의 그룹에 의봉(儀鳳) 원년(676년)에 보충한 4명까지 총 9명의 재상이 있었다. 그중 시중 장문관(張文瓘)과 중서령 학처준(郝處俊)이 핵심인물이었다.

장문관은 패주(貝州) 무성(武城) 사람으로, 어려서 아버지를 여의었다 이를 제외하면 현재 그의 가문에 대해 알려진 것은 없다. 그는 정관 초기 명경과를 통해 벼슬길에 올랐고, 이적의 눈에 띄어 조정에 들어왔다. 용삭 연간 중서사인이 되고, 건봉(乾封) 2년(667년) 황문시랑동삼품(黃門侍郞同三品)으로 재상 그룹에 들어와 지금까지 근 10년 동안 재상으로 있었다. 시중을 제수받기 전, 그는 대리경지정사(大理卿知政事)로 있으면서 법을 공평하고 관대하게 집행하여 죄수들로부터 큰 존경을 받았다. 시중은 재상 중에서도 가장 신망 높은 자리였다. 그는 정직하고 엄격했기 때문에 고종의 두터운 신임을 받았다.

학처준은 고관귀족 출신으로, 외조부 허소(許紹)와 숙부 허어사(許圉師)는 한때 명망 높던 명신이었고, 부친은 현공(縣公)에 봉해졌다. 그러나 학처준 본인은 자신의 재능으로 벼슬길에 올랐으며, 정관 연간 진사 출신이었다. 그는 이적의 부장(副將)으로 고구려와의 전쟁에 참가한 적이 있었지만 기본적으로 문인이었다. 총장 2년(669년) 황문시랑동삼품으로 재상 그룹에 들어온 후 장문관과 마찬가지로 고종의 두터운 신임을 받았다. 특히 고종이 황후에게 양위하는 것에 반대한 것으로 유명하였다.

이 재상 그룹에는 무측천이 직접 정무를 주관하는 것을 반대하는 성향이 강했기 때문에 양측은 경직된 국면에 빠지는 것처럼 보였다. 이러한 국면은 이현을 폐위하기 전에 변화하기 시작했다. 그것은 이들 재상들이 오랫동안 재상 직에 있었고 또 나이도 많았기 때문이었다. 의봉 3년(678년) 9월, 시중 장문관이 향년 73세로, 사망하였다. 11월 내항(來恒)이 죽었다. 다음해 정월 대지덕(戴至德)이 72세로 세상을 떠났다. 11월, 고지주(高智周)가 어사대부에서 해임되었다. 9명의 재상 중 4명이 세상을 떠났다. 그러나 학처준이 이미 시중을 맡고 이현이 국정을 주관하는 상황에서 형세는 무측천에게 여전히 불리했다.

그러나 무측천은 노 재상들이 세상을 떠나면서 남긴 공석을 이용해 경직된 국면을 타개할 돌파구를 찾았다. 조로(調露) 2년(680년) 4월, 세 명의 재상, 즉 황문시랑 배염・황문시랑 최지온(崔知溫)・중서시랑 왕덕진(王德眞)을 새로 임명해 재상그룹의 노령화로 인한 경직된 국면을 해소하면서 무측천에게 기회가 왔다. 4개월 후, 이현이 폐위되자 동궁관을 겸임했던 재상 장대안(張大安)・이의염(李義琰)・설원초(薛元超) 등은 그 영향을 받아 장대안은 외지로 폄적되고 왕덕진은 재상에서 파면되었다. 영륭(永隆) 2년(681년) 3월, 시중 학처준을 재상에서 파면했다. 얼마 후 유인궤가 또 재상에서 물러날 것을 주청하였다. 그해 12월, 학처준은 향년 75세의 나이로 세상을 떠났다.

이로써 원로재상들이 주도하는 국면은 완전히 막을 내렸다. 영륭 2년(681년) 7월, 배염을 시중에 임명하고, 최지온・설원초를 중서령에 임명했다. 그러나 배염은 무측천의 측근이 아니었고, 경험 많고 명망 있던 최지온은 더더욱 무측천이 하자는 대로 따라할 인사가 아니었다. 설원초는 무측천이 상관의(上官儀)를 칠 때 해를 입은 사람이었고, 무측천의 집정을 반대한 이의염 역시 재상이었다. 유인궤는 조정에서 공로와 경력으로 큰 역할을 하고 있었다. 무측천은 여전히 재상들을 통제할 방법이 없었다.

영순(永淳) 원년(682년) 4월, 관중에 발생한 재해로 식량이 부족해지자 고종과 무측천은 동도 낙양으로 가기로 결정했다. 동도로 갈 때 태자 이현을 경사에 남겨 국정을 주관하게 하면서 재상으로 있던 유인궤와 배염・설원초를 남겨 그를 돕도록 하였다. 고종의 경우 낙양에 가서 쉴 수도 있고 관중의 무더운 날씨와 식량문제 그리고 무거운 정무에서 벗어날 수 있었다. 무측천의 경우 재상들의 통제에서 벗어날 수 있는 절호의 기회였다.

무측천이 급히 장안을 떠나 낙양으로 향한 것은 고종의 생명이 이제 얼마 남지 않은 상황에서 자신에게 충성하지 않는 문신과 무장을 벗어나려 했기 때문이었다. 핵심 재상과 군대를 장안에 남겨두고 낙양에 온 후 무측천은 많은 문제에서 한결 수월해질 수 있었다.

천도는 역대로 국가의 운명이 걸린 대사이다. 특히 당나라 때 관롱 일대에서 가문을 일으켰던 지역 내의 여러 정치세력들은 워낙 뿌리가 깊어 이를 흔들기가 어려웠다. 황실의 주력군 역시 관중에 집중되어 있던 관계로 도성에서는 함부로 경거망동 할 수 없었다. 이럴수록 오래된 국면을 타개해야 했다.

낙양천도는 무측천에게 권력상의 우위를 점하게 해주면서 효과적으로 재상들과의 갈등을 피하고 그들의 통제로부터 벗어나게 해주었다. 무측천은 다년간의 노력으로 결국 고종 생전에 이 핵심적인 조치를 취하였으니 멀리 내다보는 안목과 변치 않는 확고한 결단은 보통 사람이 할 수 있는 것이 아니었다.

제5절
전쟁을 멈추고 백성을 풍요롭게 하다

　사서에는 고종 시기부터 태평성세가 지속되자 군인은 사람들에게 천시를 받았다고 기록하고 있다. 백성들은 군인이 되는 것을 수치로 여겼고 심지어 손과 발을 자해하여 병역을 기피하려는 사람도 있었다. 군인들은 대부분 가난해서 고용된 사람들이었다. 그 밖에 장기간의 전쟁 역시 국내경제에 큰 부담으로 작용하여 사회생산은 지체되거나 큰 손실을 입었고, 국내에는 심각한 자연재해가 발생했다. 특히 당시 경제가 가장 발달했던 하남과 하북의 많은 주(州)와 현(縣)에는 해마다 수재가 발생했다. 관중지역 역시 수재를 입은 후 메뚜기 떼로 인한 피해와 전염병의 창궐로 흉년이 들어 쌀값이 급등했다.
　무측천은 서서히 일고 있는 반전정서를 기민하게 포착하였다. 이것은 그녀가 정치지도자의 형상을 확고히 하는 중요한 계기가 되었다. 그녀는 시기적절하게 《건언십이조(建言十二條)》라는 전쟁을 멈추고 백성을 풍요롭게 하는 조치를 내렸다.

대세(大勢)라는 것은 한 시기의 가장 중요한 변화추세이다. 대세는 바로 민심이기 때문에 이를 거스를 수 없다. 만약 대세를 거스른다면 저항의 위험에 직면할 수 있다. 반대로 대세에 순응하고 따른다면 목표하는 일을 성취할 수 있을 것이다. 무측천이 남들보다 뛰어났던 점은 주어진 대세를 잘 활용했다는 점이다. 그녀가 함형(咸亨) 연간과 상원(上元) 연간에 제기한 《건언십이조》는 대세를 따른 전형적인 예라 할 수 있다.

대세란 시기마다 달라진다. 그렇다면 함형·상원 연간의 사회형세는 어떠했고, 사상적으로는 어떤 움직임이 나타났던 것일까? 당시의 대세는 확연하게 드러나지 않았다. 그 대세란 강력한 군사력을 가지고 있었음에도 주변국과 불안한 외교관계를 유지했다는 점과 다년간의 전쟁으로 사회기본제도가 크게 흔들리며 사람들이 평화로운 생활을 갈망했다는 점이다.

현경 3년(658년), 서역을 평정한 후 당나라는 마침내 동·서의 돌궐한국(突厥汗國)을 물리치고 아시아 내륙의 패권을 차지하였으며 많은 부주(府州)를 설치하여 광대한 서역지역의 통치권을 갖게 되었다. 서부국경은 함해(鹹海)·아무르강 서쪽지역과 지금의 아프카니스탄·이란의 국경까지 이르렀다.

함형 원년(670년), 토번과 서돌궐의 기타 부족들이 군사를 일으키자 당나라는 안서(安西)에 있는 네 개의 진(鎭)을 포기할 수밖에 없었다. 강성한 토번제국은 당나라와 서역에서 패권을 다투기 시작했다. 당나라는 서부전선에서 잇따라 패전하면서 안서에 둔 네 개의 진을 설치하고 포기하기를 반복했다. 당나라는 서역에서 수세에 몰리기 시작했다.

건봉 원년(666년), 동부전선에서는 고구려의 막리지 연개소문의 사망으로 새로운 후계자와 그의 두 형제가 권력투쟁을 벌여 당나라에게 매우 유리했다. 토번의 새로운 우두머리가 당나라에 그 형제들의 모반을 토벌해줄 것을 청할 무렵 당나라는 이적을 고구려로 보내 전면전을 벌였다. 신라군이 당나라 군대의 공격에 맞춰 남쪽에서 진공하였다. 총장 원년(668년) 고구려를 정복하여 수 십 년간 이어져온 수·당 제국의 염원을 풀었다. 이적은 한 달간의 포위 공격으로 고구려의 수도 평양을 함락하여 20만 명에 달하는 포로(고구려 국왕을 포함)를 중국으로 데려왔고 고구려 국왕을 태종의 묘에 바쳐 제를 올렸다. 평양에 2만 명이 주둔하는 도호부(都護府)를 설치하여 고구려를 통치하였다. 당나라의 군사력과 위세는 이때 최고조에 다다랐으며 심지어는 태종 시기를 넘었다. 짧은 시기에 당나라가 통제한 제국의 영토는 그 이전 내지 이후보다 훨씬 넓었다. 장안의 영향력은 이미 중앙아시아와 동아시아의 대부분 지역에까지 미쳤다.

고종 때 빈번한 대외전쟁은 총장 2년(669년)에 전환점을 맞았다. 이전은 계속된 성공의 시기였다. 당나라의 영토는 끊임없이 확장되어 658년 몽지(濛池)·곤릉(崑陵)에 도호부를 설치했다. 또 본래 고창에 있던 안서도호부(安西都護府)를 중앙아시아의 구자국(龜玆國)으로 옮겼다. 10년 후에는 한반도의 평양에 안동도호부(安東都護府)를 두었다. 그러나 이후의 정벌전쟁에서 당나라는 승패를 반복하였다.

점점 심각해지는 재정문제가 제국의 내부를 짓누르고 있는 가운데 군비는 적정선을 넘어 지출되었고 당나라는 방어선을 과도하게 넓혀나갔다. 게다가 중앙아시와 북부아시아에 강대국이 일어나면서 중국은 결국 자신의 변방을 줄이지 않을 수 없었다. 670년 토번에 패해 안서에 설치한 네 개의 진을 상실했다. 670년과 676년, 안동도호부는 두 차례에 걸쳐 평양에서 요동으로 철수하였다.

당나라 군대는 왜 한반도에서 평양을 버리고 요동으로 철수했을까? 몇몇 학자들은 고구려인들이 "교화되는 것을 원치" 않고 즉각 반당운동을 펼쳤다고 지적했다. 게다가 당나라와 줄곧 동맹관계에 있던 신라도 백제와 고구려가 멸망하자 당나라와 마찰을 일으켰다. 역사학자 진인각은 당나라가 한반도에서 철수한 것은 당나라가 서북의 강적 토번의 견제 때문에 동북지역에서는 소극적인 수비를 하지 않을 수 없었다고 했다. 이것은 당나라가 동북군을 줄여야 했던 주요 원인일 것이다. 고종 만년에는 토번 외에 돌궐도 북쪽변방을 위협했다. 결국 서북쪽의 위협으로 당나라는 동북지역을 효과적으로 통제할 수 없어 친당인사를 이용해 간접적으로 고구려를 관리할 수밖에 없었다.

함형 연간에는 당군(唐軍)이 전선에서 패했다는 전보가 조정으로 속속 날아들었다. 한 시대를 풍미했던 명장 설인귀가 청해(靑海) 대비천(大非川)에서 패하고 신라에 또 패한 것은 당나라의 대외전쟁이 중대한 전환기에 와 있음을 의미했다. 이런 상황임에도 고종은 678년 말 토번을 토벌하기 위해 출병하려 하였다. 그의 기본 태도는 여전히 적극적인 행동을 취하는데 있었다. 679년 말 당나라 군대는 동돌궐을 토벌하기 위해 18만 명을 파병하였다.

무측천은 당시의 전쟁에 어떤 태도를 가지고 있었을까? 무측천과 가까운 인물들의 정견을 보면, 대외정책에 대한 그녀의 견해를 알 수 있다. 무측천이 황후가 된 다음 해, 황태자 이홍은 당나라가 고구려를 멸망시킨 후인 668년에 군인들이 질병이나 비적 떼의 습격 및 기타 원인으로 탈영하여 형벌을 받는 경우는 공평하지 않으므로 이를 시정해야 한다는 글을 올린 적이 있다. 그의 건의는 후에 받아들여졌다. 또 다른 예는 장문관이다. 그는 이홍과 뒤를 이은 황태자 이현의 고문을 연이어 맡았다. 678년, 당 고종은 줄곧 신라를 토벌하기 위해 거병하고자 했으나 장문관의 반대로 이 계획을 취소하였다. 그의 이유는 백성들이 그 폐해를 견디지 못한다는 것이었다. 그는 일찍이 고종에게 노역을 줄여 백성을 편안히 해줄 것을 간언한 바 있다. 이로 볼 때, 그는 출병하는 것에 일관되게 반대했음을 알 수 있다. 이홍과 이현 형제의 고문 중에 재상 대지덕(戴至德)과 이경현(李敬玄)은 무장출신이 아니었다. 결론적으로 무측천의 두 아들의 고문 중에는 적극적인 주전파가 없었다. 이러한 상황은 고종이 태자로 임명되었을 때 주전파였던 이적이 고문을 맡고 있었던 것과는 완전히 달랐다. 이것은 우연이 아니라 무측천이 고의로 계획한 결과인 듯하다.

고종 만년, 대외문제에서 무측천의 기본구상은 국력의 소모를 줄이고 전쟁을 하지 않는 것이었지만 주변국과 우애롭게 지낼 수 없을 경우 적의 적으로 대항하는 것이었다. 무측천은 왜 전쟁을 하지 않겠다는 주장을 했을까?

함형 연간 당나라는 대외전쟁에서 잇따라 패전하며 백성들에게 심각한 영향을 주었다. 고종 초기 대외전쟁에서 전공을 세운 사람에게 후한 상을 내렸기 때문에 생활이 부유해진 많은 평민 자제들은 전공을 세워 관직을 얻기를 희망했다. 또 당시에는 전쟁시기도 길지 않아 몇 개월만 출정하여 전공을 세우면 돌아왔다. 그래서 "수많은 백성들이 입대신청을 하며, 서로 출정하고자 했다. 이에 관가에서 제공되는 물품을 쓰지 않고, 스스로 옷과 양식을 준비하여 의로운 정벌에 이름을 올리는 사람이 나타났다." 후에 전쟁이 장기화되고 빈번해지면서 출정한 사람들이 받는 상도 줄어들었고, 전쟁에서 패배할 경우 문책당할 수도 있어 병사를 모집하는데 큰 어려움을 겪었다.

민심을 구슬리기 위해 상원 원년(674년) 무측천은 《건언십이조》를 제시했다. 이 12가지 건의는 황후가 표소(表疏: 신하가 임금에게 올리는 문체의 한 종류…옮긴이)의 형식으로 황제에게 제기한 것으로 후에 천하에 공포되었다.

12가지 건의는 크게 3부분으로 나눌 수 있다. 제1항에서 제5항까지는 전쟁을 멈추고, 노역을 없애며, 궁전건축을 줄이고 부역을 경감할 것을 말하고 있다: 첫째는 농상(農桑)을 권장하고, 부요(賦傜: 국가가 특정한 공익사업을 위해 백성들에게 의무적으로 책임을 지우는 노역…옮긴이)를 경감한다. 둘째, 도성 인근 지역 백성들은 부역과 세금을 면제한다. 셋째, 전쟁을 멈추고, 덕으로 천하를 교화한다. 넷째, 궁 안의 남(南)·북(北)·중(中)·상(尙)은 사치와 낭비를 금한다. 다섯째, 공사비와 노역을 줄인다. 제1항은 농업생산과 수공업생산을 장려하여 농민의 세금과 노역 부담을 줄여준다는 것이다. 제2항 "도성 인근 지역 백성들의 부역과 세금을 면제한다."는 수도 장안 인근의 경조(京兆)·풍익(馮翊)·부풍(扶風) 등지 백성들의 요역을 면제해준다는 것이다. 제4항은 조정 각 부분의 사치와 낭비를 금지한다는 것이다. 남(南)은 남아(南衙)로 재상들이 사무를 보는 곳으로, 궁성의 남쪽에 있다. 북아(北衙)는 궁정에 있는 각 기관들이다. 중(中)은 중서성을 말한다. 상(尚)은 상서성을 말한다. 제5항 "공사비와 노역을 줄인다."는 것은 건물을 지을 때 들어가는 재정 지출과 노동력의 사용을 줄인다는 것이다. 이 조항은 궁실을 크게 짓는 문제를 제기한 것이다. 특히 제3항의 "전쟁을 멈추고, 덕으로 천하를 교화한다."는 전쟁을 멈추고 변방의 군대를 공세에서 방어로 전환함으로써 국가정책의 주된 방향을 국력의 회복과 발전에 두겠다는 점을 분명히 한 것이다. 이것은 고종이 즉위한 이후에 국가정책의 기본 틀이 바뀌는 큰 변화였다.

제6항에서 제9항까지는 정치기풍과 의식형태에 관한 개혁이다. 여섯 번째, 언로를 넓힌다. 일곱 번째, 참언을 막는다. 여덟 번째, 왕공 이하 모두 《노자》를 공부한다. 아홉 번째, 부친이 계시면, 모친상을 위해 3년간 자최(齊衰: 상복을 입는 것을 말한다…옮긴이)한다. "언로를 넓힌다."는 것은 군인들이 집권하는 것을 막기 위해 사회 각 계층의 의견을 듣는 것을 말한다. "참언을 막는다."는 것은 일부 사람들이 무후 자신이 황후의 신분으로 정치에 참여하는 일에 의의를 제기하는 것을 막고 "이성" 체제를 유지하기 위함이었다. "왕공 이하 모두 《노자》를 공부한다."는 무후 자신이 이씨 당나라의 충실한 옹호자임을 나타내기 위함이었다. 노자의 성은 이씨여서, 당나라의 현원황제(玄元皇帝)로 추대되었고, 또 도가사상을 제창하여 진정한 무위정치를 실현하고 싶었기 때문이었다. "부친이

계시면, 모친상을 3년 동안 자최(齊衰)한다."는 것은 부녀자들의 사회적 지위를 높이기 위함이었다. 고례(古禮)에는 아들이 아버지를 위해, 아버지가 장자를 위해 상복을 입는 것을 "참최(斬衰)"라 한다. "참최"는 3년 상이었다. "자최"는 참최 다음이다. 자최 1년은 아버지가 있을 경우 아들이 어머니를 위해 상복을 입는 것이다. 자최는 원래 참최보다 한 등급 낮고, 또 상례를 치르는 기간도 아버지가 있는 경우 어머니를 위해 1년 동안 자최한다고 규정하고 있어, 어머니는 가정에서 장자보다 지위가 낮았다. 무측천은 이런 상례제도는 여인들에게 매우 불공평하다고 여겨 "부친이 있는 경우 3년간 모친을 위해 자최한다."라고 규정했다.

제10항에서 제12항은 성족(姓族)·승진제도를 지속적으로 바꾸는 정책으로 일반 중하층지주관료의 이익을 보호하여 사회적 지지를 폭넓게 얻기 위함이었다. 열 번째, 상원연간 이전에 발급된 훈관증서를 회수하지 않는다. 열한 번째, 경관(京官) 8품 이상에게는 봉록을 인상시켜 준다. 열두 번째, 관리 중에 장기간 재직하면서 재능이 뛰어나고 직위가 낮은 자는 승진시킨다. 훈관(勳官)은 전공을 세운 사람에게 내리는 일종의 신분이었다. 구체적인 직무는 없었지만 훈품(勳品)의 고하에 따라 다른 수량의 "훈전(勳田)"을 가질 수 있었다. 훈관 본인과 5품 이상의 고급 훈관의 아들은 관리가 될 수 있는 자격을 얻을 수 있었다. 규정에 따르면 일정기한을 복역하거나 금전을 낸 후 시험을 통과하면 선발과정에 참여할 수 있었다. 2품 훈관의 경우는 문음(門蔭: 조상의 음덕으로 벼슬하는 것… 옮긴이)의 특권이 주어졌다. 훈관의 복색은 같은 품급의 관원과 같아 어느 정도 사회적 지위를 누렸다. 대다수 평민 자제들이 훈관

이 되는 것은 마찬가지로 중요한 의의가 있었다. 그러나 전쟁은 갈수록 치열해졌고 사병들은 정서적으로 불안해졌다. 많은 사병들이 전선에서 패한 후 "상과 공훈을 모두 박탈당했다."이 역시 국책이 빨리 바뀌게 된 중요한 원인이었다. 무측천이 상원 이전에 발급한 훈관증서를 회수하지 않고 인정한 것은 국책을 바꾸는 동시에 많은 군인 계층의 이익을 보호하기 위함이었다. 제11항은 도성에 있는 고급관료의 봉록을 인상시켜주는 것이다. 제12항은 오랫동안 재임했으면서 직위가 낮은 사람에게는 심사를 통해 공적에 따라 승진시켜주는 것이다. 위의 세 가지 조항은 관원들의 마음을 구슬리기 위한 정책으로 각 계층 관리들의 이익과 밀접한 관련이 있었다.

이 12가지 건의는 무측천이 처음 공개적으로 제기한 포괄적인 정치주장이었다. 건의를 제기한 후 고종 이치는 높이 평가하고 조서를 내려 표창하는 한편 각 부서에서 실행하도록 명을 내렸다. 이 건의로 무측천은 고종의 신임과 사회적 지지를 폭넓게 얻었다. 이것은 그녀의 정치인생에서 기념비적인 의의가 있는 중대한 성과였다.

임어당(林語堂: 1895~1976)은 이 12개의 조항은 획기적이나 지나치게 이상적인 정치개혁안이어서 실행하기 어렵다고 했다. 또 어떤 사람은 고종의 마지막 몇 년 동안은 기본적으로 이 건의대로 실행되었다고 여겼다. 무측천은 상원 2년(675년) 3월에 직접 뽕나무를 재배하고 선잠(先蠶: 백성들에게 누에치는 방법을 가르쳤다는 전설상의 신…옮긴이)에게 제를 올리는 의식을 거행하였다. 전통의례에 따라 황제는 매년 봄 정월에 공경대부를 이끌고 선농(先農: 처음으로 백성들에게 농업을 가르쳤다는 전설상의 신…옮긴이)에게 제를 올리고 직접 밭을 경작하였다. 황후는 내외명부를 이끌고 선잠에게 제를 올리고 직접 뽕나무를 쳤다. 이런 행사는 예로부터 이어져 온 것으로 남자는 밭을 갈고 여자는 옷을 짜는 생활상을 반영하였다. 무측천은 신하와 백성들에게 농사를 중시한다는 것을 보여주기 위해 관례를 깨고 낙양 부산(郚山)의 남쪽에서 대규모로 이 행사를 거행했고, 조정의 백관과 각지의 사자들도 참가하도록 했다. 이 조치로 그녀는 농업을 장려하려는 결심을 보여주려 했다. 같은 해, 조정은 더 큰 호의를 베풀었다. 한반도와 서북전선에 나가던 군비를 충당하기 위해 거두던 세금을 없애기로 한 것이다.

무측천은 고종이 사망한 후에도 전쟁을 하지 않겠다는 원칙을 지켰다. 684년 광택(光宅)으로 연호를 바꿀 때 내린 사면장에서 무측천은 "모든 도호부(都護府)의 관리를 비롯한 소수민족 내의 한족 관리와 국경의 병사 등을 모두 고향으로 돌려보내라."라고 명을 내렸다. 무측천은 백성들이 장기간의 군복무로 큰 어려움을 겪는 것에 주목하였다. 이것은 그녀가 전쟁을 종식하겠다는 주장의 실현이다.

또 무측천은 이민족과 우호관계를 유지하려고 했다. 이 시기 회흘(回紇: 위구르족…옮긴이)이 도독(都督)의 직위를 받아 번주(蕃州)를 다스렸다. 기타 동여국(東女國)・남조만(南詔蠻)・우전(于闐)・강국(康國)・거란(契丹) 등 국가의 왕족들이 내조하자 상을 하사하거나 봉호를 내린 기록도 있다. 이들 이민족은 대부분 중국과 국경을 인접하지 않아 토번・돌궐과는 달랐다. 무측천이 이민족들에게 내린 봉호(封號)를 자세히 살펴보면 거의 모두 전대보다 높았음을 알 수 있다. 이것은 무후가 이들 먼 곳에 있는 소국을 끌어들여 토번과 돌궐을 고립시키고자 한 전략이었다.

684년 말, 왜국(일본)의 유학생들과 660년 초기 한반도에서 전쟁포로가 된 군인들이 신라를 거쳐 본국으로 돌아갔다. 이 일은 무측천이 신라·왜국과 우호관계를 갖고자 한 의사표시였다. 신라 역시 이에 동의하여 왜인들이 본국으로 돌아가는데 협조하였다. 당과 신라의 관계는 호전되었다.

무측천은 전쟁을 반대했지만 그렇다고 국방문제에 관심이 없었던 것은 아니었다. 그녀가 정무를 주관한 후로 서북변방에는 대량의 둔전(屯田: 변경이나 군사요충지에 주둔한 군대의 군량을 마련하기 위해 설치한 토지…옮긴이)이 설치되었다. 이것은 주전파가 건의한 것이었다. 무측천은 이를 강력하게 지지했다. 변방을 안정시키는 이러한 정책으로 국방문제는 큰 성과를 거두었다.

요컨대, 원정을 줄이고 변방에 둔전을 두며 이민족과 우호관계를 맺은 것은 무측천 집권 초기의 주된 외교정책이었다. 이 3가지는 평화를 근간으로 서로 적절하게 어우러졌다.

어떤 역사학자들은 《건언십이사》는 실현하기 어려운 공론(空論)에 지나지 않는다고 여긴다. 반면 어떤 사람들은 정책의 우열을 평가할 때 그것이 시대적 문제를 정확하게 포착하고 적절한 개선책을 제기하였는가를 살펴야하지, 구체적인 처방을 처방하였는가에 대해서는 논외로 두어야 한다고 주장한다. 《건언십이사》는 바로 무측천이 당시 당나라의 "치명적인 약점", 즉 변방의 전쟁으로 백성들의 부담이 늘고 균전제(均田制: 토지를 백성들에게 고르게 나누어주고 세금을 거두는 토지제도…옮긴이)·부병제(府兵制: 당대 20~55세의 농민을 훈련시켜 도성이나 국경의 경비를 맡아보게 했던 군사제도…옮긴이) 등의 사회 기본제도가 흔들리는 위기상황에서 제기한 부국강병의 정책이었다.

《건언십이사》는 100여 자에 불과하지만, 확실히 "국가전략을 도모하는 지혜이며 치국의 정책이었다."

제6절

두 명의 황제가 국정을 맡다

사서에는 말하고 있다: 상관의가 처형되자 고종은 황후에게 정권을 순순히 바쳤다. 군신들이 입조해 하례를 하거나 각지에서 상주할 때는 두 명의 황제라는 의미에서 "이성(二聖)"으로 불렸다. 이후로 군신들은 발 뒤쪽에 앉아있는 황제보다 더 권위적인 인물을 바라보게 되었다. 송나라의 역사학자 사마광(司馬光: 1019~1086)은 이에 대해 다음과 같이 결론지었다. "천하의 대권이 완전히 황후에게 넘어갔다. 승진과 파면·살생이 그녀의 입에서 결정되었다. 천자는 곁에서 아무것도 하지 못하고 지켜볼 따름이었다."

인덕(麟德) 2년(665년)은 무측천의 정치인생에서 중요한 한 해이다. 이 해, 그녀는 재상 상관의가 고종을 부추겨 자신을 폐위시키려는 음모를 막아 고종과 함께 "이성"으로 불렸다. 고종이 매일 정무를 보러 조정에 나오면 무측천은 뒤에 발을 드리우고 정사를 함께 결정하였다.

왕황후와 소숙비의 사망 후, 후궁에는 무측천의 황후자리를 대신할 사람이 없었지만 총애를 다툴 사람은 있었다. 그가 바로 그녀의 언니인 한국부인과 조카 위국부인이었다. 궁밖에는 한국부인과 그녀의 딸 하란씨가 고종의 총애를 얻고 있다는 소문이 나돌았다. 무측천은 질투심이 폭발하여 왕황후와 소숙비를 제거한 후로 이를 용납할 수 없어 인덕원년(664년) 전후로 한국부인을 비밀리에 살해했다. 고종은 무측천이 자신의 생활을 지나치게 간섭하는 것

송나라의 역사학자 사마광(司馬光)

이 불만이었다. 사서에는 무측천이 황후의 자리를 굳힌 후 거침없이 세도를 부렸다고 말하고 있다. 고종은 나약하고 온순해 일거일동 무측천의 제한을 받았다. 고종이 무측천을 폐위하려 하자 당시 상관의의 동료이자 진왕(陳王) 이충(李忠)의 환관이었던 왕복승(王伏勝)이 이를 알아차렸다.

상관의는 섬주(陝州)[지금의 하남성 삼문협(三門峽)] 사람으로, 당시 지역적으로 관롱 계통에 속하는 인물이었다. 그의 부친 상관홍(上官弘)은 수나라 때 강도궁부감(江都宮副監)을 지냈고, 후에 우문화급이 수양제를 모살한 시해사건으로 피살되었다. 어린 상관의는 요행히 살아남아 몰래 불문에 귀의해 불사에서 훌륭한 문화교육을 받

았다. 그는 불전에 정통했을 뿐만 아니라 경사에 밝고 글을 잘 썼다. 정관 연간 진사로 급제하여 줄곧 태종의 문학시종으로 있었다. 고종의 장자 이충이 진왕으로 있을 때 그는 왕부락의참군(王府洛議參軍)에 임명되어 환관 왕복승과 함께 진왕부에서 근무했다. 후에 이충은 태자가 되었지만 얼마 후 무측천의 장자 이홍에게 태자의 자리를 넘겨야 했다. 상관의는 당시 명망이 높지 않아 큰 충격은 받지 않았지만 무측천이 내린 일련의 조치에 불만을 품었다. 왕복승은 고종에게 황후를 폐위할 구실, 즉 무황후가 도사 곽행진(郭行眞)을 궁으로 불러 주술을 행하려고 했음을 일러바쳤다. 이 일을 들은 고종은 크게 분노하며 비밀리에 상관의를 불러 상의하였다. 고종이 먼저 무측천을 서인으로 폐위하려는 생각을 드러냈다. 상관의는 이를 더 부추기며 말했다. "황후가 전횡을 일삼고 있어 사람들이 실망하고 있습니다, 황후를 폐위하여 민심을 따르시옵소서." 이에 고종은 이 "대문호"로 유명한 재상에게 직접 황후를 폐위한다는 조서를 쓰도록 했다.

    사건은 짧은 시간에 종료되었다. 궁내에 엄밀하게 가동되고 있던 정보망 때문이었다. 첩보를 탐지한 사람이 상황이 여의치 않자 급히 무측천에게 보고했다. 무측천은 곧장 달려갔다. 이때 상관의는 막 자리를 떠난 상황이었고, 조서는 먹이 아직 마르지 않은 채 황제의 손에 쥐어져 있었다. 당나라의 조서는 중서성 관원이나 황제가 지정한 사람이 초안을 작성한 후 문하성의 심사를 받아야 했다. 심사를 통과하면 한 부를 다시 필사하고 인장을 찍어야 효력이 발생되어 아래로 반포할 수 있었다. 지금 황제가 가지고 있는 조령은 효력이 없는 "조초(詔草)"에 불과하였다. 무측천은 다급했지만 천만다행이라 여겼다. 조령이 반포되었더라면 자신에게 가공할 위력이 있다 해도 뒤집기 어려웠을 것이다.

　무측천이 대노하며 분한 듯 하소연하자 고종의 마음은 이내 누그러졌다. 이후 고종은 무측천과 예전처럼 다정하게 지냈다. 무측천이 추궁하자 고종은 급히 말했다. "난 애당초 그럴 마음이 없었소, 모두 상관의가 시킨 것이오." 고종은 모든 책임을 상관의에게 전가했다. 상관의와 왕복승은 형세를 잘못 판단했던 것이다. 그들은 조정에 세력도 없고 배경도 없었다. 반면 무측천은 이미 내정을 장악했고, 후궁에도 황후의 자리를 대신할 사람이 없었다. 그래서 그들은 순식간에 아내를 무서워하는 황제로 인해 희생양이 되고 말았던 것이다.

당고종 이치의 친필글씨

　무측천은 상관의를 왕복승·폐태자 이충과 함께 반란을 도모했다는 죄명으로 처형했다. 당나라의 형법은 종묘·산릉·궁궐을 불태우거나 황제를 증오하고 악성보복을 하는 경우를 반란죄로 규정하고 있는데 이는 "10가지 해악"에 해당되는 중죄였다. 인덕 원년(664년) 12월 병술년, 상관의는 그의 아들 정지(庭芝)·왕복승과 하옥되었다가 처형되고, 여자식구들은 후궁의 노비가 되었다.

이후 무후는 전면에 나서서 통치했다. 사서에는 상관의 가족을 몰살한 후 고종이 조정에 나올 때마다 무후는 어좌 뒤에 발을 드리웠다고 말하고 있다. 상관의 사건이 일어나기 전에는 황제가 대신들과 독대할 기회가 있었지만 이 사건 후로 이런 기회는 거의 없어졌다. 모든 정무 활동은 무후의 엄밀한 감시 하에 진행되었다. 고종은 이제 좌우의 날개를 모두 잃어

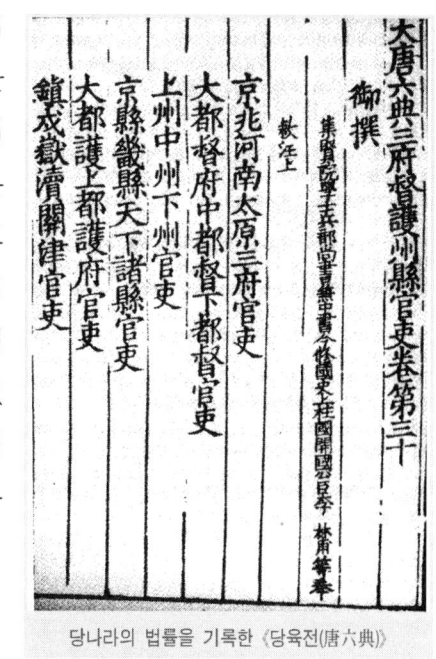

당나라의 법률을 기록한 《당육전(唐六典)》

어찌해볼 도리가 없었다. 어려운 일을 만났을 때 충고해주던 한원이나 내제 같은 신하는 더 이상 찾아볼 수 없었다. 조정에는 이의를 제기하는 목소리도 없었다. 자신과 타협하지 않는 사람을 제압할 필요도 없었고, 무후에게 감히 "아니오"라고 말할 수 있는 사람도 없었다.

상관의 사건으로 몇 가지 파급효과를 거두었다. 정치적으로 이것은 무측천의 또 한 차례 복벽(復辟: 물러났던 왕이 다시 왕위에 오르는 것…옮긴이)을 반대한 투쟁이었다. 이후 그녀의 황후자리는 마침내 공고해졌다. 조정에서 무측천에 반대하는 관롱 귀족은 더 이상 복벽을 시도하지 못했다. 이 사건은 무측천이 전면적으로 권력을 탈취하는 토대가 되었다.

무측천은 또 한 차례 위기를 넘겼다. 몇 십 년간의 궁중생활에서 위기를 맞거나 결정적인 재난에 처할 때마다 운명의 신은 그녀의 손을 들어주었다. 더 중요한 것은 다년간의 준비로 갖은 역경을 헤치고 권력을 쟁취했다는 점이었다. 역경을 극복할 때마다 그녀는 정치투쟁에 대한 자신감과 경험을 얻어 새로운 단계로 도약하였다.

무측천은 정치적 대승리를 경축할만한 큰 행사를 거행하고 싶었다. 어떤 행사가 이 같은 대승리와 어울릴까? 무측천은 예로부터 가장 의미가 컸고 성대하게 치러졌던 봉선의식(封禪儀式)을 생각했다.

태산봉선은 전국(戰國) 때부터 논란이 있었다. 제(齊)나라와 노(魯)나라의 유학자들은 오악(五岳) 중에 태산이 가장 높기 때문에 제왕은 태산에서 제사를 지내야 한다고 여겼다. 태산에 올라 제단을 세우고 하늘에 제를 올리는 것을 "봉(封)"이라 하고, 남쪽의 양보산(梁父山)에 제단을 세워 땅에 제를 지내는 것을 "선(禪)"이라고 한다. 이 의식은 인간세상에서 황제의 임무를 성공적으로 완수했음을 상징적으로 천지에 선포하는 것이다. 하지만 이런 의식에는 많은 인적·물적 자원이 투입되기 때문에 그에 상응하는 국력이 있어야 거행할 수 있었다. 어려운 일일수록 신성함이 잘 드러나기 때문에 태산에서 봉선하는 것은 황제가 덕이 있고 천하가 잘 다스려질 때에만 거행할 수 있는 의식이 되었다. 상고시기에서 당나라까지 진시황(秦始皇)과 한무제(漢武帝)만이 이러한 봉선의식을 거행했다. 정관 6년(632년), 문무관원들이 봉선할 것을 강력히 주청했고 태종도 내심 의식을 거행하고 싶었다. 그러나 유감스럽게도 위징(魏徵)이 국력이 아직 약하고, "쓸데없는 명성을 얻으려고 실질적인 일이 해를 입어서는" 안 된다고 줄기차게 간언하는 바람에 태종은 포기했다. 당시 태종은 신하들의 주청에 다음과 같이 대답했다. "내 생각에, 백성들이 편히 생업에 종사하고 의식이 풍족하다면 태산에서 봉선을 하지 않더라도 성군이다. 천하를 혼란에 빠뜨려 백성들이 전란의 고통을 받고 가난하여 생계를 도모할 길이 없는데 봉선을 하는 것은 태평성세로 미화하기에 부족하다. 진무제(晉武帝: 司馬炎)가 중국을 통일한 후 우쭐거리며 자만에 빠져 봉선의식을 거행했지만, 사람들은 여전히 그를 무도하고 어리석은 군주로 보았다."

무측천은 태종보다 더 자신이 있었고 재정문제도 그리 걱정하지 않았다. 당시 당나라는 몇 년 동안 변방에서 계속 승리를 거두었고 경제도 안정적으로 발전하고 있었다. 당나라의 국력은 전무후무할 정도로 강성해졌기 때문에 무측천은 이 의식을 거행해야 한다고 생각했다. 예를 최고의 가치로 삼는 나라에서 봉선 같은 최고의 의식은 최고통치자의 위신과 풍채를 보여주는 가장 좋은 행사였다. 그것은 천하의 백성들에게 대당의 위엄을 보여주고 자신과 고종의 업적을 알릴 수 있었다. 당나라 관방 사서에는 기록하고 있다: 고종이 즉위하자 군신들은 여러 차례 글을 올려 봉선할 것을 주청하였다. 무측천이 황후로 책봉된 후에도 암암리에 그 일을 지지하였다. 인덕 2년(665년), 무측천이 봉선을 제기하자 백관들은 재빨리 호응하였다. 이에 조정에서는 조서를 내려 사공(司空) 이적·소사(少師) 허경종·우상(右相) 육돈신(陸敦信)·좌상(左相) 두덕현(竇德玄) 등을 주교봉선사(主校封禪使)로 파견하고 의식 준비에

착수하였다.

　이 해, 고종과 군신들은 동도 낙양으로 이동해 봉선준비를 했다. 이것은 당나라 개국 이후 처음으로 거행되는 봉선의식이었다. 몇 백 년 동안 의식이 거행되지 않아 제사를 행하는 구체적 절차들이 사라졌기 때문에 토론하고 결정해야 했다. 무측천은 어떻게 하면 정치적 이득을 더 많이 취할 수 있는지를 궁리하였다. 10월에 예의절차를 상의하다가 무측천은 옛 예법을 따를 경우 제사 때 자신의 위치가 없어짐을 알았다. 옛 예법에 따르면, 하늘에 제를 올릴 때 황제가 먼저 예를 올리고 친왕이 그 다음에 올리며 대신 중에 덕이 있고 명망 높은 사람이 마지막에 예를 올리도록 되어 있었다. 땅에 제를 올릴 때 황제가 먼저 예를 올리고 황태후가 그 다음에 예를 올리도록 되어있었다. 황태후가 두 번째로 예를 올리는 것은 형식적인 것으로 성의를 나타낼 뿐이었고 실제로는 공경대부들이 진행하였다. 부녀자가 참여한 선례는 없었지만 무측천은 지금 태후가 없는 관계로 자신이 두 번째로 예를 올려야 한다고 여겼다. 인덕 2년(665년) 10월, 그녀는 고종에게 상주하였다. "전통적인 봉선의식에 따르면, 지신(地神)에게 제를 지낼 때 태후가 제를 올려야 함에도 공경대신들이 주재합니다. 이러한 예법은 적절하다고 할 수 없습니다. 이번 의식에는 첩이 내외명부를 거느리고 예를 올리겠나이다." 이에 고종은 조서를 내려 지신에게 제를 올릴 때 무황후가 두 번째로 예를 올리고, 태종의 비빈 중 유일하게 생존해있던 월왕(越王) 정(貞)의 모친과 월국태비(越國太妃) 연씨(燕氏)가 마지막에 예를 올리도록 결정했다. 무측천은 봉선의식 때 비빈들과 황족들의 앞 열에 위치하여 황제와 대등한 위치에 있음을 과시하려고 했다. 이것은 무측천이 정치의 전면으로 나서는 중요한 단계였다.

도성에서 태산까지는 긴 여정이었다. 고종은 문무백관들을 데리고 두 달 전에 태산으로 출발했다. 문무백관과 육궁의 후궁들이 가는 길 내내 수행했다. 윤 3월에 동도에 도착하였다. 지방관원들이 이곳으로 모였다. 10월 병진일, 어가는 다시 동도를 출발하여 동쪽으로 이동했다. 어가를 따르는 문무백관과 의장대들이 수 백 리나 길게 이어졌다. 대외전쟁의 승리로 황제가 이끄는 봉선행렬에는 돌궐·우전·페르시아·천축·왜국·신라·백제·고구려 등의 대표사절단이 있었으며, 휘장과 소·양·낙타·말이 거리를 가득 메웠다. 저녁에는 줄지어 늘어선 진영과 세워 놓은 휘장들이 들판을 뒤덮었으니, 그 모습이 가히 성대했다.

12월 말, 어가가 태산 아래에 도착했다. 현지 관리들은 일찌감치 준비를 다해놓고 어가가 오기를 기다리고 있었다. 그들은 산 남쪽에 친봉옥책(親封玉册)과 호천상제(昊天上帝)의 제를 올리는데 사용되는 것을 차리기 위한 지름 12장, 높이 1장 2척이 되는 환단(圜壇)을 만들었다. 환구(圜丘)의 위쪽은 청색토로 덮고 사방은 적색·황색·백색·흑색토로 덮어 "봉사단(封祀壇)"이라 하였다. 산 위에도 오색토를 덮은 높이 9척, 지름 5장이 되고 사면에 층계가 있는 환단을 세우고, "등봉단(登封壇)"이라 하였다. 사수산(社首山)에는 8면으로 된 제단을 지었다. 매 면에는 방구(方丘)와 같은 계단이 있으며, 그 윗면을 황색토로 덮고 주위는 적색·청색·백색·흑색토로 덮어 "강선단(降禪壇)"이라 하였다.

인덕 3년(666년) 정월 초하루, 고종은 제천의식을 주재하며 친히 호천상제에게 제를 올려 고조·태종에게 배향하였다. 그날 의식을 끝내고 산을 올랐다. 다음날 등봉단에 옥책을 봉했다. 초삼일, 사수산에서 지신에게 제를 올렸다. 무측천과 월국태비는 사수산에서 지신에게 제를 올리는 의식을 주재했다. 고종이 처음 예를 올리고 집사인 등이 퇴장하자 무측천이 내외명부들을 이끌고 산의 단에 올라 두 번째로 예를 올렸고 월국태비가 마지막으로 예를 올렸다. 사서에는 무측천이 육궁을 거느리고 산에 올라 의식을 거행할 때 궁인들이 춤을 추고 노래를 불렀으며, 비단에 수를 놓은 휘장은 색채가 화려했다고 말하고 있다. 나흘째, 고종은 조근단(朝覲壇)에 올라 하례를 받았다. 문무백관·외국사절단이 하례를 올렸는데 정월 초하루에 거행하는 의식처럼 성대했다. 황제는 또 천하에 대 사면령을 내리고, 연호를 인덕 3년에서 건봉으로 고쳤으며, 문무 3품 이상의 관원들에게는 한 등급 높은 작위를, 4품 이하의 관원들에게는 한 단계 높은 직위를 내려주었다.

연호 개정·관복제도의 개정·대사면을 경축하기 위해 고종과 무측천은 성대한 연회를 열어 새로운 관복으로 갈아입은 문무백관들을 맞이하였다. 고종과 무측천은 함원전(含元殿) 동쪽의 상앵각(翔鶯閣)에 올라 백관들에게 잔을 권했다.

건봉 원년(666년), 태산봉선 후 조정이 직면한 가장 큰 임무는 고구려와의 전쟁이었다. 그해 4월, 고종 일행은 도성으로 돌아왔다. 5월, 고구려의 내분이 마침내 폭발하였다. 권력투쟁에서 실패한 쪽이 당나라에 구원을 요청하였다. 6월, 조정은 좌효위대장군(左驍衛大將軍) 계필하력(契苾何力)을 요동으로 보냈다. 12월, 또 백전

노장 이적을 요동도행군대총관(遼東道行軍大總管)에 임명하고 고구려와의 전쟁을 지휘할 수 있는 전권을 주었다.

함원전(含元殿) 복원도

전쟁으로 인해 재상 그룹도 계속 조정되었기 때문에 무측천은 손쓸 여지가 없는 듯 했다. 봉선 때의 대 사면령에는 장기간 유배 중인 죄인들을 사면명단에서 누락시켜 돌아올 수 없도록 하였다. 이의부는 장기간 유배 중인 죄인이었다. 그는 이 조령을 들은 후 화가 치밀어 분해하다 사망했다. 이것으로 그가 조정에 다시 돌아오는 것이 두려웠던 사람들은 깊은 안도의 숨을 쉬게 되었다. 무측천은 어찌 할 방법이 없었다. 이 해, 연로한 재상들의 사직과 사망으로 군사적 재능이 뛰어난 유인궤가 재상으로 발탁되어 우상(右相)(중서령)에 임명되었다. 유인궤는 현경 원년(656년) 급사중 시절, 불법으로 여 죄수를 차지하려는 이의부를 도운 필정의를 조사했다가 이의부에게 미움을 받고 청주자사로 폄적된 적이 있었다.

현경 5년 요동정벌 때, 그는 청주자사로 수군을 감독하고 지휘하였다. 이의부는 역풍이 부는데도 그에게 배를 띄워 식량을 운반할 것을 강제로 명했는데 결과적으로 배가 전복되는 사고가 발생하였다. 이의부는 사람을 보내 조사하는 한편 고종에게 아뢰었다. "유인궤를 참하지 않으면, 백성에게 사죄할 수 없습니다!" 그때 어떤 사람이 공정하게 변론해주어 그는 사형을 면했다. 후에 평민 신분으로 종군하여 공을 세워 죄를 씻었다. 태산봉선 때 유인궤는 신라·백제·탐라·왜국 등의 동방 4국의 대표들을 수행하여 의식에 참가하였다. 고종은 매우 흡족해하며 그를 대사헌(大司憲)(어사대부)으로 발탁하였다. 고구려와의 전쟁이 끝나자 고종은 그를 재상으로 발탁하였다.

전쟁은 단기간에 끝나지 않았다. 이후의 몇 년 동안 무장들이 정국의 주도권을 잡았다. 함형 연간(670년~673년)의 주요 재상들로는 병부상서에서 재상 그룹에 진입한 시중(侍中) 강각(姜恪)·여러 차례 전공을 세운 유인궤와 그림에 빠진 염입본(閻立本) 등이 있었고, 그밖에 대지덕·장문관·학처준·이경현 등이 있었다. 뒤에 언급한 사람들은 자질과 명망 높은 사람들로 무측천이 마음대로 할 수 있는 인사들이 아니었다. 그 예로 장문관은 과감하게 간언하는 것으로 유명했다. 그는 인품이 곧고 반듯하여 여러 기관의 상주서를 살펴서 반박하여 고종의 신임을 받았다. 조인본(趙仁本) 역시 허경종의 청탁을 단호하게 거절했던 인물이었다.

함형 3년(672년) 2월, 하서(河西)를 지키고 있던 강각이 세상을 떠나자 고구려 원정에서 돌아와 병으로 사직해있던 유인궤를 소환하여 태자좌서자향중서문하삼품(太子左庶子向中書門下三品)을 제수하였다. 이로 유인궤는 전쟁 관련 국책을 주도하는 핵심 재상이 되었다. 무장들이 정국의 주도권을 쥐면서 문인 출신 대신들의 역량은 약화되었다. 이것은 무측천에게 좋지 않았다. 결국 군부가 득세하는 상황에서 무측천은 끼어들 여지가 없었다. 그녀의 든든한 후원자인 이적과 허경종이 각각 669년과 672년에 세상을 떠나자 상황은 더욱 불리하게 돌아갔다.

무측천은 재상들의 압박에서 벗어나기 위해 자신의 측근을 심고 제3의 권력중심을 세우는 한편 몇 가지 정치개혁을 단행해야 했는데 이는 제도의 조정으로 인사권을 장악하기 위해서였다. 그렇다면, 무측천이 대권을 장악하는데 왜 정치제도가 장애가 되었을까?

당나라의 제도에 근거하면, 각종 상주서의 표장(表狀: 황제에게 올리는 일종의 문체…옮긴이)과 황제 명의로 서명된 조칙은 문하성과 중서성의 접수・기초(起草)・심사・서명을 거쳐야 했고, 재상은 큰 사건에 상당히 비중 있는 발언권을 가지고 있었다. 두 성이 사무를 보는 관서는 황제와 가까운 궁궐 내에 있어 황권을 행사할 때 효과적으로 감독할 수 있었다. 그래서 지금 무측천이 조정에 개입하는데 제도상 가장 큰 장애가 되었다. 무측천은 이러한 상황을 바꾸려 했다. 그래서 용삭 3년 4월에 궁을 옮기는 사건이 일어났다.

이전의 정치중심은 대내(大內), 즉 수나라 때의 대흥전(大興殿)을 개명한 태극전(太極殿)이었다. 이곳은 황제가 기거하고 조정에 나와 백관들과 사무를 보는 곳이었다. 정책결정기관인 중서성과 문하성은 궁궐 안에 있었다. 무측천은 두 성의 관원을 비롯한 재상들의 간섭과 통제를 벗어나기 위해 권력중심을 옮기기로 결정했다. 그녀는 태종이 태상황 이연을 위해 피서용으로 건축했던 대명궁을 주목하였다. 용삭 2년(662년), 무측천은 고종이 류머티즘을 앓고 있고 또 태극전이 지대가 낮고 습하다는 이유로 대명궁을 수리하도록 명을 내리고 궁명을 봉래궁(蓬萊宮)으로 바꿔버렸다. 용삭 3년 4월, 모든 궁문·궁전·정자를 완공하고, 고종의 보좌·의장·예기(禮器)들을 봉래궁의 함원전(含元殿)으로 옮겼다. 4월 25일, 고종은 봉래궁 내의 정전(正殿)인 자정전(紫庭殿)에서 공식적인 정무를 보았다.

궁전을 짓고 정무를 보는 곳을 바꾼 것으로 제도를 조정했다고 할 수 있을까? 이를 이해하려면 당나라의 황성과 궁성의 배치를 알아야 한다. 당대 장안성과 낙양성에는 궁성과 황성이 있었다. 궁성은 북쪽에 있고, 황성은 남쪽에 있다. 궁성은 황실이 거주하는 곳이고, 황성은 정무를 처리하는 기관들이 소재한 곳이다. 궁성의 황실은 황성의 정부가 통제하였다. 황성의 정부는 외곽의 성을 포함해 전국 각지 및 역외와의 교류를 관장하였다. 이러한 배치는 수·당대 처음으로 제정된 것은 아니지만 이 시기에 추가된 부분이 있다. 전대에는 궁궐과 관아 사이에 왕왕 백성들이 거주하였다. 수문제는 백성들이 불편할 것이라고 생각해 황궁 내에 부시(府寺)만 들이고 다른 사람들이 거주하지 못하게 하여 통치의 위엄을 나타냈다.

당나라에는 삼성(三省)이라는 권력기관이 있다. 중서성과 문하성은 조정에서 제기된 정령의 제정과 반포를 관장하고, 상서성은 집행을 책임졌다. 직무가 달라 삼성의 관서도 한 곳에 있을 필요가 없었다. 장안성 내의 상서성은 황성 승천문(承天門) 거리의 동쪽 네 번째 횡가(橫街)의 북쪽에 있었다. 문하외성과 중서외성은 각각 승천문 거리의 동쪽 두 번째 횡가의 북쪽과 승천문 거리의 서쪽 두 번째 횡가의 북쪽에 있었다. 문하성과 중서성은 실질적으로 궁성 내 태극전 앞의 동서 양측에 있었다. 태극전은 황제가 정무를 보는 곳이었다. 문하성과 중서성은 이 두 궁전 앞에 있었다.

대명궁은 완공된 후에 동내(東內)로 불렸고, 궁성은 서내(西內)로 불렸다. 실제로는 대명궁이 궁성을 대신해 조정정치의 중심이 되었다. 대명궁이 완공되기 전에 황제는 "외국"의 조공사절단과 빈객들을 접견할 때 궁성 태극전 앞의 승천문에서 하례를 받았다. 대명궁이 정치중심이 된 후 이러한 조의(朝儀) 역시 대명궁의 함원전에서 거행되었다. 당나라의 대시인 왕유(王維: 701~761)는 《가사

대명궁(大明宮) 모형도

인(賈舍人)의 〈대명궁에서의 아침 조회〉에 화답하며》라는 시에서 "구중궁문 열어 궁전을 개방하니, 의관을 정제한 만방의 백관들 면류관을 쓴 황제를 배알하네."라고 읊어 웅장한 대명궁의 모습을 묘사했다.

궁전을 옮기면서 가장 크게 바뀐 것은 중서성과 문하성이 더 이

상 궁내에 있지 않게 된 점과 재상들의 의정과 두 성이 처리하는 상주문 등이 모두 궁외에서 진행된 된 점이다. 이것은 당대 핵심 권력 구조의 중대한 변화였다. 이렇게 되자 재상의 권한은 크게 약화되고 황권은 강화되었다.

무측천이 궁을 옮긴 것은 그녀가 국가정책을 결정할 때 재상의 참여 권력을 약화시켜 모의(謀議)를 외조(조정백관들의 의결장소…옮긴이) 에서 내정으로 돌리는 것, 다시 말해 권력을 밖에서 안으로 거두 어들이는 것이었음을 알 수 있다. 무측천은 이러한 구상을 고종이 붕어한 후에도 계속 운용하여 홍도(弘道) 원년(683년) 정사당(政事堂: 재상의 집무실…옮긴이)을 중서성으로 옮겼다.

당 태종은 재위에 있을 때 군권의 독재를 유지하면서 권력독점 으로 인한 정치적 폐단을 방지하고 신하들의 권력투쟁으로 인한 국력의 소모를 막기 위해 삼성이 권력을 분할하는 제도를 만들었 다. 중서성이 의견을 내면 상서성이 받들어 시행하고 문하성이 심 의를 하였는데 이는 지금의 결정·집행·감독과 유사하다. 모든 중대한 정무는 "각 기관들이 상의하고, 재상은 기획을 하였다. 일 이 합당하다고 판단되면, 상주하여 실행할 수 있었다." 표장(表狀) 이 황제에게 전달되기 전, 재상의 심의와 기획을 통해야 하며 황 제는 비준이나 부결만 하였다. 부결될 경우에는 재상 혹은 황제와 재상들이 계속 상의해서 처리했다. 황제는 재상 외에 독립된 결정 기관이 없었다. 임금과 재상이 정책결정과정 중에 일체화가 되는 국면이었다.

무측천 시기, 국가적 업무들이 계속 생기면서 백관들이 황제에 게 올리는 문서들이 크게 늘어났다. 이로 권력중추기관에 중대한 변화가 일어나게 되는데 그것이 바로 재상이 백관들의 상소문을 주관하게 되었다는 점이다. 여기서 재상은 백관들의 의장(議狀: 일을 논하여 그 가부를 비판하는 글…옮긴이)에 대해 조언이나 기획의 권한이 없었으며 이를 규합하여 중서성의 상주를 통해 황제가 결제할 수 있도록 하였다. 의정과 정책결정에서 재상의 권한은 크게 줄어들었다.

이러한 변화가 나타난 것은 국가제도가 바뀌는 시점에 권력을 더욱 집중할 필요가 있었던 점, 정책결정권을 쥐기 위한 점과 관련이 있었다. 현경 5년(660년) 10월, "임금이 정신질환과 두통에 시력까지 나빠지자 황후에게 백관들이 상주한 일을 결정하도록 했다." 이것은 무측천에게 정책결정에 참여하는 길을 열어준 것이면서 황제와 재상이 정책결정과정에서 분리되기 시작했음을 의미했다. 그 후 고종의 병세가 계속 악화되는 상황에서 정치적으로 노련해진 무측천은 황후의 신분으로 정무의 결정에 직접 참가해 "백관들이 상주하면, 천후가 모든 것을 결정하는" 상황이 연출되었다. 그러나 무측천은 이에 만족하지 않았다. 그녀는 독단적인 권력자여서 재상이 군주의 권력을 나눠 갖는 것을 묵과할 수 없었기 때문에 제도를 더욱 과감하게 조정하여 재상을 완전히 통제하려고 하였다.

삼성 체제 하에 문하성은 문서를 심의하는 역할을 하기 때문에 상서성과 밀접한 관계가 있었다. 중서성은 조칙을 기초하기 때문에 황제와 밀접한 관계가 있었다. 국가적인 업무가 늘어나고 동시에 무측천이 조정을 장악하기 위해서는 황제의 권력을 강화하는 것이 필연적이었다. 정책결정과정에서 황제에게 권력이 집중되면서 자연히 중서성의 역할이 중요해졌다.

홍도 원년(683년), 고종이 사망한 후 배염은 시중에서 중서령으로 옮기면서 중서령이 수석재상의 권력을 주관하고 재상 부서(府署)인 정사당을 중서성에 두어야 한다고 여겼다. 이에 정사당을 중서성으로 옮겼다. 중서령이 정사당에서 주도적 위치를 차지하면서 삼성 간의 균형이 깨졌다.

정사당을 중서성으로 옮긴 것은 삼성제의 파기를 뜻했다. 정사당을 "중서문하(中書門下)"로 개명한 것은 정책결정과 행정이 하나가 되는 새로운 중추체제가 만들어진 것을 의미했다. 배염 때, 삼성의 장관들은 모두 재상이었고, 정사당은 재상들이 국사를 논의하는 사무실에 불과하였다. 중서문하는 재상 부서로 삼성 위에 군림하며 정책결정과 행정을 하나로 합한 기구가 되었다. 상서성의 경우, 이 체제하에서 당나라 초기 정무를 결정하는 권력이 중서문하로 대체되었고 중서문하는 황제의 명령을 바로 집행하였다. 정책결정과 행정이 하나로 합쳐지면서 삼성이 이성(二省)으로 변했다. 상서육부의 직권은 점차 상실되었고, 상서도성(尙書都省)은 순전히 문서를 감수하는 수발기구로 전락했다. 동시에 문하성·중서성·상서성의 핵심지위도 상실되었고 게다가 심의권마저 상실되면서 체제상 군권에 대한 견제기능을 상실했다. 이렇게 되자, 무측천 시기 황제와 재상의 관계에 근본적인 변화가 일어났다.

중서성의 권한이 높아졌다고 해서 재상권력이 강화된 것은 아니었다. 왜냐하면 중서성 내의 중·고급 관원들인 중서사인이 의사결정 중 원래 재상 고유의 권한을 가져갔기 때문이었다. 백관들이 올린 각종 안건들이 중서성에 올라오면, 중서사인들이 각기 심의해 초보적인 처리의견을 제기한 다음 나머지 사인들이 함께 서명하여 황제에게 상주하였다. 이로 인해 중서사인이 수상(首相)이라고 할 수 있는 중서령과 멀어짐으로써 중서령 속관으로서의 본질에 변화가 일어났다.

무측천은 당나라 초기부터 이어져온 재상이 황제와 함께 국사를 결정했던 권한을 약화시켜 대권을 독점하는 한편, 옛날의 삼성체제를 무너뜨려 황제가 이미 내린 결정이나 명령을 심의하던 문하성의 권한을 폐지하고 상서성의 주요 권한을 중서문하로 이전하여 중서령의 지위를 높여줌으로써 황제의 결의(決議)를 집행하기 수월하도록 했다. 무측천은 또 중서성 내에 등급이 높지 않은 중서사인들의 직권을 크게 강화하여 그들이 정책결정에서 실질적 역할을 할 수 있도록 해 중서령의 권력이 균형을 이루도록 하였다. 무측천은 정교하게 만들어진 권력기구의 중심에 앉아 자유자재로 방대한 기구들을 조종했다.

재상 산하의 기관들이 점차 황제비서기구와 순수한 사무성 기구로 전락했기 때문에 황권을 제한했던 재상의 권한은 철저하게 타파되었다. 이런 상황에서 재상의 권한은 제도적으로 규정된 것이 아닌 전적으로 황제가 임시로 부여한 것이었다.

무측천이 대권을 장악할 수 있었던 것은 전장제도에 정통한 외에 각종 제도의 장단점을 잘 이용한 것과 밀접한 관계가 있다. 범문란(范文瀾)은 당나라 때 업적이 가장 큰 군주 세 명을 비교한 적이 있다. 당 태종은 늘 "수성의 어려움"과 "시종일관 신중함"으로 자신을 일깨운 겸허하고 근면한 군주이다. 당 현종은 초기에 국가경영에 열과 성을 쏟은 군주였지만 만년에 교만하고 사치하면서 초기의 성과를 희석시켰기 때문에 세 명의 군주 중 단점이 가장 많은 군주이다. 무측천은 시종일관 권력을 쥐고 신하들에게 넘겨주지 않은 독재군주이다.

　무측천은 처음부터 정치적 재능을 나타냈다. 그녀는 상관의의 음모를 봉쇄하고, 고종과 함께 "이성"이 된 후 봉선의식과 대명궁 건축을 통해 대권을 장악해갔다.

제7절

천후가 권력을 독단하다

상원 원년(674년)은 무측천의 정치인생에서 기념비적인 해이다. 이 해, 고종은 천황으로, 무측천은 천후로 불렸다. 처음으로 "천(天)"이라는 칭호를 쓴 것이다.

무측천은 황후가 되고 고종이 사망하기까지 정무를 처리하는 시간을 차츰 늘여갔다. 무후가 황후가 된 첫 10년 동안은 고종이 매일 조정에 나가고, 무후는 가끔씩 조정에 나갔다. 중간 10년, 즉 인덕 원년(664년)에서 함형 4년(673년)까지 고종과 무후는 함께 조정에 나갔다. 이로 무측천은 고종과 함께 "이성"으로 불렸다. 이후의 10년, 즉 상원 원년(674년) 이후로 고종은 천황으로, 무후는 천후로 불렸다. 무측천이 매일 조정에 나가고 고종은 이따금씩 조정에 나왔다.

무측천은 소의시절 고종과 함께 있을 때면 대신들의 직위·관적·승진과정을 비롯한 학식과 개성 및 취미 등을 물었다. 조정의 대신들은 대부분 선제 때 이미 고위직에 있었고 그들의 공적과 직위도 매우 높았다. 그중 대다수는 고종의 스승과 태자궁의 관원으로 있었기 때문에 고종은 그들을 존경한 나머지 하나부터 열까지 그들의 말이라면 무조건 따랐다. 무측천은 선제가 사람들의 의견을 다양하게 수렴하여 자신만의 생각을 가졌듯 황제도 자신만의 위엄을 세우고 하는 일마다 대신들의 말을 듣지 말아야 그들이 완전히 복종할 것이라고 했다. 고종은 조정의 일에 대한 무측천의 분석을 듣길 원했다. 고종은 점차 무소의가 자신의 훌륭한 조수이며 조정에 대한 그녀의 각종 분석은 상당히 일리가 있다고 생각했다. 황후의 지위를 공고히 한 무측천은 후궁에서 황제의 내조자 역할에 만족하지 않았다. 사실 몇 년 동안 왕씨와의 권력투쟁에서 일어난 정치적 파란과 사회변혁으로 그녀는 대업을 향한 발걸음을 멈출 수 없었다. 무측천은 대업을 이룰 자신이 있었다. 고종이 병이 난 기간 무측천의 정치참여의 강도는 고종의 건강상태에 따라 정해졌다.

현경 5년(660년) 10월은 황후가 권력을 차지하는 새로운 기점이다. 이때부터 권력은 점차 무측천의 수중으로 들어왔다. 역사에는 기록하고 있다: 현경 5년 이후, 고종은 정신병을 앓아 문건이 올라오면 항상 황후로 하여금 처리하게 했다. 고종은 무황후에게 일부분의 정무를 처리하도록 맡겼다. 이로 무측천은 "위세가 황제와 다를 바 없었다." 고종은 왜 현경 5년 이후 무황후에게 정무를 일부 처리하도록 맡겼을까? 주된 원인은 고종이 풍질(風疾)이라는 병을 앓았기 때문이다. 풍질이란 어떤 병일까? 《자치통감(資治通鑑)》

에는 "두통에 시달리고 머리가 무거우며, 앞을 볼 수 없다."라고 기록하고 있다. 어떤 사람은 고종은 고혈압·심각한 근시 및 신경 쇠약 같은 병에 걸렸을 것으로 추측한다. 결론적으로 이런 질병은 치료하기 어렵고 자주 재발하기 때문에 요양에 주의해야했다. 또 이런 병은 일단 재발하면 상당히 고통스럽기 때문에 고종은 그를 대신해 정무를 처리해줄 사람이 필요했다. 무측천은 일찍부터 정무를 처리하는 능력으로 고종의 유력한 조수 겸 고문이 되었기 때문에 고종은 많은 정무를 무측천에게 넘겨 처리하도록 했다. 유가의 관념상 이것은 예법에 맞지 않았지만 고종은 무측천을 신임했다. 무측천 역시 일찍부터 이런 부분에 취미와 흥미가 있었다. 게다가 무후의 나이 당시 겨우 36세여서, 고종의 체력적 문제를 보충해줄 수 있었다. 무후는 단번에 권력을 가져 오지 않았다. 대권이 고종의 수중에서 조금씩 미끄러져 나왔다. 무측천은 조정에 참여해 신하들과 국사를 의논하면서 분명하게 의사를 나타냈고, 결론을 내릴 때에는 매우 단호했다. 이런 점에서 그녀의 능력은 확실히 뛰어났다.

  고종은 몸이 호전되자 직접 문서를 처리하였다. 그러나 무측천은 정치경험이 풍부했고 지략도 뛰어나 고종은 그녀가 처리한 일에 매우 만족했다. 이에 무측천이 정사에 참여하는 횟수는 점점 늘어났다. 657년, 고종은 병으로 궁을 떠나 쉬어야 했기 때문에 이틀에 한번 조정에 나올 수밖에 없었다. 660년 음력 10월 이후, 고종은 심한 중풍으로 신체의 일부가 마비되고 시력도 극도로 저하되었다. 후에 그는 회복하였지만 몇 차례 더 재발하였다. 무후는 자신의 총명함과 기민한 정치 감각으로 황제가 병상에 있는 동안 제국을 원만하게 다스렸다.

　권력을 일부 장악한 황후는 황제를 통제했고 심지어 억압하기까지 했다. 고종은 무측천이 정한대로 결혼생활을 해야 했다. 무측천은 여자가 너무 많으면 황제의 건강을 해칠 수 있기 때문에 육궁제도를 개혁해야 한다고 여겼다. 이에 황비·소의·첩여·재인·미인을 없애버렸다. 그러나 제왕은 지존이기 때문에 후궁에 많은 여인들이 있어야 했고, 제왕의 생활이 스님과 같을 수 없었다. 그렇지 않으면 왕공들의 비웃음을 살 것이다. 여인들의 수를 줄이고 직무도 별도로 규정해 성덕을 보좌하는 여관(女官)을 두었다. 무측천은 새로운 제도를 만들어 비빈의 수를 줄였다. 황비를 두 사람으로 두고 이들을 "양덕(襄德)"이라 했으며, 품계는 1품이었다. 2품은 네 명을 두었는데 "권의(勸義)"라고 하였다. 이들 여관들은 황제가 덕과 의를 갖추도록 인도해야 했다. 다른 궁녀들도 각기 맡은 임무가 있었다. 침실을 맡은 시녀의 경우, 의상을 정리하고 예물을 기록하며 명령을 전하는 것 외에 각종 자질구레한 심부름을 했다. 황족들의 눈에 고종은 불쌍한 사람으로 보였다.

　고종은 병이 나날이 악화되자 국가대사에도 손을 놓기 시작했다. 함형 4년(673년) 8월, 고종은 학질에 걸리자 태자 이홍에게 정사를 맡겨 각 부서에서 올린 보고를 받도록 했다.

　고종이 사망하기 전, 태상승(太常丞) 이사정(李嗣貞)이 말했다. "지금의 화근이 닥치기 전에 황상께서는 친히 조정을 돌보시지 않으시고, 대소사를 막론하고 황후께서 독단적으로 결정하셨습니다. 권력을 다른 사람에게 넘기고서 되찾으려 할 때는 쉽지 않사옵니다." 상서좌승(尙書左丞) 풍원상(馮元常)도 비밀리에 고했다. "무후의 권한이 너무 크오니, 제한하시는 것이 마땅하옵니다." 고종은 그들의 말이 옳다고 여겼으나 이미 되돌릴 힘이 없었다. 무측천은 황후가 된 후부터 조금씩 권력을 장악하기 시작하여 결국 국정을 주도하는 천후가 되었다. 무측천은 오랫동안 높은 자리에 있어서인지 권력을 독단하려는 경향이 있었고 호랑이를 탄 듯 거칠 것 없는 기세로 권력을 수중에 넣었다. 여기서 물러난다면 도리어 호랑이에게 물릴 수 있었다.

상원 2년(675년), 고종은 갑자기 황후에게 양위하려는 생각을 하였다. 이것은 봉건사회에서 극히 보기 드문 것이다. 무슨 까닭일까? 상황이 급박했기 때문이다. 무측천은 이미 궁내와 조정에 촘촘한 그물을 깔아놓아 황제는 실권을 상실했다. 심지어 그는 대신과 독대할 기회조차 없었다. 모든 활동은 천후의 엄밀한 감시 하에 진행되었다. 사방을 둘러봐도 믿을 만한 사람이 없었기 때문에 양위하려는 생각을 했던 것이다.

명말청초(明末淸初) 사람 왕부지(王夫之: 1619~1692)는 《독통감론(讀通鑑論)》에서 말했다. "고종 재위 34년간, 상서령·복좌우상·시중·동평장사는 황제를 보좌하는 가장 중요한 자리였다. 그 자리에 오르고 물러난 사람은 43명이었다. 고종은 그들이 오르면 왜 오르는지 몰랐고, 물러나면 왜 물러나는지를 몰랐다. 믿고 임무를 맡길 사람이 없었으니, 신하들을 이렇게 천대하였다."《독통감론》은 일국의 군주는 의지할 신하가 있어야 황제의 자리에 남아 있을 수 있다고 말하고 있다. 그 기댈 곳이란 바로 황제에게 충성을 다하고 나라를 생각하는 대신들일 것이다. 고종의 재위기간은 길었고 재상그룹 내에도 황제를 보좌하여 국가를 경영할 대신들이 많았지만, 고종은 무측천의 조정 하에 스스로 날개를 잘라버렸던 것이다. 대신들이 승진하거나 좌천당해도 어찌할 바를 몰랐다. 결국 고종은 측근을 한 명도 만들지 못했다. 군주가 신하들을 경시하고, 신하들도 조정을 출세의 장으로 여겨 군왕을 낯선 사람 보듯 한다면, 누가 진심어린 충언을 하겠는가? 결국 조정의 신하들은 하나둘씩 무후에게 포섭되어 갔다.

믿고 맡길 대신도 없었을 뿐만 아니라 친속들도 시기하였다. 상원 2년(675년) 4월, 무측천은 주왕(周王)의 현비(顯妃) 조씨(趙氏)를 살해했다. 《자치통감》에는 기록하고 있다: 좌천우장군(左千牛將軍) 조예(趙豫)가 고조의 딸 상락공주(常樂公主)에게 장가들어 딸을 낳아 주현왕비(周顯王妃)라고 하였다. 고종이 상락공주를 크게 예우하자 무측천은 그녀를 미워했다. 신사일, 주왕 현비를 폐위하고 내시성에 감금하고 밥과 찬을 전부 날것으로 주었다. 며칠 동안 주왕 현비가 인기척이 없어 문을 열어보니 시신이 썩어있었다.

황제는 고립되고 실권이 없어지자 무후에게 양위하려는 생각이 들었다. 중서시랑 학처준의 간언으로 무산되기는 하였지만 무측천은 양위 논의가 무위가 되었다 하여 포기하지 않았을 것이다. 도리어 이번 사태로 황제가 되려는 생각이 더욱 간절해졌다. 그녀는 이 목표를 향해 계속 분투했다.

무측천은 권력을 강화하기 위해서는 자신만의 이익집단이 있어야 한다는 것을 알았다. 그래서 황후가 된 후 여러 가지 방법으로 자신의 세력을 만들려고 하였다. 그녀는 가까운 장수들이 세상을 떠나자 세력을 더 넓히려고 하였다. 무측천은 유력한 장수들을 포섭해 자신의 세력집단을 형성할 필요가 있었다.

총장 2년(669년), 무측천의 전략적 파트너 이적이 세상을 떠났다. 다음해 그녀의 오른팔인 허경종 역시 향년 78세로 세상을 떠났다. 몇 년 전부터 무측천은 측근들이 너무 고령이어서 나날이 쌓이는 정무를 처리하기에 역부족임을 느꼈을 것이다. 용삭 3년

무측천의 묘 옆에 있는 이적의 묘

(663년), 이의부가 교만방자하게 굴자 고종은 그의 관직을 삭탈하고 먼 변방지역으로 유배를 보내버렸다. 무측천의 도당은 쇠락하는 추세에 있었다. 게다가 이런 개인측근은 역량을 모으기 쉽지 않았고 외조에 큰 세력을 형성하기가 쉽지 않아 더욱 집단화할 필요가 있었다.

무측천 시대는 중국 고대 정치·경제제도의 분수령이었다. 새로운 제도들이 대량으로 만들어져 정무가 크게 증가했다. 통치자가 결정해야 하는 정무 역시 나날이 많아졌다. 수많은 문서들을 건강이 좋지 않은 고종이 일일이 결정할 수 없었고 문사에 정통한 무측천 역시 혼자 처리할 수 없었다. 무측천에게 가장 필요한 것은 정책결정을 돕고 조령을 잡아줄 두뇌집단이었다. 게다가 이적

과 허경종의 별세로 무측천이 믿었던 정치역량이 약화되었다. 무측천이 황후의 신분으로 정치에 참여할 경우 조정의 백관들을 통제하기 쉽지 않았다. 그녀는 도당들을 내정의 측근으로 돌려야했다. 이에 그녀는 황후의 저술을 돕는다는 명분으로 문인학사들을 내정으로 불렀다. 실제로는 정책결정을 돕고 조서를 기초하는 것이었다. 이들의 관급은 높지 않았다. 처음에는 관명도 없었고, 인원도 고정되어 있지 않았다. 건봉 원년(666년), 그녀는 재능과 학식을 갖춘 문인들을 북문(北門)(현무문)에서 궁궐로 출입할 수 있도록 허락하면서 이들을 "북문학사(北門學士)"로 부르기 시작했다. 실제적으로는 무측천의 대필 그룹이었다. 당시 유명한 북문학사로는 범이빙(范履冰)·묘신객(苗神客)·주사무(周思茂)·호초빈(胡楚賓) 등이 있었다.

상원 연간, 무측천은 황위가 안정되자 유위지(劉禕之)·원만경(元萬頃) 등을 영남(嶺南)에서 소환하여 정권을 탈취할 준비를 하였다. 그들은 후에 유명한 "북문학사" 중의 핵심인물이 되었다. "천후"가 된 지 4개월째인 상원 원년(674년), 무측천은 이들의 도움으로 치국의 강령이라고 할 수 있는 《건언십이사》를 만들었다.

이후 20년간 북문학사는 무측천 개인의 중요한 도구였다. 북문학사들은 무측천이 황권과 상권(相權: 재상의 권한…옮긴이)을 분리하는 데 핵심적인 역할을 했을 뿐만 아니라 그녀의 두뇌집단이 되었다. 황후는 이미 선전의 중요성을 알았다. 영휘 쿠데타 때 허경종이 조정의 신하들에게 퍼뜨린 "시골 늙은이가 아내를 맞이하다(田舍翁娶婦論)"라는 논리는 그녀에게 큰 도움을 주었다. 당시 허경종이 말했다. "시골 늙은이도 10곡(斛: 10말에 해당…옮긴이)의 보리를 저축하여 조강지처를 버리고 젊은 여자를 들이려 하는데, 하물며 천하를 다스리는 천자가 황후 한 명을 세우는데 뭐가 못할 일이 있습니까? 다른 사람들이 무슨 상관이라서 함부로 이의를 제기합니까?" 이 "가사론(家事論)"은 무파(武派)를 지탱하는 중요한 이론적 근거였다. 영휘 연간의 쿠데타와 비교할 때 전면적으로 정권을 탈취한다는 것은 굉장히 어려운 일이었다. 유위지·원만경을 소환하여 선전의 중책을 맡기는 것이 가장 시급했다.

북문학사들은 점차 중용되어 무측천이 정무를 처리하는 것을 도왔다. 그러나 이들은 자질이 높지 않았고 임시로 초법적인 권한을 받은 것이었기 때문에 핵심적인 문제에서는 큰 역할을 하지 못했다. 그래서 무측천은 그들을 중용하는 동시에 자신에게 충성을 다하는 새로운 정치역량을 키우기로 하였다.

무측천은 황후가 된 후부터 조정에 참여하기 시작했다. 권력에 대해 무측천은 광신에 가까운 숭배와 집착을 보였다. 그녀는 수렴청정을 넘어 천하를 호령하는 진정한 군주가 되고 싶었지만 대신들과 사회구성원들은 전통 관념상 여성 황제를 받아들이기가 쉽지 않았다. 무측천이 가능성 있는 모든 도전을 물리치고 개인의 권위를 세워 자신의 지위를 공고히 하려면 조정에 자신을 위해 목숨을 던져 충성을 다하는 정치도당들을 찾거나 양성해야 했다. 그러나 사방을 둘러봐도 자신과 함께 할 사람은 극히 드물었다. 그녀는 무씨가의 친척들을 주목했다. 무씨가의 자제들은 무측천과 성이 같은 친척이었고, 무측천이 당나라를 바꿔 주나라를 세울 때 무씨 친척들 역시 "무씨가 마땅히 천하를 차지해야 한다."라고 말하며 적극적으로 무측천을 지지했기 때문이었다. 무씨들은 무측천이 임용할 때 가장 먼저 고려된 인선이었다. 제3세대 무씨가문의 핵심 인물인 무승사(武承嗣)는 이런 이유로 영남에서 소환되었다. 무측천은 무씨가족의 성원을 소환하여 정권을 빼앗고 세력을 넓히는 든든한 후원자로 양성하였다. 그녀의 세력은 점점 강해졌다.

則天武后

3 비상시국

제1절

천황의 죽음

홍도 원년(683년), 고종이 사망했다.

고종은 유서에서 무측천에게 조정을 주재할 권력을 주지 않았다. 그는 무측천의 권력에 대해 한마디만 언급했다. "군국대사 중 결정하지 못하는 것이 있으면 천후의 성지(聖旨)를 취하라." 그녀는 새로운 황제의 정치적 스승이었지만 황제는 자신이 결정짓지 못하는 문제에 한해서만 "천후의 성지를 취했다." 유서에는 그녀가 이미 소유한 권력을 대폭 제한하였다. 대권을 주재하고 혼자 정무를 처리했던 무측천은 받아들일 수 없었다. 하지만 그녀의 권력은 군권에서 나왔고, 유서는 고종이 내린 것이어서 다른 방법이 없었다.

이때 무측천을 구한 것은 배염이었다. 조정에서 유일한 고명재상이었던 시중 배염은 천황이 붕어한 지 3일이 지난 12월 7일, 즉

태자가 제위에 오른 둘째 날 제위를 이은 사왕(嗣王)께서 황제로 정식 책봉을 받지 못했고 정무도 보고 있지 않아 선칙(宣敕: 황제가 칙서를 내리는 것…옮긴이)을 내려서는 안 된다고 상주하였다. 그래서 그는 재상과 신하가 이를 상주해 논의할 것을 청하는 한편 문하성에서 "천후의 명"을 집행해주길 희망했다. 당나라의 선례에 따르면, 선제가 사망한 후 태자는 책봉을 받고 왕관을 쓰기 전에 선칙을 내리고 황권을 행사할 수 있었다. 배염의 상주는 사실 사족이었다. 이러한 주청은 전례가 없었을 뿐더러 치명적인 문제가 있었다. 그것은 "군국대사 중 결정하지 못하는 것이 있으면 천후의 의사를 취하라"라는 유조를 무시하고 "재상과 신하들이

당고종 이치의 친필글씨

논의해 상주한 것을 천후가 문하성에서 집행하도록 명을 내리려고 했다."는 점이다. 이때 시중 배염은 유일한 고명재상으로 문하성 장관으로 있었고, 재상 그룹이 국정을 논의하던 "정사당"도 문하성에 있었기 때문에 그 혼자 이렇게 주청했던 것이다. 이 상주는 큰 문제가 있었다. 무측천의 환심을 사서 자기편으로 만들려는 것이 아니라 부리기 쉬운 여인네쯤으로 천후를 본 것은 그녀를 너무 얕잡아 본 것이다.

뜻밖에도 이것은 천재일우의 기회였다. 배염의 적극적인 주청으로 무측천은 마침내 정식으로 단독 참정권을 갖게 되었다. 그래서 태자 이현은 11일 정식으로 책봉을 받고 제위에 오른 후 천후

를 태후로 추대하였다. 그러나 무측천은 제위를 이은 황제의 복상 기간이 끝나도 정권을 돌려주지 않았고 배염의 주청대로 곧바로 권력을 독점하려했다.

배염이 무측천의 환심을 사려했던 것은 무측천의 손을 빌려 마음속의 생각을 실현하고 싶었기 때문일 것이다. 배염 사단에는 불문율의 정치적 목표가 있었다. 그것은 바로 이단(李旦)을 황제로 세우는 것이다. 이단을 추대하려면 이현을 쓰러뜨려야 했다. 지금 이현이 즉위한 관계로 그의 측근들은 아직 정권을 장악하지 못한 상태였다. 지금이 그를 무너뜨릴 절호의 기회였다. 국정을 주재하려는 무측천에게도 황제 이현은 가장 큰 장애물이었다. 그래서 두 사람은 공동의 목표를 위해 손을 잡았다.

무측천과 배염은 영륭(永隆) 원년(680년) 태자 이현을 폐위할 때 한 차례 힘을 모은 적이 있었다. 다음해 그들은 또 강력한 정적 배행검(裵行儉)이 재상에 임명되는 것을 공동으로 저지하였다. 영휘 6년(655년), 배행검은 이의부가 무측천을 황후로 세우려는 글을 올린 것을 듣고 말했다. "국가가 이로 혼란해지겠구나!" 무측천은 이를 듣고 배행검을 장안령(長安令)에서 서주[지금의 신강성(新疆省) 투루판]도독부장사(西州都督府長

배행검(裵行儉)

史)로 좌천시켜버렸다. 이후 그는 오랫동안 국가의 가장 중요한 전선인 하서(河西) 농서(隴西) 지역에서 군사의 직무를 맡았다. 먼저 서주도독부장사로 임명되고 인덕 2년(665년) 안서대도호(安西大都護)로 이동하여 서역 각국을 연이어 복종시켰다. 총장 2년(669년) 이후, 배행검은 이부시랑이 되어 10여 년 동안 관리를 뽑는 일을 하며 많은 측근들을 배치하였다. 상원 3년(676년), 토번이 배반하자 배행검은 다시 도주도좌이군총관(挑州道左二軍總管)과 진주진무우군총관(秦州鎭撫右軍總管)에 연이어 임명되어 출정하였다.

의봉(儀鳳) 4년(679년), 십성돌궐(十姓突厥: 西突厥을 말한다…옮긴이)이 재차 당나라의 서역거점을 공격하는 동시에 토번과 연합하여 안서 지역을 침략하였다. 이것은 당나라가 서역에 직면한 가장 중대한 위협이었다. 대다수 사람들은 군대를 보내 토벌해야 한다고 여겼지만 서역의 상황에 밝았던 배행검은 무력은 사태해결에 아무런 도움이 되지 않는다고 판단하였다. 이에 그는 참전을 자청해 안무대식사(安撫大食使) 신분으로 페르시아 왕이 귀국하는 것을 책송(冊送)한다는 명분을 내세워 군사를 일으킨 돌궐의 수령들을 사로잡았다. 경사로 돌아온 후 고종은 조정에서 그를 칭찬했다. 며칠 후 배행검은 문무에 뛰어났던 관계로 예부상서겸검교우위대장군(禮部尙書兼檢校右衛大將軍)에 임명되었다. 당시 좌위대장군은 영왕(英王) 이현이 이름을 걸고 있었기 때문에 배행검은 실질적으로 총관경사숙위부대(總管京師宿衛部隊)와 야전부대의 최고사령관이 되었다.

의봉 4년 겨울, 지금의 내몽고 호화호특(呼和浩特) 일대의 돌궐부락이 또 반란을 일으켰다. 24개 기미주(羈縻州)의 추장들이 호응하여 군사가 10만 명에 달했다. 서역에서 막 돌아온 배행검은 양도

행군대총관(襄道行軍大總管)에 임명되어 또 다시 군대를 이끌고 출정하여 당나라 역사상 보기 드문 대규모 전쟁을 지휘하였다. 영륭원년(680년) 3월, 배행검은 돌궐의 주력부대를 격파하고 도성으로 돌아왔다.

영륭 2년(681년) 정월, 돌궐은 배행검이 도성으로 돌아가자 또 다시 반란을 일으켰다. 배행검은 군대를 이끌고 토벌에 나섰다. 배행검은 돌궐의 가한(可汗)으로 사칭하던 아사나복염(阿史那伏念)과 군 지휘관 아사덕온부(阿史德溫傅)를 계책으로 항복시켜 돌궐의 잔당들을 완전히 소탕하였다. 고종은 그를 크게 칭찬했다.

당시 전황이 여전히 급박해 대부분의 무장들은 전선에 있었다. 재상 중에 무장출신은 없었지만 배행검이 중심이 된 군부의 입김이 아주 강했다. 영휘 연간에 일어난 전쟁 중에 배행검이 발탁한 유경동(劉敬同)·정무정(程務挺)·장건욱(張虔勖) 등은 당시의 명장이었다. 후에 정무정과 장건욱은 각기 좌·우우림군의 통수가 되어, 무측천이 중종(中宗)을 폐위할 때 병력을 이끌고 입궁해 중요한 역할을 하였다. 배행검이 발탁한 또 한 명의 명장인 흑치상지(黑齒常之)는 영륭 연간 좌무위장군(左武衛將軍)을 지냈고, 후에 무측천이 서경업의 반란을 진압하는 과정에서 큰 공을 세웠다. 당시 배행검의 태도는 군부의 동향을 대표했다. 그가 발탁한 유명한 고급군관(將領)·자사(刺史)·장군과 실제로 병사를 이끌었던 사람만도 몇 십 명이었다. 그들은 이씨 당나라에 충성했지 무측천의 측근은 아니었다.

이때의 재상그룹은 시중 배염이 중심이 되었고 전부 문인학사들이었다. 그들은 군 장성들이 다시 재상이 되는 것을 원하지 않앉다. 그래서 고종이 배행검에게 크게 상을 내리고 사자를 보내 위로하려고 할 때 배염은 고종에게 찬물을 끼얹었다. "아사나복염이 투항한 것은 정무정과 장건욱 휘하부대의 압박과 막북(漠北)에 있는 회절(回絶) 등의 남진으로 다급해서 투항한 것이지 배행검이 정말 뛰어난 계책을 발휘한 것은 아니옵니다." 무측천 역시 장군이 재상 그룹에 들어오는 것을 바라지 않았기 때문에 배염을 적극 지지했다. 고종은 이 때문에 배행검의 공을 치하하려는 생각을 포기했다. 배행검이 재상이 되는 것 역시 물거품이 되었다. 얼마 후 배행검은 억울해하다 사망했다.

고종 사후 권력이 인계되는 과정에서 배염 사단은 매우 중요한 역할을 하였다. 당시 무측천은 무씨가문 중의 인물을 고를 수 있었다. 하지만 그들이 이런 일을 한다는 것은 적절하지 않았다. 그 이유는 의도가 너무 분명해 사람들의 비난을 야기할 수 있었고, 장기적으로 봤을 때 무씨가문에게 좋지 않았기 때문이었다. 가장 이상적인 대안은 배염 사단이었다.

첫 번째, 그들은 대권을 가지고 있었다. 683년 배염은 중서령으로 승진되어 외정의 수석대신이 되었다. 이것은 그가 권력의 정점에 있으며 그의 곁에 하나의 사단이 형성되고 있음을 의미했다. 그중 유위지 같은 대학자 외에 서북을 지키는 대장군 정무정과 우림장군 장건욱 같은 군부의 실력자들이 포진해있었다.

둘째, 그들은 정치방면에 경험이 있었다. 영륭 원년 이현을 쓰러뜨릴 때 배염과 유위지는 중요한 역할을 했다.

세 번째, 그들은 친당 성향을 어느 정도 띠고 있었다. 이러한 것들은 무씨가족이 갖추지 못한 조건들이었다. 만일 한쪽을 이용하려 한다면 그들의 요구를 들어주어야 할 것이다. 무측천은 배염의 동당 유경선을 시중에 임명했을 뿐만 아니라 배염이 재상들과 정무를 논의하는 정사당을 문하성에서 중서성으로 옮기는 것에 동의해 중서성의 요구에 부응하였다. 이 역시 배염의 권력적 요구를 충족시켜준 것이었다.

태자 이현이 즉위한 후에도 권력은 여전히 무측천의 수중에

당중종(唐中宗) 이현(李顯)

있었다. 이현은 중종황제로 불렸지만 실권은 없었다. 중종은 자신이 처한 상황이 좋지 않음을 알았다. 명목상 그는 절대 권력을 누릴 수 있었지만 실제로는 완전히 외톨이 신세였다. 위로는 무서운 모친이, 아래로는 권신들이 있었다. 그들은 각기 딴 생각을 하며 자신을 해칠 궁리를 하고 있었다. 그래서 즉위 후 가장 먼저 위후(韋后)의 부친 위현정(韋玄貞)을 보주참군(普州參軍)에서 예주자사(豫州刺史)로 발탁했다. 이어 위후의 먼 친척 작은 할아버지가 되는 위홍민(韋弘敏)을 좌산기상시(左散騎常侍)에서 재상으로 발탁하였다. 중종 이현의 황후 위씨(?~710년)는 상원 2년(675년) 주왕(이현)의 비 조씨가 폐위된 후 시집왔으니 지금까지 10년이 채 되지 않았다. 중종 본인은 영륭 원년(680년)에 태자가 되었으니 지금까지 5년이 채 되지 않았다. 위씨는 도성에서 명문대가였지만 실제로는 일찍감

당중종(唐中宗)과 위후(韋后)의 행차도

치 쇠락한 상태였고, 위씨의 외가는 중종에게 실질적인 힘을 보태 줄 수 없었다. 사실 당시는 외척이 정치에서 핵심적인 역할을 한 시대는 지나간 상황이었다.

고립무원의 처지를 실감한 중종은 어쩔 수 없이 외가쪽 사람들을 발탁해 난국을 타개하려했다. 10일 후 중종은 장인을 중앙으로 불러 시중에 임명하려 했다. 중종이 이처럼 분명하게 측근들을 세우려하자 가장 먼저 배염이 반대하고 나섰다. 당시 재상 그룹 중에 배염은 이미 중서령집정사필(中書令執政事筆: 수석재상에 해당…옮긴이)로 있었고, 시중 유경선은 배씨 사단 사람이었다. 그밖에 새로 임명된 젊은 재상들은 배염이 기본적으로 통제할 수 있었다. 황후의 부친이 시중이 된다면 배염의 지위는 크게 위협을 받을 수 있는 상황이었다. 배염은 위현정이 시중에 임명되는 것을 강력하게 반대했다. 중종은 배염의 횡포에 맞서 자신의 고집을 꺾지 않고 있다가 홧김에 다음과 같이 말해버렸다. "내가 국가를 위현정에 넘겨주겠다는데 뭐가 안 된다는 말인가? 일개 시중 따위가 따지고 들어!" 중종은 배염과 자신의 모친에 대한 이해가 부족했고 정치에 대해서도 잘 몰랐다. 홧김에 내뱉은 이런 말은 약점을 잡으려고 안달이 나있던 태후에게 그를 공격할 수 있는 좋은 구실이 되었다. 배염은 즉각 상황을 무측천에게 보고하였다. 두 사람은 중종을 폐위시키기로 작정했다.

사성(嗣聖) 원년(684년) 2월 6일, 무측천은 백관들을 건원전(乾元殿)에 불러 모았다. 무측천은 이미 배염과 이야기를 끝내 놓은 상황이었다. 혼란을 피하기 위해 무측천은 건원전에 남아있고, 배염·유위지와 우림장군 정무정·장건욱이 금군을 이끌고 황궁으로 들어갔다. 중종이 마침 큰 걸음으로 보좌에 올라가려고 할 때 중서령 배염이 갑자기 그를 막고 소매에서 무후의 조서를 꺼내 사람들 앞에서 중종을 폐위하고 황궁에 연금한다고 낭독했다. 시위가 중종을 끌고 대전으로 갔다. 중종은 마음의 준비가 부족하여 이때서야 한 마디 물었다. "제가 무슨 죄를 저질렀습니까?" 무측천은 그를 꾸짖으며 말했다. "너는 천하를 위현정에게 주려했는데도 죄가 없다고 하느냐!" 이에 즉위한 지 2달도 안된 중종은 "홧김에 한 말" 때문에 수감되었다. 같은 해 4월, 그는 방주(房州)로 유배되어, 정관 후기에 폐위되었던 위왕(魏王) 이태(李泰)의 옛 저택에 수감되었다. 중종의 장인도 남방으로 좌천되었다. 다음날, 태자로 책봉된 적이 없던 이단이 예왕(豫王)에서 황제로 즉위하였다. 이가 바로 예종(睿宗)이다.

고종이 사망하자 무측천은 대권을 차지했다. 그녀는 고종을 도울 때 터득한 정치경험과 적소에 배치된 자신의 세력을 이용해 막후에서 중앙무대로 나오려고했다.

제2절

조정에 나가 섭정하다

당나라 역사상 놀랍게도 3일 동안 황제가 없었다.

사성 원년(684) 2월 11일, 황자 이단은 전체 왕공들을 이끌고 무성전(武成殿)에서 무후에게 황태후의 연호를 올렸다. 의외인 것은 새 임금이 즉위하지 않았다는 것이다. 3일 후, 무측천은 무승사(武承嗣)를 보내 이단을 예종에 봉하고 동궁에 머물게 한다는 조서를 전했다. 예종은 더 이상 사람들 앞에 모습을 나타내지 않았다. 더욱 이상한 것은 뚜렷한 이유도 없고 더더욱 날조된 법률적 근거도 없었음에도 이 예종 "황제"는 동궁에 연금되어 대신을 비롯한 외부인과 소식을 주고받는 것이 금지되었다. 예종은 일절 들을 수도 볼 수도 말할 수도 없었다. 그는 외부의 압박을 참고 견디면서도 자신이 살아있는 것은 모친 무후가 대권을 독점하는 합법적인 근거만 제공할 뿐이라는 사실을 깨달았다. 몇 명의 대신들이 은밀히

이 일을 논의했지만 그 즉시 좌천당해 도성을 떠났다. 무측천은 정식으로 조정에서 섭정하였다.

고종은 사망하기 전에 유서를 남겼다. "사황제(皇位를 계승한 이현)가 정사를 처리하고, 군국대사에서 결정하기 어려운 중대한 문제일 경우에만 무후가 결정하라." 이 유서는 24년 동안 정무를 결정해온 무측천의 권한을 대폭 제한하였다. 홍도 원년(683년) 음력 12월, 고종과 무측천의 셋째 아들인 이현이 중종으로 황위에 올랐다. 그녀는 권력을 잃어버렸다고 여겨 이를 받아들이지 않고 섭정하려 했다. 선대에 황제의 후계자가 나이가 어려 태후가 "조정에서 섭정하는" 것은 태후가 조정에서 자신을 "짐(朕)"이라 부르며 황제 명의로 된 조서를 내려 시행한다는 것을 말한다. 이는 모후가 군권을 대행하는 공식적인 형식이었다. 천황은 천후에게 섭정하라는 유서를 내리지 않았기 때문에 무측천은 섭정을 정당화할 근거가 없었다. 게다가 고종이 사망한 뒤 새 황제가 이제 막 즉위한 관계로 중앙과 지방에서는 불안한 요소가 있었기 때문에 자리를 잘 다져야 했다.

국면을 안정시키기 위해 무측천은 조용히 일련의 인사이동을 단행했다.

첫 번째 조치는 황제의 먼 작은 아버지가 되는 택주자사(澤州刺史) 한왕(韓王) 이원가(李元嘉)를 태위로, 곽왕(霍王) 이원궤(李元軌)를 사도로, 석주자사(石州刺史) 서왕(舒王) 이원명(李元名)을 사공으로, 예주자사(豫州刺史) 등왕(騰王) 이원영(李元嬰)을 개부의동삼사(開府儀同三司)로, 낙주자사(絡州刺史) 노왕(魯王) 이영기(李靈夔)를 태자태사로, 황제의 백부인 상주자사(相州刺史) 월왕(越王) 이정(李貞)을 태자태부로,

황제의 숙부인 안주도독(安州都督) 기왕(紀王) 이신(李愼)을 태자태보로 제수한 것이다. 황태자가 황제로 즉위하고 1주일 만에 단행된 이번 인사이동은 새 군왕들이 첫 번째 봉직을 받은 것으로, 새로운 재상 그룹의 인선보다 빨랐다. 태후는 유례없이 이들 명망 있는 친왕들에게 1품 관직을 제수하였다. 변란을 막고 민심을 안정시키기 위함이었다. 그것은 이들 친왕은 주요 지방의 세습 자사들로 큰 봉읍(封邑)을 가지고 있었고, 지위와 명망이 상당했기 때문이었다. 예로부터 새 황제가 등극할 때마다 이들 친왕들은 불안한 요인이었다. 이 때문에 궁정투쟁에 상당히 밝은 무측천은 사전에 그들을 진정시켜 반란을 일으키지 못하도록 했던 것이다.

두 번째 조치는 현 재상 진영을 조정한 것이다. 그때, 명망 있던 중신들 중 이경현은 토번정벌에서 패전했고 후에 병환을 핑계로 물러났기 때문에 고종에 의해 좌천당했다. 이의염은 나이가 들어 사직했고, 대지덕·학처준·최지온 등은 차례로 병사했다. 문무를 겸비했던 배행검 역시 세상을 떠났고, 설원초는 병을 이유로 사직을 청했다. 조정의 원로중신 중에는 유인궤만 남아있었다. 그녀는 태자소보·동삼품의 유인궤를 좌복사·동삼품으로 승진시키고 계속 서경유수로 있도록 했다. 그녀는 선황의 유지를 받은 배염을 문하성에서 중서성으로 이동시켜 조서를 작성하는 권한을 부여하는 한편 재상의 의사당인 정사당을 문하성에서 중서성으로 옮겨 그가 업무를 보는데 편의를 제공했다. 황문시랑·동평장사인 유경선을 시중으로, 병부시랑·동평장사인 잠장천(岑長倩)을 병부상서로, 황문시랑검교우서자·동평장사인 곽대거(郭待擧)를 좌산기상시로, 이부시랑·동평장사인 위현동(魏玄同)을 황문시랑으로 승진시키고, "동중서문하평장사"를 "동중서문하삼품"으로 격상시켰다. 무측천은 또 좌산기상시 위홍민을 동중서문하삼품으로, 북문학사 유위지를 중서시랑으로 발탁했다. 무측천은 품급이 낮은 관원들을 과감하게 임용해 국정을 쇄신하고 정치신인들이 자신에게 충성하도록 했다.

무측천의 세 번째 조치는 자신이 신뢰하는 좌위위장군(左威衛將軍) 왕과(王果)・좌감문장군(左監門將軍) 영호지통(令狐智通)・우금오장군(右金吾將軍) 양현검(楊玄儉)・우천우장군(右千牛將軍) 곽제종(郭齊宗)을 군사요충지인 병주(幷州)・익주・형주(荊州)・양주의 대도독부로 보내 현지 관원들과 함께 방어를 강화하도록 했다. 근래 도성 이북 수주(綏州)[지금의 섬서성(陝西省) 수덕(綏德)]의 모반세력을 평정한 대장군 정무정을 좌효위대장군으로 발탁하고 그와 우령군 장건욱을 함께 낙양으로 불러 각각 본관검교좌우우림군(本官檢校左右羽林軍)에 임명하여 북아금병(北衙禁兵)을 통솔하게 하여 만일의 사태에 대비했다.

고종이 사망한 지 십 여일 만에 무측천은 왕실의 동요를 막고 재상을 승진시키고 주요 지역의 경비를 강화하는 과감하고 일사불란한 조치로 고종 이후의 국면을 안정시켰다. 중종 이현은 이름뿐인 황제였고 무측천이 모든 대권을 장악한 새로운 조정이 낙양에서 구성되었다. 고종 사망 후의 권력인수는 무측천의 주도면밀한 계획으로 어떠한 동요도 일어나지 않았다.

684년에는 중요한 일이 많이 일어났기 때문에 사성(嗣聖)・문명(文明)・광택(光宅)이라는 세 개의 연호를 사용했다. 무측천은 중종을 폐위하여 여릉왕(廬陵王)으로 격하하고 넷째 아들 이단을 황제로 세우고 자신은 섭정했다. 동도를 신도(神都)로 바꾸었다. 폐태자 이현에게 죽음을 강요했다. 서경업(徐敬業) 등이 양주에서 대규모 반란을 일으켰다가 3개월 만에 토벌되었다. 막강한 권력을 가지고 있던 재상 배염을 처형했다. 무측천은 중대한 사건이 일어날 때마다 연호를 바꾸어 기념했다. 그녀는 또 금색과 자색을 띤 화려하고 눈부신 깃발을 사용했다. 무측천은 성지를 내려 모든 정부 기관들을 기쁨·경사·화려함을 나타내는 명칭으로 바꾸었다. 금전(金殿) 좌측의 문하성을 "난대(鸞臺)"로, 우측의 중서성을 "봉각(鳳閣)"으로, 어서방(御書房)을 "인각(麟閣)"으로, 상서성을 "문창각(文昌閣)"으로 바꿨다. 이러한 것들은 곤륜산(崑崙山) 정상에 있는 서왕모(西王母)의 선계를 나타냈다. 그녀는 인간세상의 직위를 우주의 조직과 연결시키려고 하였다. 그래서 조정의 육부, 즉 "이부"를 "천부(天部)"로, "호부"를 "지부(地部)"로, "예부"·"병부"·"형부"·"공부"를 각각 춘부·하부·추부·동부로 바꾸었다. 기타 성(省)·시(寺)·감(監)·솔(率)의 명칭은 각 부분의 직권범위에 따라 결정되었다. 이것은 새로운 시대가 왔음을 의미한다. 무측천은 《주례(周禮)》에 근거해 관명을 바꾸었다. 그녀는 고대의 예의제도에 심취하였다. 이런 옛날 예의제도는 유생들이 일찍부터 지키지 않았다. 그러나 그녀가 말한 것처럼 "때에 따라 연호를 바꾸고", "일에 맞게 이름을 지었다." 그녀는 앞 사람들과 차별을 두려고 했다.

집정하기 전 몇 십 년 동안, 무측천은 줄곧 수렴청정하며 신하를 접대하고 조정과 외국사절단의 예방을 받았다. 그녀는 늘 신민들과 발 하나를 사이에 두었다. 비록 적절하지 않았지만 그녀는 황후로서 태후로서 궁정의 규칙대로 행하고 전통을 존중해야 했다. 그러나 지금 일국의 군주가 되기로 한 이상 어떻게 신하들과 거리를 두고 피하겠는가? 그녀가 군왕으로 천하를 다스리려면 남성 황제처럼 황제의 풍채를 나타내면서 자신의 범상치 않은 위의와 도량을 보여주어야 백성들이 우러러볼 것이다. 이 때문에 무측천은 여자는 외부인을 만날 수 없다는 관념을 깨고 발 밖으로 당당하게 나와 신하들과 만나기로 했다. 천명을 상징하는 "보도(寶圖: 상서로움을 가져다준다고 날조된 돌을 말한다…옮긴이)"를 받는 의식에서 그녀는 발을 걷고 만방에 풍채를 과시하며 경축의식을 주재하였다.

수공(垂拱) 4년(688년) 12월, 무측천은 예종황제·황태자를 대동하고 낙수(洛水)를 참배하고 보도를 받았다. 조정 내외의 문무백관·각 민족의 족장·각 국의 사절단도 어가를 수행했다. 연도에는 의장대가 행진하며 각종 아악을 연주하였다. 낙수에 이르자 예의를 관장하는 관원들이 이미 제단을 설치하여 놓았다. 무측천은 친히 제를 올렸다. 그녀가 면류관을 쓰고 곤룡포를 입고 천천히 단위로 오르자 황제와 태자들이 뒤를 이어 올랐으며 등촉에 불을 켜고 제상(祭床) 위에 "하늘이 내린 성도(聖圖)"를 올렸다. 내외 문무백관들과 각 민족의 족장들이 순서대로 일어서자 각종 기이한 새·짐승·보물들을 제단 앞에 나열하였다. 악대는 무측천이 직접 지은 《당대형배락악장(唐大亨拜洛樂章)》 14수에 곡을 붙여 연주하였다. 이렇게 성대한 의식은 당나라 개국 이후로 처음 있는 일이었다.

다음해(689년) 정월, 무측천은 또 명당(明堂: 大典을 거행하는 곳…옮긴이)에서 군신들과 대규모 연회를 열어 천제와 조상들에게 제를 지냈다. 태후는 제왕의 복장을 하고 허리에 3척(尺) 길이의 옥으로 만든 홀(笏)을 차고 2척 길이의 진규(鎭圭: 천자가 조정에서 의식을 거행할 때 쥐었던 옥으로 만든 기물…옮긴이)를 잡고 가장 먼저 예를 올렸다. 황제가 그 다음에 예를 올리고 태자가 마지막에 예를 올렸다. 호천상제에게 먼저 제를 올리고 그 다음 고조·태종·고종에게 제를 올렸으며 마지막에는 위왕 무사확과 오제(五帝)에게 제를 올렸다. 제사가 끝나자 무측천은 측천문(則天門)에 올라가 연호를 "영창(永昌)"으로 선포하고 천하에 사면령을 내렸다. 다음날 무측천은 명당의 보좌에 앉아 백관들에게 경하를 받았다. 셋째 날 그녀는 명당에서 정무를 주관하며 9가지 정령을 반포하여 백관들을 훈도하였다. 이 때 무측천의 나이 65세였다.

무측천은 두 차례의 성대한 행사를 천자의 예로 주재하였다. 실질적으로 그녀는 자신이 명실상부한 군주임을 선포한 것이었다. 그녀를 막을 사람은 없었다.

황제가 된 무측천은 황가의 제사문제에서 이씨 조상과 무씨 조상의 위패를 어떻게 배치할 것인가의 문제에 부딪쳤다. 이씨 당나라의 천하는 이미 무씨의 주(周)나라로 바뀌었지만 무측천은 주나라는 당나라를 계승해 세워졌고, 자신은 대당제국의 합법적인 계승자이지 당나라를 찬탈한 것은 아니라고 여겼다. 그녀 자신이 칭제한 것 자체가 무씨가 이씨를 대신한 것이었다. 이것은 조정에서 예의를 관장하는 관원에게 큰 난제였다. 이 일은 전례가 없었다. 결국 무측천이 결정을 내렸다. 무씨 조상의 신주를 태묘(太廟)로 옮겼다. 원래 장안에 있던 이씨 태묘를 형덕묘(亨德廟)로 바꾸고, 사시로 고조·태종·고종에게 제사를 지냈다. 다른 각 방들은 폐쇄하고 제를 지내지 않았다. 그런 다음 명당에서 선왕들을 합사하여 호천상제와 백신들에게 제사를 지내고 무씨 조상과 당나라 세 명의 황제를 함께 배향하였다. 이러한 조율로써 그녀는 가장 골치 아팠던 이씨와 무씨의 제사문제를 해결하였다. 이깃은 특정 인물과 특수한 상황에 맞는 제사정책이었다. 이런 특별한 처리방식은 격식에 얽매이지 않는 무측천 만이 생각해낼 수 있었다.

고대 중국에서는 공손과 겸손을 강조하고 사람들 앞에서 자신을 드러내지 않는 것을 미덕으로 여긴다. 이러한 점들은 무측천에게 맞지 않았다. 정치인으로서 그녀는 끊임없이 사람들 앞에 자신의 이미지를 만들어야 했다. 성대한 규모로 자신의 대단한 권위를 드러내고 또 검소하고 소박한 모습으로 상냥함과 평범함을 보여주려고 했다. 대중이 생각하는 그녀의 이미지는 대부분 한 두 차례의 의식을 통해 만들어졌다. 무측천이 예의를 이용할 때의 한 가지 두드러진 특징은 옛 격식에서 과감히 탈피한다는 점이었다. 이렇게 한 까닭은 당시의 정치상황과 자신의 성격 때문이었다. 무측천은 이런 점에서 성공했다. 결국 성대한 의식에서 사람들이 관심을 기울이는 것은 위풍당당한 주인공일 뿐 옛 격식에 맞는지를 누가 따지겠는가?

무측천은 모든 개국황제가 그랬던 것처럼 권력을 독점하였다. 이것은 그녀의 끝없는 권력욕 때문이기도 하였지만 강자만이 차지하는 권력의 속성 때문이었다. 고종 재위기간, 조정 재상과 무측천 간의 권력게임은 시종일관 끝임 없이 진행되었다. 그녀는 재상들과의 권력게임에서 두 가지 방법을 사용했다. 첫째는 조정의 재상그룹에 자신의 심복을 심었던 것이고, 둘째는 궁내에 개인세력을 만들어 재상의 권한을 분산한 것이었다.

고종 사후, 무측천은 섭정을 시작한 날부터 21년간 강권통치를 하며 75명의 재상을 임용하였다. 이것은 역사상 전무후무한 기록이다. 75명의 재상 중 69명이 사서에 기록되어 있다. 이중 19명은 피살되었고 적어도 22명은 유배를 당해 결손율이 전체 숫자의 반을 차지한다. 이들 대부분은 정치적으로 화를 당했다. 그들은 늘 불안한 상황에 있었고 군권에 저항할 힘이 없어 함부로 거사를 도모할 수 없었다. 21년 동안 75명의 재상 중 임기가 가장 짧았던 무승사와 무삼사(武三思)는 9일간 재상으로 있었다. 재상의 평균 재임기간은 3개월 반으로, 태종 때의 교체횟수보다 3배나 높다. 교체가 잦고 임기가 짧아 정부를 안정시키고 정책을 일관되게 시행하는 것은 쉽지 않았으며 확장은 더욱이 할 수 없었다. 임금과 재상의 권력투쟁에서 재상들은 철저히 실패했다.

봉건왕조에서 황제와 재상은 시종 대립하는 존재였다. 황제는 왕조의 정신적 지주이자 최고결정자로 심궁(深宮)에 거주하며 정무를 볼 필요가 있었다. 황제가 매일 조정에 나가 신하들과 사사건건 국정을 논한다는 것은 불가능했으며 더군다나 몇 십 년을 하루같이 번다한 정무를 처리할 수 있는 사람은 드물었다. 그래서 황제는 조정에서 사무를 처리해줄 재상 혹은 재상그룹이 필요했다. 이 자체가 황제에 집중된 권한을 분담하는 것이기 때문에 황제는 재상의 도움이 필요하면서도 권한이 삭감당하는 것을 꺼려했다. 일반적으로 강력한 군주는 왕왕 재상을 압박하여 권력을 독점하였다.

어떤 사람은 655년에서 705년까지를 "무측천이 통치한 50년" 내지 "무측천이 중국을 통치한 반세기"라고 말한다. 이 견해에 따르면, 무측천은 황후가 되면서 대권을 장악했고 고종은 꼭두각시에 불과했다. 이 견해는 사실적 근거가 부족하다. 권력인수과정에서 무측천의 부분적인 위세와 권력은 고종이 부여한 것이다. 고종이 그녀에게 정무를 처리하도록 맡겼기 때문에 그녀는 위세와 권력을 갖게 된 것이다. 고종이 그녀에게 맡기지 않았다면 그녀는 여전히 궁내의 사무만 관장하는 황후에 불과했을 것이다. 황후가 되고 고종이 붕어하기까지 무측천은 점진적으로 조정을 장악하며 권력을 자신의 수중에 넣었다. 그녀가 상용한 수법은 재상그룹을 끊임없이 교체하거나 신분을 올려주는 것이었다.

현경 원년(656년) 후, 무측천은 황후의 자리가 안정되자 굵직굵직한 정책들을 결정하기 시작했다. 그녀는 즉위하자 재상그룹을 대폭적으로 물갈이했다. 3월 탁지시랑(度支侍郞) 두정윤(杜正倫)이 황문시랑동중서문하삼품(黃門侍郞同中書門下三品)에 임명되었다. 각종 제도에 밝고 문학에 뛰어났던 이 유명한 노신(老臣)은 수 문제 때 이미 이름을 떨쳤으며 이세민의 "진부십팔학사(秦府十八學士)" 출신으로 정관 연간에 두 차례 중서시랑을 지낸 적이 있었다. 후에 태자 이승건의 모반사건에 후군집(侯君集)과 함께 연루되어 교주도독(交州都督)으로 있던 중 범죄자로 유배당했다. 그는 오랫동안 장손무기 일파에게 배척받은 사람이었다. 얼마 후 복권되어 조정으로 돌아와 지금 재상에 임명되었다. 그는 무측천과 정치적 관점은 달랐지만 장손무기의 적인 것만으로도 충분했다. 7월, 무측천이 황후가 되는 것에 반대했던 최돈례(崔敦禮)가 중서령에서 해직되어 태자태사동중서문하삼품으로 강등되었다. 얼마 후, 그는 영문을 모른 채 세상을 떠났다.

현경 4년(659년) 태종 시기의 마지막 재상 장손무기가 제거되자 허경종만 재상으로 남게 되었다. 무측천은 재상그룹을 계속 확대했다. 이 해 음력 8월, 이의부도 재상이 되었다. 아직 무측천과 적이 되지 않았던 노승경(盧承慶)·허어사(許圉師)·임아상(任雅相)도 이 해 재상이 되었다. 노승경은 하북(河北)의 선비집안 출신으로 오랫동안 재정업무를 처리했다. 이 해 호부상서로 임명되어 두정윤을 대체했다. 그러나 다음해 호부가 충분한 세수를 거두지 못한 것 때문에 지방으로 전출되었다. 후에 중앙으로 돌아오지 못했지만 줄곧 고위직에 있었다. 허어사는 당 고조(高祖) 유년 시절의 단짝이자 당나라 초기 장강유역을 평정할 때 피살된 허소(許紹)의 작은 아들이었다. 허어사는 당나라 초기 과거시험의 진사출신으로 관직에 오른 후 정치적 업적이 출중하였다. 임아상은 무장출신으로 병부상서를 한 차례 지낸 적이 있었다. 661년 음력 4월, 그는 고구려 원정 지휘관에 임명되었고, 662년 초기에 전사하였다.

그러나 황제·황후와 국정을 이끌만한 재상은 줄곧 매우 적었다. 태종시기에는 8명 이상의 재상들이 늘 있었던 반면 지금은 5명밖에 되지 않았다. 노승경이 660년에 면직되면서 4명으로 줄어들었다. 임아상이 661년에 고구려 정벌을 떠난 후로는 3명만 남게 되었는데 이들은 각각 허경종·이의부·허의사이다. 662년 말에 허어사는 아들이 사냥하다 사람을 죽인 일을 은폐하려다 이의부에 의해 발각되어 재상 직에서 물러났고 상관의로 대체되었다. 상관의는 수양제 말년 양주에서 피살된 수나라 대신의 아들이었다. 그는 화를 피하기 위해 스님이 되었고, 훗날 유명한 학자이자 작가가 되었다. 태종 초기, 그는 추천을 받아 진사시험에 응시하였으며 이어 학술방면에서 태종에게 힘을 보태 황제의 문장을 윤색하는 일을 하기도 하였다. 고종시기, 그는 비서성소감(秘書省少監)이 되었고 문장과 시로 유명했다. 후에 상관의는 고종을 지지하며 무측천을 폐위하려고 하였다. 663년, 무측천의 심복 이의부는 횡포를 일삼다가 고종에 의해 관직을 삭탈당하고 유배를 당했다.

이 두 가지 일에서 무측천은 정치의 일선으로 나서는 과정에 재상들과 마찰이 생기면 반드시 이를 극복하려 했음을 알 수 있다. 몇 년 동안, 무측천이 정치적으로 득세하는 과정에서 허경종과 이의부 등이 재상을 맡아 외정에서 그녀를 변론했지만 전체적으로 봤을 때 그녀는 재상들을 장악하지 못해 사사건건 재상들의 반대에 부딪쳤다. 재상의 임면(任免)에 있어 그녀는 충분한 발언권이 없었다. 이의부의 좌천이 그 예이다. 무측천은 당시 이의부가 폄적당하는 것을 원치 않았을 것이다. 그러나 그녀에게는 이의부를 구할 힘이 없었다. 반대로 황제의 신임을 받는 어떤 재상이라도 그녀에게 큰 화를 가져다 줄 수 있었다. 당시 각종 정파들이 있는 상황에서 무측천이 재상들을 완전히 장악한다는 것은 불가능했다. 재상들의 견제를 벗어나는 것은 무측천의 필연적인 선택이었다. 재상을 장악하려면 자신을 반대하는 재상들을 밀어내고 심복들을 재상 그룹 내에 배치해야 했다.

상관의가 실패하자 허경종은 오랫동안 재상 직에 있던 유일한 사람이었다. 그러나 그는 이제 72세의 노인이었다. 무측천은 또 한 차례 대신들을 물갈이했다. 태자우중호(太子右中護)이자 검교서대시랑(檢校西臺侍郞) 악언위(樂彦瑋)와 서대시랑(西臺侍郞) 손처약(孫處約)을 동동서대삼품(同東西臺三品)으로 발탁하였다. 인덕 2년(665년) 3월에 또 사융태상백(司戎太常伯)(즉 병부상서) 강각(姜恪)을 동동서대삼품으로 발탁하였다. 이 해 4월, 다시 악언위·손처약의 동지정사(同知政事) 재상자격을 박탈하고 좌시극(左侍極)[좌산기상시(左散騎常侍)] 육돈신(陸敦信)을 대리우상으로 발탁하였다. 1·2년 후 그들 역시 면직되어 고종 때 업적이 가장 많았던 장군 강각과 유인궤로 대체되었다. 그러나 이 두 사람마저도 자주 원정을 떠났던 관계로 조정을 떠나 있었다. 이 시기 재상들이 수시로 경질된 것은 무측천이 끊임없이 자신의 뜻을 인사에 반영한 점 외에 고종과 외조 전체의 뜻도 재상의 임명에 반영되었기 때문이었다.

건봉 2년(667년) 여름, 고종은 믿을만한 참모가 없다고 판단해 능력 있는 재상들을 새로 임명했다. 서대시랑 양무(楊武), 서대시랑·도국공(道國公)·검교태자좌중호(檢校太子左中護) 대지덕, 정간의대부(正諫議大夫)·검교동대시랑(檢校東臺侍郞)·안평군공(安平郡公) 이안기(李安期), 동대시랑 장문관이 모두 동동서대삼품을 겸했다. 이들 신진 재상들은 무측천의 명령을 따르지 않았다.

그러나 무측천의 영향력이 줄어들려고 하는 순간 황제의 건강이 다시 악화되었다. 672년 말, 태자가 조서를 받들어 감국(監國)했다. 673년 음력 8월, 태자는 각 부서들이 올린 일에 책임을 지지 않을 수 없었다. 이 해 황제의 건강이 여전히 좋지 않아 유명한 도가(道家)의 의사 손사막(孫思邈)을 불러 병을 치료하였다. 무측천은 이 시기를 이용해 정계에서의 자신의 역량을 강화하였다. 674년에 반포된 《건언십이조》는 무측천 집권 전·중기의 중요한 정치적 강령이었다. 그녀는 하루가 다르게 엄격하게 고종을 통제했다. 674년 고종은 날로 악화되는 병세와 기타 각종 원인으로 무측천에게 양위하려 했다.

고종의 이런 제의는 조신과 재상들 특히 학처준의 강렬한 반대로 이루어지지 않았다. 이때 상당히 방대하고 안정적인 재상그룹이 조정을 장악하고 있었다. 그들은 대지덕·장문관·이정현(李靜玄)과 줄곧 전장을 누비던 장군 유인궤였다. 그들은 적어도 겉으로는 행정 업무를 정상적으로 돌려놓았다.

이런 상황에서 무측천은 어떻게 철판같이 단단한 재상들의 수중에서 권력을 가져올 수 있었을까? 그녀는 새로운 사람들을 심는, 다시 말해 자신의 비서그룹격인 제3의 권력중심 북문학사를 만들어 조정에 계속 영향력을 가하려고 했다. "북문학사"는 내정의 근신이 조정의 의사결정에 참여하는 선례를 남겼고, 이로 재상의 정책결정권은 영향을 받았다. 이것은 당대 군권을 강화하는 중요한 조치였다. 후에 현종 때 한림학사(翰林學士)가 나타났고, 안사의 난 이후 조정의 의사결정에 참여하는 "내상(內相)"으로 발전하였다.

무측천이 새로운 사람들을 심는 또 다른 중요한 방법은 품급이 낮은 관원을 재상으로 발탁한 것이다. 영륭 원년(682년), 관중에 큰 가뭄이 들어 기황이 일어났다. 황제조차도 동도 낙양으로 "먹을 것을 구하러" 갔다. 장안을 떠나고 재상들로부터 벗어났을 때가 무측천이 고종에게 영향력을 발휘할 가장 좋은 때였다. 그들은 4월 초3일에 장안을 출발하여 4월 20일에 낙양에 도착했다. 24일, 네 명의 젊지만 자질이 부족한 사람을 재상에 임명하는 중대한 조치를 단행했다: 황문시랑 곽대거(郭待擧)·병부시랑 잠장천(岑長倩)·비서원외소감검교중서시랑(秘書員外少監檢校中書侍郎) 곽정일(郭

正一)·이부시랑 위현동(魏玄同). 고종은 이 사람들의 경력이나 자질이 부족해 재상에 해당하는 "동중서문하삼품"의 직위를 내리는 것은 좋지 않다고 판단해 동행한 재상 최지온 등과 상의해 그들에게 "여중서문하동승수진지평장사(與中書門下同承受進止平章事)"라는 직함을 내려 미리 정사를 익히도록 하였다.

이번 임명은 당대 재상제도에서 획기적인 의의가 있는 조치였다. 이전에는 일반적으로 3품 이상의 관원과 4품 관원 중 일정한 자질과 경력을 갖춘 문하(황문)시랑과 중서시랑만이 재상이 될 수 있었다. 잠장천과 위현동은 중서성·문하성 출신이 아닌 4품관의 신분으로 재상에 임명된 경우였고, 곽정일의 중서시랑은 검교(즉 대리)에 지나지 않았으며, 곽대거 역시 황문시랑에 임명된 지 오래되지 않았기 때문에 자격과 경력이 부족하였다. 이것은 재상이 될 수 있는 기준을 파기한 것이다. 이후 가장 명망 높은 좌우복야(左右僕射)가 "동중서문하삼품"이라는 직함을 얻지 못한다면 재상 대열에서 밀려날 수 있었기 때문에 과거 출신의 젊은 관원들은 재상으로 고속 승진할 수 있었다. 이것은 무측천이 직접 조정을 주관하면서 나타난 중요한 조치였다. 무측천은 고종이 생존해있을 때 고종 명의로 이러한 조치를 실행하려고 했으니 그녀의 탁월한 정치적 안목을 엿볼 수 있다.

고종 사후, 재상이 될 수 있는 기준은 계속 낮아졌다. 배염이 살해된 후 무측천은 재상그룹을 다시 조정했다. 배염·이경선·곽대거가 재상직을 떠난 후 배염의 모반사건을 조사한 좌숙정대부(左肅政大夫) 건미도(騫味道)·배염이 반란을 일으켰다고 증언한 봉각사인(鳳閣舍人) 이경심(李景諶)이 재상에 임명되었다. 봉각사인은 중서성 5품관이어서, 재상그룹에 들어오는 관원의 품급은 점점 낮아졌다. 그 달, 이경심은 사빈(司賓)[홍월로(鴻月盧)]의 소경(少卿)으로 좌천되었다. 우사(右史)[기거사인(起居舍人), 종6품상] 심군양(沈君諒)과 어사(御史)에서 저작랑(著作郎)으로 승진한 최찰(崔察)이 재상에 임명되었다. 이렇게 6품관도 곧바로 재상으로 발탁되었기 때문에 재상이 될 수 있는 기준은 점점 관대해졌다. 최찰은 반년 후 재상에서 파면되었다. 가장 먼저 배염의 모반을 고발한 이 밀정관(최찰)도 후에 비밀리에 살해되었다.

품급이 낮은 재상의 잦은 등장은 무측천의 재상인선을 점점 넓게 하여 재상이 될 수 있는 기준을 철저하게 타파했다. 이것은 무측천이 재상을 통제하고 권력을 독점하는데 중요한 의미가 있었다.

무측천과 재상 간의 권력투쟁은 어느 쪽이 주도권을 쥐느냐의 문제였다. 쌍방은 황제를 통해 인사권에 영향을 끼치려 했다. 이런 점에서 무측천이 훨씬 뛰어났다. 그녀는 재상의 임면권을 장악하지 못했을 때 재상진에 들어오는 인원을 빈번하게 물갈이하여 그들이 든든한 세력을 만들지 못하도록 하였다. 재상의 임면에 영향력을 끼칠 수 있게 되었을 때 관품이 높지 않는 사람들을 재상그룹에 진입시켰다. 이들은 세가 약하고 자신에게 감사하는 마음이 있어 통제하기 쉬웠다.

권력투쟁이 끝난 후 무측천은 마침내 발을 걷고 당당한 풍채를 드러내며 무대중심으로 나와 조정을 주재한 자신의 능력을 여실히 보여주었다.

제3절

황제를 폐위하고 아들을 살해하다

황대에 오이를 심으니,
잘 익어 주렁주렁 달렸네.
첫 번째 오리를 따니 좋았고,
두 번째 따니 텅빈 듯 하였네.
세 번째 따도 괜찮았는데,
네 번째 따니 덩굴만 안고 돌아왔네.

이《황대의 오이(黃臺瓜詞)》는 무측천이 이현을 죽이기 전 민간에서 널리 유행한 시이다. 시는 오이를 심는 사람이 덩굴의 오이를 끊임없이 따다가 결국 "덩굴만 안고 돌아간다"는 내용으로, 무측천이 자신의 아들을 폐위시키고 살해한 것을 반영하고 있다.

고종황제에게는 여덟 명의 아들이 있었다. 무측천이 감업사에서 회궁(回宮)하기 전 고종에게는 이미 네 명의 아들, 연왕 이충·원도왕(原悼王) 이효(李孝)·택왕(澤王) 이상금(李上金)·허왕 이소절이

있었다. 무측천은 이홍·이현(李賢)(일설에는 한국부인 소생이라고도 한다)
·이철(李哲)[즉 이현(李顯)]·이단을 낳았다. 그들은 무측천의 손아귀
에서 놀았다. 고종황제가 단명하여 젊고 유순한 황자에게 대통을
물려주는 것이 그녀가 대권을 독점하는데 매우 중요했다. 무측천
이 대권을 장악하는데 이홍은 눈엣가시였다. 이홍이 사망하자 창
끝을 둘째 아들 이현에게 겨누었다.

무측천은 자신의 적수들에게 반격할 기회를 주지 않았다. 황후
가 되기 전 그녀는 태연하게 왕황후와 소숙비를 제거했다. 그녀
자신은 왕·소 두 사람을 증오하지 않았지만 형세상 어쩔 수 없었
다. 이미 제거한 이상 괴로워 할 필요는 없었다. 후에 자신의 친
아들이 권력의 장애물이 되자 역시 조금의 틈도 주지 않았다.

상원 원년(674년), 황제와 황후가 천황과 천후가 되었다. 이때
무측천의 나이 50세였다. 당시 이미 두 임금이 국정을 돌보는 정
국이 이어지며 안으로는 이렇다 할 정적이 없었고 밖으로는 큰 전
쟁이 없었다. 아들 이홍이 태자에 있었다. 그녀는 자신의 권력과
명성을 높이는데 반기를 드는 사람을 용서하지 않았다.

태자 이홍은 일찍부터 정치수업을 받아 자신의 주장이 강했고
민심을 돌볼 줄 알았다. 함형 3년(672년)에서 4년의 겨울, 2년 전
여름의 큰 가뭄이 지나간 후 이어서 겨울에 큰 기근이 들어 서북
의 각 성들은 매우 어려운 나날을 보냈다. 백성들은 기근으로 계
속 죽어나갔다. 태자 이홍은 병사들의 식량 속에 느릅나무 껍질과
풀 씨앗이 들어있는 것을 보고 즉각 자기 창고의 쌀을 병사들에게
나누어 주도록 지시했다. 그는 또 황상에게 동주(同州) 사원(沙苑)에
놀려둔 땅을 가난한 백성들이 경작할 수 있도록 주청했다. 이러한

점들은 권력을 좋아하는 무측천의 성격과 대립되고 민심을 얻기 위한 것이라는 의심을 사기에 충분했다. 후에 그가 낙양에 왔을 때 소숙비의 두 딸인 의양공주(義陽公主)와 선성공주(宣城公主)가 모친 때문에 줄곧 후궁에 연금되어 사람들에게 잊혀 지내고 있음을 알게 되었다. 그녀들의 나이 40세가 되도록 혼인을 주선하는 사람이 없었다. 그는 모후 무씨를 찾아가 두 누나를 시집보내 달라고 말했다. 이로 모자관계는 불안해졌다.

사실 이것들은 큰 문제가 아니었다. 더 큰 문제는 황제가 이홍에게 제위를 물려줄 의사를 나타냈다는 점이었다. 이홍은 사망한 후 효경황제(孝敬皇帝)로 추증되었다. 고종은 일전에 이 일로 칙문을 내린 적이 있었다. 칙문의 내용은 다음과 같다. "황태자 홍은 어질고 효성이 지극하여 천하에 명망이 높았다……사리가 밝고 분명하여, 제위를 물려줄까 하노라" 이로 봤을 때, 이홍은 이미 천후의 가장 큰 장애물이었다. 모자관계는 더 이상 양립할 수 없는 상황까지 갔다.

상원 2년(675년), 태자 이홍이 사인불명으로 급사했다. 당시 사람들은 무측천이 그를 독살한 것이라고 의심했다. 이 해, 무측천의 또 다른 아들 이현이 태자가 되었다. 이현은 겨우 5년 동안 태자 자리에 있다 폐위되었다. 이현의 폐위는 황위를 둘러싼 두 번째 힘겨루기였다.

이현의 출생은 후인들에게 많은 의문을 남겼다. 《구당서·고종기(高宗紀)》에 의하면, 이현은 영휘 5년(654년) 12월 17일 고종과 무측천이 당 태종을 안장한 소릉(昭陵)으로 제를 올리러 가던 길에서 낳았다고 한다. 이것은 출산예정일보다 적어도 15일에서 20일이나 빠른 조산이었다. 상황이 이렇다면 고종은 곧 해산할 몸이었던 무측천과 함께 결코 가깝지 않은 길인 소릉으로 제를 올리러 가지 않았을 것이다. 지금 문제는 준비가 전혀 안된 상황에서 무측천이 조산한 이 아이를 살릴 수 있느냐는 것이었다. 후에 궁 안에서는 이현은 무측천의 언니 한국부인의 소생이며 이현 본인도 자신의 출생에 의문을 가지고 있다는 말이 은밀히 나돌았다.

이현은 무측천의 네 아들 중 재능이 가장 뛰어났다. 그가 어렸을 때 고종은 사공 이적에게 그를 칭찬하며 어린 나이에 벌써 《상서(尙書)》·《예기(禮記)》·《논어(論語)》를 비롯한 많은 옛 시부를 읽었고 그 심오한 의미도 깨달았다고 말했다. 그래서 고종은 "용모와 행동거지가 점잖고 고상했다"고 그를 칭찬했다. 이현의 성격 역시 시원하고 명랑했으며 매와 준마를 좋아하고 거문고 바둑 서예 회화에도 조예가 깊었다. 태자 이홍과 비교하면 그는 더욱 실질적이면서 개성도 강했다. 그의 총명과 주관이 불행한 결말을 가져왔다.

태자 이홍의 요절로 이현은 모후를 더욱 멀리하였다. 당시 고종 일가는 동도 낙양에 머물렀고, 그는 장안에 있었다. 조로(調露) 원년(679년) 고종의 병이 재발하자 이현이 성지를 받들어 섭정했다. 그는 평상시 피할 수만 있다면 절대 부모를 만나러 가지 않았다. 모자관계가 더욱 살벌해졌다.

이현은 태자가 된 후 당시의 저명한 학자들을 모아 범엽(范曄)의 《후한서(後漢書)》에 주를 달았다. 《후한서》의 저자 범엽은 봉건종법제도의 관점에서 무후의 섭정을 강력하게 비판한 권위 있는 사학자였다. 무후의 섭정을 반대하는 것은 《후한서》의 기본관점이었다. 이현은 한쪽으로 경도된 이 책에 많은 주석을 달았다. 그가 이렇게 한 것은 사학에 흥미가 있어서가 아니라 정치적 목적이 있었기 때문이었다. 이것은 이현이 내면적으로 무측천에게 가한 공격이었다. 이현은 《후한서》의 편향성을 이용하여 현실생활에 대한 입장을 나타내면서 곧 이어질 무측천의 섭정에 반대했다.

"이현주(李賢注: 이현이 주석을 달다…옮긴이)"로 서명된 《후한서주(後漢書注)》는 지금까지 전해오고 있다. 우리는 이 책을 통해 그의 정치적 입장을 엿볼 수 있다. 이현 등은 《후한서》에 무후의 섭정과 외척의 정치개입에 관한 많은 사례를 상세한 주석과 더불어 수록하고 있으며 심지어 실질적인 의미를 유추할 수 있는 내용들도 적지 않다. 이러한 주석들은 완전히 사실을 나열한 것이어서 현실적 의미가 강했다.

《후한서》에는 "동경의 황통이 자주 끊기자, 권력이 여주(女主)에게 넘어갔다. 네 명의 황제가 외부사람들에 의해 세워졌고, 여섯 명의 황후가 섭정했다."라고 한 부분이 있다. 이에 대해 이현은 다음과 같이 주를 달았다. "네 명의 황제는 안제(安帝)·질제(質帝)·환제(桓帝)·영제(靈帝)이다. 여섯 명의 황후는 장제(章帝)의 두태후(竇太后)·화제(和帝)의 등태후(鄧太后)·안제의 염태후(閻太后)·순제(順帝)의 양태후(梁太后)·환제의 두태후(竇太后)·영제의 하태후(何太后)이다." 또 이현은 《후한서》에서 여후(呂后)와 관련된 일들에 대해서도 많은 주석을 달았다.

《후한서·최인전(崔駰傳)》에는 최인(崔駰)이 두헌(竇憲)에게 "외척 20명 중, 가족들을 온존하게 지킨 집안은 네 집안에 지나지 않습니다."라고 글을 올린 부분이 있다. 이에 대해 이현은 "고제(高帝)

여후(呂后)의 외척인 산(産)・록(祿)이 모반을 일으켜 주살된 것을 말한다."라고 주를 달았다. 《후한서・정홍전(丁鴻傳)》은 정홍(丁鴻)이 봉해진 일을 기록하며 "여씨들이 권력을 독점하면서 황통(皇統)이 몇 번 바뀌었다." 이에 대해 이현은 "여씨들은 여산(呂産)과 여록(呂祿)을 말한다. 여산은 남군을 이끌었고, 여록은 북군을 통솔하여 유씨(劉氏) 천하를 도모하였다. 그래서 '황통이 몇 번 바뀌었다'라고 한 것이다."라고 주를 달았다. 《후한서・하창전(何敞傳)》은 하창(何敞)이 봉해진 일을 기록하면서 "신이 보기에 공경대부들은 망설이며 극력 간언하지 않고 있습니다……두헌 등이 모함을 받고, 진평(陳平)・주발(周勃)이 여후를 따라 권력을 쥐게 되면, 두헌 등을 근심거리로 보지 않을 것입니다."라고 하였다. 이에 대해 이현은 "여후는 여산과 여록을 왕으로 봉하려고 했다. 왕릉(王陵)이 안 된다고 간언하였다. 진평과 주발은 성지를 따라 그를 봉했다. 여후가 사망하자, 진평과 주발은 함께 모반을 일으켜 여산과 여록을 주살하였다."라고 주를 달았다.

무측천이 황후가 되고 특히 참정한 후의 행보와 연관 지어 볼 때, 이현 등이 현실을 비판하고자 한 의도를 쉽게 엿볼 수 있다. 여후가 척부인(戚夫人)을 "인간돼지(人彘)"로 여긴 부분은 무측천이 왕・소 두 사람에게 "몸을 술 항아리에 넣어 뼈까지 취하도록 만드는(骨醉)" 형벌을 떠오르게 한다. "미소년들을 탐하고 장기집권 했으며, 어진 신하들을 탄압하고 위엄을 부렸다"라고 한 부분은 당시 이현의 처지와 큰 연관이 있다.

무측천은 이현의 이런 태도를 못 마땅해했다. 이현이 태자가 된 지 얼마 되지 않아 글을 대신 써주는 그룹을 끌어들인 것은 그 자신의 독립적인 정치세력을 만들기 위한 것이 분명했다. 특히 이들은 역사를 현실정치에 투영하여 무측천의 정사참여를 은근히 비판하고 있어 그녀로서는 더더욱 참을 수 없었다.

　무측천은 한 치의 물러섬이 없이 맞서며 관료들에게 정신교육을 했다. 그녀는 듣기 좋은 말로 단호하게 말했다. 이것이 바로 《신하의 도리(臣軌)》에 쓴 서문이다. 《신하의 도리》는 황후의 이름으로 되어있지만 실질적인 저자는 황후의 개인 대필그룹인 "북문학사"였다. 이 그룹의 주요 인물로는 유위지·원만경(元萬頃)·범이빙(范履冰)·주은무(周恩茂)·호초빈(胡楚賓) 등이 있다. 그들의 저작으로는 《열녀전(烈女傳)》·《신하의 도리》·《악서(樂書)》·《백료신계(百僚新誡)》 등이 있다. 《신하의 도리·서》는 《전당문(全唐文)》에 수록되어 있다. 서문에서 그녀는 독자들에게 "효"의 관념을 세우려 하였다. 그녀는 "효"와 "충"은 양립하지 않는다고 여겼다. 그녀는 사람들에게 효를 다할 것을 강조했다. 그녀의 독자는 각급 문무관원들이었다. 그녀는 인자한 어머니의 말투로 신하들에게 암시했다: 동량을 세워 큰 건물이 되고, 배와 노가 있어야 큰 강을 건너듯, 군신 간은 서로 믿고 의지하며 한 몸 한뜻이 되어야 한다. 이 말은 "그대들은 나를 따르라! 나를 따르는 것이 바로 효이다! 그러면 자연히 앞날이 창대하리라!"는 의미를 담고 있다. 이로 보면 충과 효는 모순이 아니었다. 나를 따르지 않으면 어떤 대가를 치룰까? 무측천은 이에 대해 구체적인 언급이 없었다. 이것은 그녀가 독자들에게 내준 문제이다. 우리는 그녀가 쓴 문장을 보면 답을 찾을 수 있다. 그 답안이란 바로 큰 화가 곧 닥칠 것이며, 가족들의 미래는 암울할 것이다!

무측천이 권력을 잡는데 이현은 큰 장애물이 되었다. 무측천은 그를 쓰러뜨려야 했다. 이것은 마음속의 투쟁만으로는 해결할 수 없었다. 무측천은 한 가지 우발적 사건을 이용해 이현을 폐위하려 했다.

고종 의봉 연간, 활발한 정치활동으로 무측천의 신임을 얻은 명숭엄(明崇儼)이라는 술사(術士)가 있었다. 그가 한 가지 의견을 냈다. "관상을 보면, 이현(李賢)·이현(李顯)·이단(李旦) 형제 중 이현(李賢)이 가장 좋지 않고, 상왕(相王) 이단이 가장 좋습니다." 이 말은 무측천이 어린 군주를 세우기 위해 여론을 조작한 것이자 자신의 섭정을 정당화하기 위해 만든 것이었다.

조로 원년(679년) 4월, 경사에 거주하던 명숭엄이 밤에 나갔다가 돌연 피살되었다. 이것은 전국을 뒤흔든 큰 사건이었다. 이 일로 많은 사람들이 하옥되었다. 무측천은 이현의 소행으로 단정했다. 황후는 이현을 제거하기 위해 명숭엄 피살사건에서 시작했다. 이현의 측근이자 가노 조도생(趙道生)이 체포되었다. 조도생이 "이현이 명숭엄을 살해할 것을 지시했습니다."라고 진술하자 이현은 끌려나오게 되었다.

황제는 처음에 조서를 내리길 원치 않았지만 황후의 압박으로 이현의 심문을 명하는 조서를 내리지 않으면 안 되었다. 중서시랑 설원초·황문시랑 배염·어사대부 고지주(高智周)로 구성된 사건조사팀이 법관과 함께 이 안을 심리하였다. 전 심문과정은 황후의 의도대로 진행되었다. 후에 사람들은 이현에게 모반죄를 하나 더 추가하였다. 증거는 이현의 집에서 찾아낸 수 백 벌의 검은 갑옷이었다. 증거가 있기 때문에 황후는 폐위시킬 것을 요구했다. 당시 마음이 아팠던 황제는 여러 번 미루며 폐위하는 조서에 사인하지 않으려고 했다. 고종은 당연히 태자는 모반을 일으키지 않았고 천하는 조만간 그의 것이 되기 때문에 모반을 일으킬 필요도 없음을 알았다. 그는 더 이상 추궁하지 않으려고 했지만 황후가 그를 압박했다. "이현이 역모를 꾸몄습니다, 대의상 일가를 멸족해야 합니다, 용서할 여지가 없습니다!" 황제는 하는 수 없이 무측천의 뜻대로 조서를 내렸다.

조로 2년(680년) 8월 22일, 이현은 서인으로 폐위되고 궁중에 감금되었다. 수 백 벌의 검은 갑옷을 낙양의 천진교(天津橋) 남쪽으로 보내 군중들이 보는 앞에서 소각하였다. 이현이 폐위되면서 두 부류의 사람들이 연루되었다. 한 부류는 《후한서》에 주석을 단 사람들이었다. 장대안(張大安)은 보주자사로 좌천되었고, 유눌언(劉訥言)은 진주(振州)로 유배당했다. 다른 한 부류는 이현과 내왕한 황실이었다. 《자치통감》영륭 원년에는 다음과 같이 기록하고 있다: 겨울, 10월, 임인일, 소주자사(蘇州刺史) 조왕(曹王) 이명(李明)·기주자사(沂州刺史) 사장왕(嗣蔣王) 이위(李煒)가 이현의 도당으로 연루되어 이명은 영릉군왕(零陵郡王)으로 강등되어 검주(黔州)로 보내졌고, 이위는 귀족에서 제명되어 도주(道州)로 보내졌다. 그러나 무측천은 대다수 관료들에게는 관용적인 태도를 취했다. 사서에는 이현 사건이 일어난 후 황제는 다른 관료들의 죄를 전부 사면해주었다고 기록하고 있다. 당시 무측천은 이현을 주 공격대상으로 삼았기 때문에 일을 더 이상 확대하지 않았다.

이현은 폐위된 후 파주(巴州)로 보내졌다. 파주는 장안에서 근 2,400리, 낙양에서는 2,600리나 되는 중앙정치에서 멀리 떨어진 곳이었다. 무측천은 폐위된 태자가 사람들의 추대를 받아 모반을 일으킨다면 향후의 집권에 큰 문제가 될 수 있다고 판단했다. 그래서 고민 끝에 사전에 이현을 제거하기로 했다. 사성 원년(684년) 2월, 중종을 체포하여 폐위한 지 3일 후 무측천은 좌금오장군(左金吾將軍) 구신적(丘神勣)을 성도(成都)로 보냈다. 성도에 도착한 그 특사는 이현을 후원에 감금하고 자살을 강요했다.

이 일을 숨기기 위해 무측천은 사람을 보내 현복문(顯福門)에서 장례를 치렀다. 문무백관들은 이현의 혼에 제를 올렸다. 무후는 자식을 잃은 어미로서 직접 제를 올렸다. 이현에게 자살을 강요한 책임을 물어 구신적을 누주자사(疊州刺史)로 좌천시켰다. 이로써 두 번째 일은 깨끗하게 매듭지어졌다고 할 수 있다. 일반적으로 구신적은 "과실"로 황자를 사지로 몰아넣었기 때문에 법망을 쉽게 벗어날 수 없었다. 그러나 반년도 되지 않아 구신적은 동도로 소환되어 복직되었다. 이로 봤을 때, 구신적은 무후의 뜻을 받들어 시행했음을 알 수 있다.

민간에서 유행한 《황대의 오이》처럼 무측천은 이홍과 이현이라는 두 개의 오이를 땄지만 그녀의 권력욕은 여기에서 그치지 않았다. 그녀는 또 자신의 셋째 아들과 권력투쟁에 빠져들었다.

이현(李賢)을 폐위시킨 다음 날인 8월 23일, 이현(李顯)을 황태자로 추대하여 조로 2년을 영륭 원년(680년)으로 선포하고 대사면을 단행하였다. 중종 이현(李顯)은 무측천의 네 아들 중 가장 평범했다. 앞서 언급한 술사 명숭엄이 이현(李賢)을 배척하기 위해 그의 관상이 태종을 약간 닮았다고 한 점을 제외하면 사서에는 그를 칭찬한 기록을 찾아 볼 수 없다. 반대로 그가 경사의 감국으로 있을 때 사냥에 빠져 정무를 소홀히 하여 고종과 무측천은 골머리를 앓았다. 몇몇 원로중신들이 간언하였지만 고쳐지지 않아 강제로 그를 낙양으로 소환했다.

개요(開耀) 2년(682년) 정월, 황태자 이현은 고종에게 황손을 안겼다. 이 일로 고종은 매우 기뻐하였다. 어쨌든 이당 황실에 후사가 생긴 셈이었다. 고종은 그에게 중조(重照)라는 이름을 지어주었고, 한 달이 되던 날 대사면을 단행하고 영순(永淳)으로 연호를 바꾸어 자손들에게 대업을 이어주길 바라는 염원을 기탁했다. 얼마 후, 고종은 또 황손 이중조를 황태손으로 삼는다고 명을 내리면서 그를 위해 부서를 만들어 관원들을 배치하려 하였다. 이것은 완전히 비정상적인 조치였다. 왜냐하면 이현은 이제 막 태자가 되었고, 중조 역시 출생한 지 한 달여 밖에 안 된 상황에서 고종이 태자의 후계자를 지명하려했기 때문이었다. 당시 왕방경(王方慶)이라는 사람은 황태손을 세우는 경우는 역사상 세 번 있었지만 모두 황태자가 사망한 경우였다고 말했다. 이론상 황태자가 건재한데 또 황태손을 세우는 행위는 이치에 맞지 않았다. 어떤 군주라도 재능이 얼마나 뛰어나든 적합한 후계자를 고를 수 있다는 것은 그리 쉽지 않은 일이었다. 후계자가 이미 정해진 상황에서 후계자의 후계자를 또 지명한다는 것은 남의 일에 주제넘게 참견하는 것과 같은 불필요한 일이었다.

대권을 장악한 무측천으로서는 황제의 조치가 두려울 것이 없었다. 황태손을 세운 것은 그가 막다른 골목에 내몰렸을 때 생각해낸 마지막 수단이었다. 이는 부자가 먼 길 떠날 때 자신의 집 대문에 자물쇠를 잠그고 거기에 자물쇠를 하나 더 잠그면서 아무도 들어오지 못할 것이라고 생각하는 것과 같았다.

이번에 황제는 정말로 먼 길인 극락세계로 떠나려하였다. 그의 몸은 현경 연간 이후로 나날이 악화되어갔다. 이치대로라면 이리한 병에 걸린 사람은 요양을 해야 마땅했다. 그러나 황제는 그의 생애 마지막 몇 년 동안 대대적으로 봉선의식을 거행하였다. 그리고 그의 봉선의식을 지지하고 다그친 사람이 바로 황후였다. 황후의 목적은 황제의 주의력을 정권을 되찾으려는 움직임에서 떼어놓으려는 것이었지만 이 역시 그의 병세를 더욱 악화시켰다.

고종의 노제(路祭) 때 무측천이 직접 쓴 《고종천황대제를 애도하는 책문(高宗天皇大帝哀册文)》에는 남편을 잃은 것에 대한 깊은 애도의 정으로 가득하다:

> 백운 바라보면 눈물이 나고, 끝없는 들판 보면 마음이 부서집니다. 지난날 황태자 시절이 그립고, 황제로서 세상을 떠나심을 슬퍼합니다. 눈물은 대나무를 얼룩지게하고, 한은 이제 계곡과 숲을 맴돕니다. 어린 자식들 생각하며, 두고 가신 옷에 흐느껴 웁니다. 간장이 모두 끊어지고, 근심과 고통으로 지냅니다. 붉은 기둥을 보며 그리워하고, 황궁을 빙둘러봅니다. 어린 자손들을 어루만지며 지금의 처지를 슬퍼하고, 용안을 그리워하며 지난날을 통곡합니다. 애도하는 글에 따뜻한 정을 담고, 비석에 크신 은덕을 전합니다.

문장에는 사람을 감동시키는 애절한 감정이 나타나 있지만 《자치통감》에는 이렇게 기록하고 있다: 홍도 원년(683년) 7월, 고종은 머리가 어지럽고 앞을 볼 수 없었다. 어의 장문중(張文仲)과 진명학

(秦鳴鶴)이 "풍질(중풍)이 왔습니다, 머리를 찔러 피를 내면 치료할 수 있습니다."라고 말했다. 무측천은 내심 황제가 일찍 죽어 자기 마음대로 하길 원했다. 그녀는 노하며 "죽고 싶으냐! 어떻게 옥체를 찔러 피를 낼 수 있느냐?"라고 말했다. 어의들은 머리를 조아리며 죄를 용서해줄 것을 청했다. 고종이 "의사들이 병을 치료하는 것이 무슨 죄가 있소? 더군다나 앞이 안 보여 견딜 수 없으니 그들의 치료를 믿고 따라 봅시다." 어의가 몇 차례 찔렀다. 고종이 "앞이 보인다!"라고 했다. 말이 끝나자, 무후는 발 뒤에서 감사하며 "하늘이 우리에게 스승을 내렸습니다!"라고 하며, 어의에게 큰 상을 내렸다. 사마광은 무측천이 고종이 빨리 죽기를 간절히 바랬다고 여겼다. 어떤 연구자는 무측천은 애정이 너무 간절했던 나머지 마음이 심란해졌다고 분석한다. 어떤 설명이 맞든 이때의 무측천은 고종이 사망했다고 해서 마음이 크게 흔들리지는 않았을 것이다. 정치가로서 그녀가 생각했던 것은 고종 사후의 일로, 자신이 어떻게 더 큰 권력을 장악할 것인가에 있었다.

　고종은 사망하기 전 유서를 하나 남겼다. 무씨의 권력에 관해 유서에서는 "군국대사 중 결정하지 못하는 것이 있으면 천후의 성지를 함께 취하라"라고 말하고 있다. 이 유서는 무측천을 크게 제약하였다. 무측천은 권력을 잃어버린 듯한 느낌이 들었다. 그녀는 권력을 포기하고 물러나 한가롭게 세월이나 보내는 것을 받아들일 수 없었다. 그녀의 첫 번째 의사표시는 유서의 규정을 어기고 중종이 즉각 "재궁(梓宮: 황제의 관…옮긴이) 앞"에서 제위를 잇지 못하도록 하는 것이었다. 고종이 사망한 후 며칠 동안, 무측천은 태자 이현이 황위를 계승하는 문제에 대해서도 결정하지 못하며 주저하였다. 태자가 황위를 계승하도록 할 것인가? 극단적인 방법을 택할 것인지 성지를 위조할 것인지 아니면 즉각 쿠데타를 일으켜 칭제하고 즉위할 것인가? 실세적으로 그녀는 더 이상 권력의 제2 인자나 제왕의 후견인 내지 제왕의 모친으로서의 역할을 원치 않았다. 자신이 왕의 부절(符節)을 쥐지 않으면 만족하지 않았다. 6일 밤낮으로 그녀는 갈등하며 결정하지 못했다. 그녀는 당연히 태자 현을 독살할 수 있었지만 다음 차례는 태자 단을 독살해야 했다. 이렇게 하는 것이 도대체 옳은 계책인지 자못 망설여졌다. 결국 음모를 사용하지 않고 "합법적" 수단을 쓰기로 했다. 섭정하기 위해 어린 아들을 내세운 뒤 어린 군주를 배후로 물러나게 하고 자신이 어린 군주의 이름을 빌려 실질적인 통치권을 행사하는 것이었다. 그녀가 황제를 대신해 직권을 행사하는 것은 법률적 근거가 있기 때문에 섭정에 반대한다는 것은 반역죄를 범하는 것이었다. 이렇게 결정하자 그녀는 7일째 배염의 주장대로 태자를 황위에 오르도록 하였으니 이가 바로 고종을 이은 중종황제였다.

문명(文明) 원년(684년) 2월, 즉 천황(고종)이 사망한 지 61일째 되던 날, 무측천은 또 행동하였다. 조정의 배염 사단을 이용하여 이현을 폐위하고 이단을 세웠다. 또 이단을 "별전(別殿)에 기거토록" 압박하고 모든 정사를 처리하였다. 이렇게 되자, 무측천은 실질적으로 권력의 정점에 올랐다.

무측천은 결코 승리에 도취되지 않았다. 그녀에게는 아직 마무리해야 할 일이 몇 가지 더 있었다.

먼저, 황태손 이중조를 폐위하는 것이다. 이현(李顯)을 폐위시킨 후 이중조를 폐위하는 것은 필연이었다. 이중조가 황태손으로 세워진 것은 자손에게 황위를 전하는 원칙에서 가장 분명하고 옳은 표현이었다. 아들이 폐위되었으니 손자도 폐위되는 것은 당연했다. 이중조에 대한 처분은 가혹했다. 두 살 남짓 된 아이는 서인으로 폐위되고 사족에서 영원히 제명되었다. 고종이 고심하여 이룩한 황위계승원칙을 무측천은 이렇게 가볍게 무너뜨렸다.

둘째, 이중복의 서경유수 지위를 박탈하였다. 이중복은 이현(李賢)의 장자이나 서족출신으로 이현의 비 위씨(韋氏) 소생이 아니었기 때문에 황태손으로 세울 수 없었다. 고종 말년, 이치와 무측천이 동도 낙양으로 갈 때, 이중조는 서경유수에 임명되었다. 부유수는 유인궤였다. 이중조는 유수 지위를 박탈당했다.

셋째는 이현을 방주에 유폐(幽閉)했다. 2월 폐위 후, 이현은 여릉왕으로 폐위되었다. 4월에 그는 방주로 옮겨졌다. 방주는 뜻을 이루지 못한 황자들만 유폐되는 곳이었다. 제위를 박탈당한 이현은 사람들의 삼엄한 감시를 받았다.

넷째, 그녀가 가장 두려워했던 이현을 제거한 것이다.

5월이 되자, 대세는 이미 기울었다. 무측천은 폐태자 이현(李顯)을 유배시켜 연금하고, 새로운 천자(이단)를 끼고 비밀리에 잠재적 위협인물인 폐태자 이현(李賢)을 제거했다. 그들은 모두 그녀의 친아들이었다. 이에 무측천은 대행황제(大行皇帝: 고인이 된 황제 고종…옮긴이) 이치의 운구를 건릉(乾陵)에 매장하였다.

무측천은 "나를 따르면 번창하고, 나를 거스르면 망한다."는 강직하고 극단적인 성격을 갖고 있었다. 친 아들이라도 방해가 된다면 절대 가만 두지 않았다. 그녀는 남편과 아들에게 각종 수단을 동원해 대권을 차지했다.

則天武后

4 투쟁

제1절

서경업의 반란

무측천은 섭정하면서 이번 쿠데타의 최종 승리자가 되었다. 그러나 새로운 변수가 또 나타났다. 광택(光宅) 원년(684년) 여름, 미주[지금의 사천성 미산현(眉山縣)]자사(眉州刺史)로 있던 이경업(李敬業)·주질현령(盩厔縣令) 이경유(李敬猷)·급사중(給事中)[문하성(門下省) 중급관원] 당지기(唐之奇)·장안현주부(長安縣主簿) 낙빈왕(駱賓王)·태자첨사사직(太子詹事司直)(태자궁에서 하급관리를 탄핵하는 관원) 두구인(杜

낙빈왕(駱賓王)

제4장 투쟁
203

求仁)·주질위(盩厔尉) 위사온(魏思溫) 등이 사건에 연루되어 좌천되었다. 좌천된 이들은 양주에 모여 "각자 직위를 잃은 것에 불만을 표시했다." 그들은 조정 안팎의 반 무측천 정서를 이용한다면 정치적 기회를 잡을 수 있을 것이라 생각했다. 이에 여릉왕(廬陵王) 이현(李顯)의 복위를 기치로 내걸고 이경업을 통수(統帥)로, 위사온을 군사(軍師)로 추대하여 반란을 일으켰다.

반란세력은 뜻을 이루지 못한 세족(世族)과 억눌려 지내던 서족들이 결집한 "당나라를 추종하던 옛 신하·공후(公侯)의 자제"와 문인들의 결합이었다. 당지기·두구인과 서경업(徐敬業) 형제는 뜻을 이루지 못한 사족 출신이었다. 그들 가문은 모두 《성씨록》에 올라있다. 당지기는 당림(唐臨)의 조카였다. 당림은 현경 연간 이부상서를 지냈다. 당씨 가문은 《성씨록》에서 3등 가문에 있어야 했다. 두구인은 두정륜의 조카이다. 두정륜은 현경 연간 중서령을 지낸 적이 있다. 두씨 가문은 2등 가문에 있어야 했다. 서경업의 경우, 부친이 이적이었기 때문에 그의 가문은 1등 가문에 올라있었다. 낙빈왕과 위사온은 뜻을 이루지 못한 서족 출신이었다. 위사온은 본래 현위(縣尉) 출신이었다. 현위는 아주 보잘 것 없는 관직이었다. 낙빈왕은 "초당사걸(初唐四傑: 南朝의 유미주의 시풍과 초당의 궁정시를 반대하고 개인의 고뇌와 현실을 반영한 작품을 쓴 네 명의 작가를 말한다…옮긴이)"에 꼽힐 정도로 어려서 재능이 뛰어났으나 뜻을 이루지 못하여 하는 일 없이 놀며 도박을 즐겨하였다. 이들 두 세력이 결집하면서 반란세력의 윤곽이 드러났다.

위사온은 정치적 두뇌가 뛰어났다. 그는 한 가지 방법을 생각했다. 먼저 자신과 의기투합하면서 무태후의 섭정에 불만을 가진 도당 설중장(薛仲璋)에게 강도(江都)[지금의 강소성(江蘇省) 진강(鎭江) 일대]에 사신으로 보내줄 것을 요청할 것을 지시했다. 설중장이 강도에 오자 다시 옹주(雍州) 사람 위초(韋超)가 설중장에게 양주도독부장사(揚州都督府長史) 진경지(陳敬之)가 모반을 일으켰다고 밀고하였다. 이렇게 설중장은 아무런 저항도 받지 않고 진경지를 투옥하여 군사 요충지 양주를 장악하였다. 문명(文明) 원년(684년) 8월, 상황은 계획대로 순조롭게 진행되었다. 설중장이 강도에 사신으로 와서 "반란을 도모한" 양주대도독부장사 진경지를 체포했다. 곧이어 서경업 등은 재빨리 양주로 와 밀지를 받들어 양주사마(揚州司馬)로 부임하러 왔다고 자칭하였다. 고주(高州)[광동성 고주현(高州縣) 동쪽]지방의 추장(酋長) 풍자헌(馮子獻)이 반란을 일으키자 무태후는 서경업에게 토벌할 것을 명했다. 당시 그는 부(府)의 창고를 열고 장인들을 모아 안장과 갑옷을 제작했다. 사조참군(士曹參軍) 이종신(李宗臣)에게 죄수들을 사면하고 병마를 모아 무장시킬 것을 명령했다. 주부녹사참군(州府錄事參軍) 손처행(孫處行)은 그들이 하는 일에 의문을 품고 명을 따르지 않았다. 서경업은 그를 참수(斬首)하여 사람들에게 보여주었다. 양주장사(揚州長史) 진경지도 피살되자 부하 사졸들은 더 이상 이의를 제기하지 못했다. 양주를 장악한 후, 그들은 한 걸음 더 나아가 주(州)의 병사들을 규합하여 중종을 복귀시킨다는 기치를 내걸고 중종의 사성(嗣聖) 연호를 회복한다고 선포했다.

이후, 그들은 양주에 광복부(匡復府)·영공부(英公府)·양주대도독부(揚州大都督府)를 설치하였다. 삼부(三府) 중에 광복부가 가장 중요했다. 서경업은 광복부상장(匡復府上將)으로 자칭하고, 양주대도독을 이끌었다. 당지기와 두구인을 좌·우 장사(長史)로, 이종신과 설중장을 좌・우 사마(司馬)로, 위사온을 군사(軍師)로, 낙빈왕을 기실(記室)로 삼았다. 초주[지금의 강소성 회하(淮河) 이남 지역, 치소는 산양(山陽)에 있다]사마(楚州司馬) 이숭복이 관할하던 세 곳의 현이 거병하여 호응했다. 그들은 양주에 집결한 지 10여 일만에 십만 여 명의 사람을 끌어들여 큰 세력을 이루었다. 많은 세금과 무거운 요역(徭役)에 허덕이던 강남의 농민들이 서경업 진영에 몰리면서 반군의 주력군이 되었다. 이에 각 주와 현을 이동하며 격문을 걸어 무측천의 죄악을 알리는 한편 천하에 여릉왕의 황위를 되찾을 것을 호소하였다. 반란은 이렇게 시작되었다. 이것이 역사적으로 유명한 "양초사변(揚楚事變)"이다.

양초사변의 승리자는 무측천이다. 서경업과 배염은 이 사변에서 실패했다. 그들이 실패한 원인은 무측천의 지위가 월등히 높았던 점도 있지만 반무측천 진영의 행동이 일치하지 않았다는 점이 결정적이었다. 그들은 서로의 이해관계 때문에 내홍을 겪으면서 반 무측천에 전력을 기울이지 못했다. 반면 무측천은 적 내부의 각종 갈등을 파악하여 신속하게 장애물을 제거하였다.

서경업이 거병한 후 반 무측천 진영은 매우 강대한 듯 했다. 밖으로는 그림자처럼 무리지어 다니는 반군이 있었고, 안으로는 거센 목소리를 내는 권신들이 있었다. 하지만 그들은 결코 무너뜨리기 어려운 집단이 아니었다. 섭정의 비판자였던 유인궤와 배염은 의견이 맞지 않았다. 무력으로 섭정을 비판하려 했던 서경업과 배염도 그러했다. 낙빈왕의 격문에 있는 "옛 주군의 명을 폐하지 말라"는 말을 배염은 절대 동의하지 않을 것이다. 옛 주군의 명이란 바로 고종의 유언이다. 유언에 따르면, 이현(李顯)이 제위에 올라야 했다. 현재, 서경업은 "옛 주군의 명을 폐하지 말라"라고 주장하며 이현의 제위를 회복하고자 하였다. 이는 당연히 배염이 받아들일 수 없었다. 그것은 바로 배염과 그의 지지자들이 무측천과 함께 2월에 폐위를 계획했기 때문이었다. "옛 주군의 명을 폐하지 말라"라는 주장이 관철되면, 그것은 배염 등의 최후를 의미했다. 더군다나 배염은 정치적으로 이단을 황제로 세우려고 하지 않았던가!

무측천을 적으로 선포한 서경업과 위사온도 의견이 맞지 않았다. 반란을 도모한 사실이 드러나자 내부갈등이 표출되었다. 서경업의 지지자들은 군사문제를 두고 격렬한 논쟁을 벌였다. 그들은 두 파로 나누어졌다. 일파는 위사온이, 일파는 설중장이 중심이었다. 위사온은 서둘러 회하(淮河)를 넘고 북상해 산동과 하북의 호걸들을 규합하여 곧장 낙양으로 들어가 결전을 벌일 것을 주장했다. 반면 설중장의 주장은 금릉(金陵)[지금의 강소성 남경]을 함락해 장강(長江)에 방어선을 공고히 구축하고 상주(常州)와 윤주(潤州) 등을 취해 양식을 충족시킨 다음 병사를 일으켜 북상하자는 것이었다. 서진(西進)·신속·결전은 위사온의 핵심전략이었다. 간단히 말해 공격을 중시한 전략이었다. 설중장의 전략은 반대로 방어를 중시한 전략이었다. 설중장은 금릉에는 아직 왕기(王氣)가 남아있다고 생각하였다. 건안(建安) 16년(211년) 손권(孫權)이 금릉에 도읍을 정한 이래로 금릉은 근 400여 년간 여섯 왕조의 수도였다. 589년 수나라가 진나라를 멸한 후로는 평범한 도시로 전락하였다. 당시로부터 100년이 채 안되었기 때문에 사람들에게는 먼 일이 아니었다. 이것이 바로 설중장이 말한 금릉왕기(金陵王氣)이다. 위사온은 남하하자는 주장을 단호하게 비판했다. 그는 금릉을 취하는 것은 "소굴(巢窟)"에 안주하려는 생각이라고 비웃었다. 위사온은 사업의 정치성과 정의성을 특히 강조했다. 그는 서경업이 왕조회복의 기치를 대담하게 내걸었으면 실질적인 행동을 취해야한다고 생각했다. 그는 대당왕조의 회복을 기치로 내걸고 군사를 이끌고 곧장 낙양으로 서진해야 사방에서 호응할 것이라고 여겼다. 서진의 본질은 왕조의 회복이며, 남하의 본질은 할거였다. 낙빈왕 역시 서진에 강렬한 지지를 보냈다. 확실히 위사온의 판단은 정확했다. 하지만 서경업은 위사온의 생각을 받아들이지 않았다.

반대로 무측천의 경우 목적은 오로지 하나였다. 바로 섭정을 유지하는 것이었다. 무측천과 서경업은 똑같이 역사의 소용돌이에 있었지만 무측천이 냉철했던 반면 서경업은 실리와 명분 사이에서 배회했다. 반란군 내부에서 서진과 남하 문제로 논쟁이 벌어지고 있을 때, 서경업은 남하라는 잘못된 결정을 내렸다. 반대로 낙양성에서 군사적 해결이냐 정치적 해결이냐를 놓고 논쟁을 벌일 때, 무측천은 끝까지 군사적 해결을 주장했다.

3개월이 안되어 반란은 진압되었다. 반란군이 남하와 서진 문제로 우왕좌왕하는 사이 무측천은 봉기소식을 접한 지 7일 만에 30만병을 모아 토벌에 나섰다. 10월에 반란군을 진압하였다.

급박한 상황이 오면 사람들은 왕왕 우물쭈물하며 결정을 내리지 못하는 경우가 있다. 승패와 손익, 시비와 선악이 맞물려 갈등이 나타나기 때문이다. 현실에서는 두 가지를 한꺼번에 얻기 힘들 것이다. 명분과 실리 중 하나만 취해야지 둘 사이에서 고민하는 것이 가장 위험한 일이다. 무측천의 판단기준은 언제나 하나였기 때문에 어떤 일을 하든 결단적이고 단호했다. 적들이 조금이라도 머뭇거리면 그녀에게 이용당할 수 있었다.

  서경업과 위사온은 무측천의 섭정에 반대하여 양초사변을 일으켰으나 내부갈등으로 결국 무측천에게 패배하였다. 이 실질적인 권력다툼에서 무측천의 결연한 의지는 그들보다 한 수 위였다.

제2절

배염의 투옥

이단을 황제로 세운 것은 배염과 태후가 결탁한 결과였다. 그러나 이번 행동에서 배염 등은 자신들도 모르게 무측천이 만든 함정에 빠졌다.

배염은 무측천이 중종 이현(李顯)을 폐위하고 이단을 황제로 세우는 것에 협력했다. 그러나 결과는 무측천이 권력을 장악했고 이단은 이름뿐인 황제가 되었다. 이는 배염 등에게 "폐위" 이전보다 더 좋지 않았다. 폐위 이전까지만 해도 이현이 일부 권력을 쥐고 있었고, 태후의 섭정도 명분이 강하지 않아 그는 태후와 황제 사이에서 교묘하게 권세를 부릴 수 있었다. 그러나 지금은 불가능했다. 같은 황제이지만 이단은 수중에 권력이 없는 황제였다. 결과적으로 배염은 벙어리 냉가슴 앓듯 아무런 말도 할 수 없었.

무측천이 권력을 차지하는 과정에는 동당 뿐만 아니라 적과 많은 중도세력들이 있었다. 그녀는 후자 중에 공동의 이익을 공유하는 사람들을 포섭해 정적을 제거하는데 발군의 솜씨를 보여주었다. 큰 변화가 일어났을 때가 바로 이익이 나누어지는 가장 격렬한 시기이자 무측천이 갈등을 이용하여 수완을 펼칠 수 있는 시기였다. 무측천이 상황의 변화를 잘 활용했던 좋은 예가 바로 섭정을 시작한 전후시기였다. 그녀는 먼저 배염을 이용하고 후에 배염 사단을 제거했다.

배염은 이단의 옹립을 원했고 섭정을 강력하게 반대했다. 이렇게 될 것이었다면 배염 등은 왜 힘을 보탰을까? 이것이 바로 무측천의 예술이다. 그녀는 배염의 심리를 꿰뚫고 있었다. 이후의 사실로 봤을 때, 양쪽이 밀모하는 과정에서 무태후는 섭정하는 문제를 아예 제기하지 않았다. 그녀는 이현을 폐위하고 이단을 황제로 옹립하자는 배염 등의 요구를 들어주었다. 무측천의 이런 태도가 배염 등이 그녀에게 힘을 보태게 만들었던 것이다.

이단이 권력이 없는 자리에 놓이자 배염 사단은 크게 실망하였다. 섭정이 시작되자 배염 사단은 분노하기 시작했다. 이는 무씨 일가의 지위가 수직상승함을 의미했다. 중종과 예종의 폐위로 조정에는 판도변화가 크게 일어났다. 그 중 무승사의 역할에 변화가 생긴 것이 가장 중요했다. 2월 15일, 무측천은 태후 명의로 낙양궁의 조당에서 예종을 "사황제(嗣皇帝)"로 책봉하는 의식을 거행했다. 책봉의식을 주관한 사람은 고명을 받은 재상 배염도 멀리 장안에 있는 명망 높은 노신 유인궤도 아닌 자신의 조카인 예부상서 무승사였다. 무승사가 예부상서에 임명된 지 얼마 되지 않은 시점이었다. 무승사는 이해 윤오월에 다시 재상으로 승진하여 예부상서에서 태상경 겸 동중서문하삼품이 되었다. 무측천이 기용한 무씨가족으로는 무원경(武元慶)의 아들 무삼사가 있다. 그는 우위장군(右衛將軍)과 병부상서를 차례로 역임했다.

고종 말년 이후로 재상 그룹은 거의 배염 사단이 독점해온 독립왕국이었다. 배염은 예전부터 이 왕국을 통제하기 위해 오랫동안 공을 들였다. 이전에 그가 어진 사람을 시기한다는 불명예를 들어가며 배행검을 제거한 것과 천하에 대죄를 저질러가며 2월 폐위를 도모하여 위현정을 제거한 것 모두가 재상그룹을 통제하기 위함이었다. 그는 재상그룹 내에 자신과 뜻을 달리하는 사람을 둘 수 없었다. 그는 무승사 등의 권력이 커지는 것을 더 이상 두고 볼 수 없었다.

배염과 황태후의 갈등은 무씨 가문을 세울 것인가 아니면 이씨 가문을 멸할 것인가로 집약된다. 예부상서와 태상경은 국가적 예의를 책임지는 관직이다. 무승사는 이 두 관직을 맡자 무측천에게 무씨 5대 조상 이하를 왕으로 추존해줄 것을 상소하였다. 배염이 반대하고 나섰다. 배염은 또 서한의 여후(呂后)가 여씨를 책봉했다가 결국 패망한 사례를 들었다. 그러나 무측천 자신은 결코 여씨의 전철을 밟지 않을 것이라고 여겼다. 그 이유는 살아있는 사람을 왕으로 책봉하는 것과 죽은 사람을 왕에 추증하는 것은 근본적으로 다르다는 것이었다. 배염은 죽은 사람을 왕으로 추존하는 것은 살아 있는 사람을 왕으로 책봉하기 위한 단계이기 때문에 실패를 방지하려면 이를 없애야 한다고 말했다. 이것이 이른바 "좋지 않는 일은 더 커지기 전에 사전에 차단해야 한다."는 것이다. 이로 배염과 무측천의 갈등이 처음으로 표출되었다. 무측천은 이 일 때문에 추증하는 일을 미루지 않았다. 그해 9월에 무씨의 조상들은 모두 왕으로 봉해졌다.

이것은 배염 사단과 무씨가 결별하는 첫 번째 수순이었다. 두 번째는 황태후가 이씨를 멸하려는 행보를 둘러싸고 일어났다. 무승사가 한왕(韓王)과 노왕(魯王)을 없애자고 건의하자, 무측천은 배염·유위지·위사겸 등을 불러 상의했다. 이때 유위지와 위사겸은 동의했지만 배염이 강력하게 반대했다. 무측천은 배염의 태도에 크게 분노하였다.

이용가치가 사라지고 갈등도 격화되자 무측천은 배염을 제거하려고 했다. 양초사변 후로 무측천과 재상 배염 간의 갈등은 더 이상 수습하기 어려운 상황까지 왔다. 무측천은 배염 사단을 없앨 조치를 취하기 시작했다.

서경업이 양초사변을 일으킨 후, 무측천과 배염은 이번 사태를 자신들에게 유리한 쪽으로 끌고 가려 했다. 배염 쪽에서는 반란을 강남일대에 국한시켜 중원에 영향이 미치지 않도록 진압할 필요가 있었다. 그렇지 않으면, 그 상황에서 시국의 최고 중재자는 배염이 아닌 서경업이 될 것이고, 그는 폐군의 역신으로 몰릴 수 있었다. 또 한편으로 그는 반란이 필요했다. 그에게 반란은 태후를 압박하여 정권을 되찾을 수 있는 중요한 패였다. 그는 이를 빌미로 무측천을 압박하여 정권을 찾고 섭정을 없애 이단을 명실상부한 황제로 세울 수 있었다.

서경업이 거병했다는 소식은 동도까지 전해졌다. 배염은 시간을 끌다가 사태가 확산되면 이를 빌미로 태후에게 예종 이단에게 정권을 돌려줄 것을 압박하려고 했다. 그래서 그는 반군토벌에 적극적인 의사표시를 하지 않았다. 무측천이 배염에게 반군을 토벌할 계책을 묻자 배염은 도리어 반군으로 무측천을 협박하는 승부수를 던졌다. 그가 말했다. "황제께서 이미 장성했음에도 아직 정사를 주관하지 못하고 있어 저들이 반란의 구실을 얻게 된 것입니다. 태후마마께서 황제에게 정권을 돌려주신다면, 반란은 토벌하지 않아도 절로 평정될 것입니다." 배염이 정치적인 방법으로 양주문제를 해결하자는 의견을 제기하자, 감찰어사 최찰(崔察)이 즉각 글을 올려 그를 비난했다. "배염은 20여 년 동안 선조를 섬기면서, 선왕의 유지를 받들고 대권을 쥐고 있습니다. 다른 속셈이 없다면 어찌 태후께 정권을 내놓으라 하겠습니까?" 그 의미는 배염은 선황이 임종 때 남긴 유서를 받아 대권을 쥐고 있으면서 반란임을 알고도 토벌을 주장하지 않고 태후에게 현 천자에게 정권을 돌려주라고 하는 것은 분명히 모반이라는 것이다. 무측천은 최찰의 주장을 따라 좌숙정대부 건미도(騫味道)와 시어사 어승엽(魚承曄)에게 배염을 체포해 심리하도록 명했다.

배염이 반란에 가담했는지의 여부는 역대로 의견이 분분하다. 곽말약(郭沫若: 1892~1978)은 그를 반란에 참가한 핵심인물로 보고 있다. 곽말약의 역사극《무측천》에서 무측천이 배염을 심문하는 장면이 단적인 예이다:

무측천 : 배염, 그대의 죄를 아는가?
배 염 : 저에게 무슨 죄가 있는지 모르겠습니다.
무측천 : 그대는 재상으로 제위를 찬탈하고자 서경업·정무정 등과 불순한 행위를 일삼았으며, 군사를 일으켜 반란

을 도모하고 백성을 도탄에 빠뜨렸다. 그대는 자문해 보라, 무슨 죄를 저질렀는지?

낙빈왕 : 중서령 배염은 그의 조카인 감찰어사 설중장을 강도(江都)의 사신으로, 정무정 장군의 측근인 급사중 당지기를 수행원으로 파견하고자 했습니다. 그는 저에게 8월 초파일 이른 새벽 인시(寅時)에 천진교(天津橋)에 모인 후 양주로 가서 서경업과 함께 거병하도록 했습니다.

무측천 : 낙빈왕, 그대는 배염을 보러 간 적이 있었구나!

배 염 : 뭐? 그대는 아직도 죽지 않았더냐?

낙빈왕 : 난 그대에게 감사하오. 그대가 서경업·정무정과 내외에서 호응하기로 한 것은 그대 자신이 황제가 되고자 함이었소. 그대는 또 나를 중서령에 봉했소.

무측천 : 중서령 건미도, 배염이 서경업에게 준 밀서를 읽어보라.

건미도 : 영국공(英國公: 서경업을 말한다)님: 이효일(李孝逸)은 남하하고, 정무정(程務挺)은 서쪽으로 이동하고 있습니다. 거병하는 속도를 늦추시고, 가만히 서신을 기다리시오. 상세한 것은 두구인(杜求仁)이 직접 전할 것입니다. 죄송합니다. 배염 올림. 9월 4일

무측천 : 이 편지의 의미를 대략 알 것 같군, 배염은 서경업에게 천천히 거병하라고 한 거야. 정무정은 이미 이동했고, 이효일도 병력을 이끌고 남하해서 상황이 변했기 때문에 어쩔 수 없이 "백마의 형 집행을 늦추라"고 한 것이군. 허나 "가만히 청아를 기다립시오(靜待靑鵝)."라

는 말은 무슨 말인지 모르겠는걸. 너희들 중에 아는 사람이 있느냐?

상관완아(上官婉兒**)** : 배염이 직접 제게 알려주었습니다. 청(青)자는 "십이월(十二月)"이며, 아(鵝)자는 행서(行書)로 쓰면 "아자여(我自與: 내가 직접 참가하겠다…옮긴이)"입니다. 그래서 "청아"는 12월에 내가 직접 움직이겠다는 뜻입니다. 그는 그때가 되면 정무정이 선우도(單于道)로부터 낙양으로 돌아올 수 있을 것이라고 했습니다. 그는 또 제게 이 비상(砒霜: 독약의 일종…옮긴이) 한 병을 주며, 연밥죽에 넣어 천후 폐하를 독살하되 빠를수록 좋다고 했습니다.

곽말약의 분석은 당나라의 소설 《조야첨재(朝野僉載)》(권5)에 나오는 이야기에 근거하고 있다.

배염이 중서령에 있을 때, 서경업은 반란을 일으키고자 낙빈왕에게 배염을 거사에 동참시킬 수 있는 방법을 생각하게 했다. 낙빈왕은 잠시 생각하더니 민요 한 곡을 지었다. "불 하나, 불 둘, 붉은 옷을 입은 아이가 전당에 앉아 있네." 그리고는 이 노래를 배염이 사는 마을 아이들에게 부르게 하였다. 노래는 점점 널리 퍼져 경성의 아이들도 부르게 되었다. 배염은 이 노래를 듣고 학자들을 동원해 의미를 풀려고 했다. 이에 명망 높던 시인 낙빈왕을 불렀다. 배염은 몇 번이나 낙빈왕에게 귀한 선물을 보냈으나 낙빈왕은 말하지 않았다. 또 그에게 미녀와 준마를 보냈지만 낙빈왕은 그래도 말을 하지 않았다. 이에 배염은 옛날의 충신열사 그림 한 폭을 꺼내 낙빈왕과 함께 감상하였다. 사마의(司馬懿: 179~

251)를 감상할 때 낙빈왕이 물었다. "상공께서 풀려고 하는 것이 무슨 풍문이신지요." 배염은 그에게 "불과 붉은 옷"의 일을 말해 주었다. 낙빈왕이 듣자 바로 뒤로 물러나더니 북면하며 절을 했다. "상공께서는 천명을 받은 천자이십니다."

현존하는 사료나 당시 정치상황을 보면, 배염이 황위를 찬탈하려는 야심을 가질 가능성은 거의 없었던 것 같다. 모반은 무측천이 그에게 씌운 죄명에 불과했다. 최찰이 분명하게 말했듯이 배염의 죄는 반군진압에 소극적인 태도를 취한 것이기보다는 유서를 받은 권력을 강화하며 반군진압에 적극적인 태도를 취하지 않고 태후를 압박하여 정권을 되찾고자 한데 있었지 반란을 지지한 것은 아니었다.

무측천이 배염을 체포한다는 것은 상당히 위험한 일이었다. 그녀는 배염이 서경업과 내통했다는 확증이 없었다. 그럼에도 그를 체포하여 감옥에 수감하도록 명령했다. 조정에서는 배염을 구명하기 위한 움직임이 나타났다. 구명운동을 펼친 이들 중에는 봉각시랑(鳳閣侍郎) 호원범(胡元範)·시중(侍中) 유경선(劉景先)·좌위솔(左衛率) 장엄(蔣儼)·이부시랑 곽대거(郭待擧) 등이 있었다. 실제적으로 직접 나서서 무측천과 논쟁을 벌인 사람들은 이들만은 아니었다. 그들 대부분은 배염 사단이었다.

호원범 등은 무측천과 격렬한 논쟁을 벌였다. 그들은 배염은 역신(逆臣)이 아니라 "사직(社稷)의 신하"라고 말했다. 태후는 호원범 등의 의견을 비판했다. 또 어떤 사람이 나와 변론했다. 이에 태후는 단호한 태도로 말했다. "배염은 반란을 일으킬 조짐이 있었소이다. 그대들이 모를 뿐이오." 호원범 등은 더욱 강경한 태도로 맞서며 말했다. "배염이 모반한 것이라면, 신들도 모반한 것입니다!" 이는 정치적으로 문제를 해결하는 것이 모반이라면 우리도 모반자라는 것이다. 다시 말해 그들도 정치적 수단으로 양주문제를 해결하고자 주장했다는 것이다. 재상과 부재상은 물론 상당수의 일급 관료들도 반발했다. 무측천의 대답은 이러했다. "짐은 배염이 모반을 일으킨 것이지 그대들과는 아무런 관련이 없음을 잘 알고 있소."

복잡한 형세 속에 무측천의 태도는 더욱 강경해졌다. 그녀는 호원범과 유경선을 체포하고, 9월 정해일(丁亥日)에 건미도와 이경심(李景諶)을 재상에 임명했다. 배염이 수감된 후, 건미도는 배염을 수사하도록 지명된 두 명의 법관 중 한 명이었다. 이경심은 신료들이 배염을 구명하기 위한 운동을 활발히 펼칠 때 이의를 제기했던 사람이었다. 그는 배염이 모반한 것이 분명하다고 논증했다.

무측천의 조치 후 불안정했던 정국은 안정을 되찾는 듯 했으나 배염 사단의 핵심세력은 이대로 물러나지 않았다. 배염을 구명하자는 밀서가 영무(靈武)에서 날아왔다. 글을 올린 사람은 선우도안무대사(單于道按撫大使) 정무정이었다. 정무정은 배행검의 부장(副將)으로 막북 돌궐의 반란을 평정하여 큰 공을 세웠으며 배염이 병사들을 이끌고 입궁해 중종을 폐출하는데 협력한 군부의 실력자였다. 군부의 의사는 정국에 늘 중대한 영향을 끼쳤다. 2월 폐위 이후 정무정은 한동안 낙양에 머물렀다. 다음해 7월 서경업 등의 움직임이 가시화되지 않았을 무렵, 무측천은 시국이 안정되었다고 판단하여 정무정을 영무로 돌려보냈다. 영무로 회군할 때 무측천은 그를 승진시켰다. 이전에 그는 우무위장군(右武衛將軍)의 자격으로 선우도안무대사가 되었으나 지금은 좌무위대장군으로 선우도안무대사가 되었다.

정무정은 배염과 밀접한 관계에 있었을 뿐만 아니라 반란군의 핵심인물인 당지기·두구인과도 좋은 관계를 유지했다. 무측천은 정무정의 비밀서신을 받고 크게 놀랐다. 일전에 누가 그녀에게 지적했다: 서경업·배염·정무정은 서로 내통했지만 증거가 없습니다.

무측천은 자신의 특수한 방식으로 태도를 표명했다. 그녀는 정무정이 있는 군중(軍中)으로 사람을 보내 그를 참수하고 전 재산을 몰수하였다. 당시 굉장히 큰 사건이었음에도 어떤 파문도 일어나지 않았다. 당나라는 유능한 장수 한 명을 잃었을 뿐이었다. 정무정과 마찬가지로 배행검에 의해 발탁된 맹장 왕방익(王方翼)은 조지만(趙持滿)의 시신을 수습했던 사람으로, 정무정과 가깝고 폐위된 왕황후의 친척이라는 이유로 이때 하주도독(夏州都督)에서 도성으로 소환되어 수감되었다가 애주(崖州)[지금의 해남성(海南省) 삼아(三亞)]로 유배되어 사망했다.

무측천은 배염을 쉽게 처형할 수 없었다. 배염 사단은 군부의 지지를 받고 있었기 때문이었다. 강력한 지지가 있어야 배염을 처리할 수 있었다. 이를 해결하기 위해 무측천은 서경유수로 있던 유인궤를 이용했다. 장안에 속하는 관중(關中)은 당나라 주력군의 집결지이자 낙양의 후원이었다. 이 노장의 지지를 받아야 배염 사단을 진압할 수가 있었다. 유인궤는 무측천이 섭정하는 것에 반대한 적이 있었지만 무측천은 언젠가 그의 지지를 받기 위해 이를 용인했다. 공교롭게도 유인궤는 전에 배염 등으로부터 배척을 받은 적이 있어 배염이 대권을 독점하는 것에 일찍부터 불만을 가지고 있었다. 그래서 거래가 성사되었다.

684년 음력 10월, 배염은 낙양의 도정(都亭)에서 참수되었다. 배염이 처형되자 다음은 배염을 지지한 사람들 차례였다. 배염의 형제들이 유배된 것 외에 유경선은 보주자사(普州刺史)로 좌천되었고, 호원범은 경주(瓊州)로 유배되었다. 얼마 후 두 사람은 처참하게 사망했다.

이번 반란사건에서 무측천과 배염은 임하는 자세부터 달랐고, 당시 쌍방의 고하를 알 수 있다. 무측천의 자세는 그 유명한 낙빈왕의 격문(檄文)을 읽을 때 분명하게 나타났다. 무측천이 "선제의 묘에 흙도 아직 마르지 않았건만, 성년도 아직 안된 어린아이에게 어찌 맡긴다 말인가?"라는 부분을 읽었을 때, 신하들에게 고개를 돌려 말했다. "이 글은 누가 쓴 것인가?" 어떤 사람이 낙빈왕이 쓴 것이라고 했다. 무측천이 말했다. "재상들의 잘못이다, 어찌하여 이런 사람을 놓치는가." 냉정을 잃은 배염의 모습은 무측천의 심복인 강사종(姜嗣宗)조차도 알아봤다.

무측천과 배염의 정치태도는 이처럼 커다란 차이가 있다. 당연히 두 사람의 정치태도는 그녀 혹은 그의 정치소질과 지위에 의해 결정되었다. 무측천은 강자로서 태연했고, 배염은 약자로서 긴장하지 않을 수 없었다. 무측천은 배염의 압박에 굴복하지 않고 과감한 조치를 취해 섭정을 지켜냈다. 이 조치들은 진압부대를 보낸 것과 배염을 체포한 것이다.

무측천과 배염의 권력다툼에서 무측천의 권력이 배염보다 강했고, 무측천의 지혜도 배염보다 뛰어났다. 이런 상황에서 배염이 어찌 이길 수 있었겠는가?

제3절

종실을 치다

이씨 종실은 무측천이 천하를 얻게 된 근본이었으나 대권을 장악한 후에는 자신을 위협하는 가장 큰 세력이기도 하였다.

무측천은 이씨 가문의 며느리로서 이씨 천하를 탈취한 것이기 때문에 이씨 종실과 긴장되면서도 복잡한 관계에 있었다. 이씨 왕조의 종실을 치기 위한 전략은 정해졌지만 그렇다고 권력을 잡는 즉시 공격할 수는 없었다. 그럴 경우 그녀를 지지한 사람들을 잃을 수도 있었다. 그녀의 음모는 종실에 대응하는 과정에서 절정에 달했다.

양초사변이 일어난 후, 그녀는 현 정세를 토대로 반란을 진압할 통수(統帥) 선임문제를 주도면밀하게 계산했다. 반란이 발생한 지 한 달 남짓 되자, 그녀는 30만 대군을 모아 반란을 진압하도록 했다. 30만 대군의 통수는 최종적으로 이효일(李孝逸)로 정해졌다. 이효일은 당 황실과 깊은 혈연관계가 있었다. 이효일은 고조의 사촌 동생인 회안왕(淮安王) 이신통(李神通)의 아들이자 이세민과 같은 세대로, 고종과 무측천에게는 숙부가 되었다. 이런 인물이 토벌군의 통수로 선발되는 것이 과연 적합할까? 당시 정무정·장건욱·이다조(李多祚)·흑치상지 등의 명장들은 이효일보다 명망이 높고, 전쟁경험도 풍부했다. 그런데 무측천은 왜 이효일을 발탁했을까?

무측천은 조정에 남아있던 유능한 장수들이 배염 사단과 밀접한 관계가 있다고 보았다. 당시 무측천과 배염 사단의 관계는 미묘하게 변하는 시점이었다. 이단을 황제로 옹립하기 전의 협력은 무후가 권력을 차지한 후로 대권을 독점하는 것에 반대하는 쪽으로 흘러갔다. 그래서 무측천이 장수를 선발할 때 가장 먼저 고려한 것은 자신과 갈등을 빚고 있는 배염 사단을 배제하는 것이었다.

이효일은 서남지방 출신으로, 배염 사단과는 아무런 연관이 없었다. 정무정과 장건욱 등은 서북군 출신이었다. 2월 폐위 때 동원했던 부대는 정무정과 장건욱이 이끈 부대였다. 무측천이 이번에 이효일을 직접 뽑은 것은 정무정·장건욱의 권력과 균형을 맞추려는 의도가 있었다. 그녀는 출신이 다른 사람들을 쓸 필요가 있었다. 게다가 이효일은 고종 말년에 출세하기 시작한 인물이었다. 무측천은 섭정한 후 그를 좌위장군으로 발탁하는 등 각별하게 총애하였다. 그는 무씨 형제의 공격목표도 아니었고 조정에서의 인맥도 복잡하지 않아 중용되었다.

그래도 종실을 기용하여 이당 황실을 자처하는 "광복(匡復: 왕권을 바로잡고 회복하는 것…옮긴이)" 정권을 토벌하는 것은 위험하지 않을까? 사실 이 역시 무측천의 뛰어난 점이다. 그녀가 이효일을 기용한 것은 이당 황실을 위로하려는 뜻도 있었다. 반란이 일어났을 때, 북으로는 연(燕)·조(趙)에서 남으로는 동정(洞庭)까지 대부분의 이씨 황실이 주(州)의 자사와 같은 직위에 있었다. 이들이 서경업 쪽에 합류한다면 상당히 위협적일 수 있었다. 반군이 내건 기치는 이씨 천하를 회복하는 것이고, 그녀가 보낸 통수 역시 이씨 황실의 일원이었다. 이렇게 함으로써 이당 황실에 대한 자신의 신임을 보여주고, 각 지역에 도독이나 자사로 있던 종실의 구성원을 위로하여 반군에게 상당한 정치적 타격을 가했다. 양초사변에서 황실의 왕들이 서경업을 지지하는 어떤 행동도 취하지 않았다는 것은 이런 조치와 무관하지 않을 것이다. 이것은 음모로는 도저히 해낼 수 없는 효과였다. 물론, 이렇게 하기 위해서는 상당한 용기와 자신감이 필요했다.

당연히, 무측천도 이효일에게 진압군을 지휘할 통수권을 주지 않았다. 그녀는 측근인 위원충을 감군(監軍)으로 보내면서 소수민족 출신 장수인 흑치상지를 진압에 참가하도록 했다. 이것은 음모 중의 음모라고 할 수 있다.

양초사변 이후, 이당황실과 관련된 가장 큰 사건은 박예사건(博豫事件)이다. 무측천과 황실 왕자들의 관계는 고종이 사망한 후 한동안 극도로 긴장된 국면에 있었다. 태종의 형제들 중 한왕(韓王) 이원가(李元嘉)·곽왕(霍王) 이원궤(李元軌)·노왕(魯王) 이영기(李靈夔)가 가장 유명했다. 무측천은 그들을 고위관직에 임명해 조정에 구색을 맞추려 했지만 실권이 없었다. 낙양과 장안의 장군·우림군 장군은 무측천의 조카와 손자 수중에 있었다. 이렇게 당나라는 내부로부터 망해갔다. 그때 그녀는 무씨를 세우고 이씨를 멸하려는 계획을 추진하고 있었다. 사회적으로도 태후가 당황실의 왕자들을 모두 살해하려고 한다는 정보가 나돌았다. 이후 긴장국면은 다소 완화되었다. 이효일은 그 가운데 윤활작용을 했다. 양초사변 이후, 무·이 관계가 또 한 차례 긴박한 사태를 맞이하였다. 한동안 사라졌던 정치적 성향을 띤 유언비어들이 퍼지기 시작했다. 태후가 곧 황실의 왕자들에게 새로운 행동을 취할 것이라는 조짐이 보였다.

수공(垂拱) 4년(688년) 봄, 무측천은 "명당(明堂)"으로 명명한 대형 궁전을 지었다. 이 궁전은 만상신궁(萬象神宮)이라고도 불린다. 이보다 조금 앞서 무승사는 사람들에게 "성모가 사람들에게 강림하셨으니, 제업이 영원히 창대하리라(聖母臨人, 永昌帝業)"라는 여덟 글자를 돌에 새기게 했다. 그는 이 돌을 낙수(洛水)에 빠뜨린 후 다시 건져내 무측천에게 바쳤다. 무측천은 이런 방법을 좋아했다. 그녀는 이것은 신이 자신의 사업을 축복하는 것이라고 여겼다. 이 모든 것들은 정치적 격변이 곧 닥칠 것임을 예고했다. 당나라의 종실과 왕공들은 이제 곧 새로운 왕조가 세워지고 이로 종실의 위기와 타격은 피할 수 없음을 잘 알았다.

명당이 준공 되던 날, 무측천은 성대한 의식을 거행하려고 했다. 의식의 첫 번째 부분은 태후가 낙수에서 낙수의 신에게 감사의 예를 올리는 것이다. 이를 "낙수의 그림에 재배하는(拜洛受圖)" 의식이라고 한다. 도(圖)는 그 돌을 말한다. 두 번째 부분은 "하례를 받는(受賀)" 것이다. 낙수에 제배한 후, 태후는 명당으로 돌아와 군신들의 하례를 받았다. 하례를 올리는 사람들 중에는 경관(京官) 뿐만 아니라 전국 각 주의 자사들도 경사에 와서 하례에 참석해야 했다. 이해 5월, 태후는 조서를 내려 이당 황실의 모든 왕자들을 포함한 각 주의 자사들에게 명당의 준공일에 맞춰 명당에 오도록 통지했다.

당황실의 왕자들은 이런 초청을 달갑게 여기지 않았다. 최근 몇 년 동안, 그들은 계속 배척당해 정치적으로 의미 있는 역할을 하지 못했다. 그들에게는 더 이상 활로가 없었다. 왕자들은 무측천의 장애물로써 자신의 처지가 매우 위험하다는 것, 무측천이 함정을 준비해놓고 이번 통지 후 어느 순간에 행동을 취할 것이라는 것, 경축행사에 불참한다는 것은 죄를 짓는 것이고 이는 모반으로 간주될 수 있다는 것을 잘 알았다.

당황실의 왕공들은 본래 각 성(省)에 흩어져 거주했기 때문에 서로 빈번하게 밀서를 보냈고, 도성의 친구들에게도 소식을 급히 전했다. 풍문은 믿을 수 있을까? 왕공들이 전례(典禮)에 참가하러 갈 것인가? 도성에 있는 왕공조차 어떻게 판단해야 할지 몰랐다. 동완군공(東莞郡公) 이융(李融)은 친구 고자경(高子庚)에게 편지를 썼다. 고자경이 답신을 보냈다. "살고 싶으면, 도성에 오지 말게."

무측천과 그의 조카인 무씨 형제가 왕들의 거사를 유도해 도성에 있는 왕자들을 몰살하려 한다는 소문을 고의로 퍼뜨린 것이 옥리가 죄수들을 고의로 풀어주고 달아날 때 뒤에서 사살하는 것과 같다고 한다면 이는 상당히 설득력 있는 말이다. 왕공들은 무측천이 도발을 자극하는 상황에서 신중하게 처신하며 은인자중(隱忍自重)할 것인가? 아니면 조서를 받들어 도성에서 떼 지은 돼지와 양처럼 도살당할 것인가?

대부분의 이당황실 사람들은 정도의 차이는 있지만 무측천에 반대하는 비밀모임에 참가하였다. 그러나 정말로 군사를 일으킨 곳은 박주(博州)와 예주(豫州) 뿐이었다. 무측천은 결국 그들의 간담을 서늘하게 했다. 그녀는 그들이 빨리 군사를 일으키기를 바라며 소매 속에 날카로운 칼을 숨기고 차분하게 기다렸다. 그녀는 아들을 대신해 섭정하는 것이고 아들은 태종의 손자여서 당황실의 왕공들을 모조리 죽인다 해도 황실을 지키는 것이었다. 이것이 바로 양모(陽謀)이다. 그러나 종실의 왕자들이 정말로 반기를 든다면 무측천은 대단히 분노할 것이다. 예나 지금이나 그녀는 줄곧 종실을 위로하며 돌봐주었다. 그러나 지금 그들은 대담하게 그녀에게 반기를 들려고 한다. 그들이 자발적으로 나왔으니 이 기회에 몰살시키면 오랜 근심거리를 없앨 수 있었다.

박주의 행정중심은 지금의 산동성(山東省) 요성(聊城)이다. 자사 이충(李沖)은 태종의 손자이자 월왕(越王) 이정(李貞)의 아들이었다. 그는 수공 4년(688년) 8월 군사를 일으켰다. 무측천은 좌금오대장군 구신적을 행군총관(行軍總管)에 명해 토벌하도록 했다. 병사들이 도착하기 전에 이충은 피살되어 박주는 평정되었다. 이충은 군사를 일으킨 지 7일 만에 패배했다. 예주의 행정중심은 하남성 여남(汝南)에 있다. 자사는 이정(李貞)으로, 태종의 8번째 아들이다. 이정은 8월 예주에서 거병하여 이충과 호응하기로 했다. 무측천은 좌표도위대장군(左豹韜衛大將軍) 곡숭유(曲崇裕)를 중군대총관(中軍大總管)에 명해 병사 10만을 이끌고 토벌하도록 했다. 9월 이정은 자살하였다. 이정은 거병한 지 24일 만에 패배했다.

이당황실의 난은 본래 서경업보다 더 큰 세력을 형성할 수 있었다. 그러나 이들 황실 자제 중에는 서경업에 필적할만한 인물이 없었다. 종실의 실패는 촉박한 시간과 열악한 교통사정으로 서로 협력이 안된 점과 관련 있지만, 더 큰 원인은 종실귀족세력의 반란이 많은 사람들로부터 지지를 받지 못한 데 있다. 이 시기 대당왕조는 이미 태평성세에 진입했기 때문에 사람들은 전쟁보다 평화를 갈망했다. 또한 그들은 또 서족지주 관료들의 지지를 얻지 못했다. 무측천이 이들 계층의 민심을 얻었기 때문이었다. 게다가 종실 반군이 자신들의 근거지조차 공략하지 못한 점은 그들이 지방에서도 민심을 얻지 못했음을 보여준다. 특히 그들 모두가 자신의 집 앞에서 죽음을 당한 것은 이를 더욱 분명하게 잘 말해준다.

이충은 오랫동안 병사를 모았으나 사람들의 지지를 얻지 못해 겨우 5천여 명만 모집했다. 그는 황하를 건너 제주(濟州)(산동성 요성 서쪽지역)를 취하고 박주의 속현(屬縣) 무수(武水)를 먼저 공격하려고 했다. 무수현령(武水縣令) 곽무제(郭務悌)는 자사가 이충과 함께 반란을 일으켰다는 소식을 듣고 급히 위주(魏州)로 사람을 보내 구원을 요청했다. 박주 신현현령(莘縣縣令) 마운소(馬雲素)도 소식을 듣고 1,000여 명의 병력을 이끌고 중간에서 이충을 급습했지만 실패하였다. 그는 무수로 퇴각하여 곽무제와 사수(死守)하였다. 이충은 무수성(武水城) 아래까지 진군하여 풀로 만든 수레를 성의 남문(南門)에 가득 채워 넣고 바람이 불 때 불을 놓아 그것이 타는 틈을 타 성 안으로 들어가려고 했다. 뜻밖에도 풍향이 갑자기 바뀌면서 불이 도리어 자신의 병마(兵馬)로 옮아 붙는 바람에 퇴각하였다. 이로 병사들의 사기는 극도로 저하되었다. 수하의 장수 동현적(董玄寂)이 사람들에게 말했다. "이충이 국가와 전쟁하는 것은 반역이기 때문에 하늘의 도움을 얻지 못해 역풍을 맞은 것이다." 이충은 이를 듣고 동현적을 처형했다. 모집된 병사들은 이충을 따라 싸우지 않고 초야로 달아났다.

박예 사건 이후 무측천은 당황실의 왕공들을 몰살시켰다고 할 수 있다. 왕공들이 공공연히 모반을 일으켰기 때문이다. 한왕과 노왕은 경사로 강제구인 되었다. 무측천은 4년 전 섭정을 시작할 무렵부터 한왕과 노왕을 비롯한 왕자들을 살해하려고 했다. 그러나 그때는 상황이 여의치 않았다. 지금은 모든 조건들이 맞아 떨어졌다. 한왕과 노왕이 모반을 일으킨 증거는 명확했다. 무측천에게 필요한 것은 그들이 내통한 정황이었다. 밀모한 것부터 조사를 시작해 반란에 가담한 사람들을 대거 색출해냈다.

한왕과 노왕을 비롯한 왕자들의 사건은 당시 파급효과가 컸고 세상 사람들이 주목한 사건이었다. 무측천은 평범한 사법관이자 훗날 혹리(酷吏)로 악명을 떨친 주흥(周興)에게 이 사건을 맡겼다. 주흥은 그만의 독특한 수단으로 무측천이 원했던 "증거"를 얻어냈다. 그는 이원가·이영기·상락공주(常樂公主) 등에게 자살을 강요했다. 한왕과 노왕 등의 처형을 시작으로 무측천은 이당 황실과 그들을 따르던 사족들을 학살하기 시작했다.

수공 4년(688년)에 살해된 사람으로는 동완공 이융·청주자사(青州刺史) 곽왕 이원궤·강도왕(江都王) 이서(李緒)·무측천의 유일한 딸인 태평공주의 남편 설소(薛紹)·전중감(殿重監) 배승선(裵承先)이 있다. 배승선은 당황실의 좌명공신(佐命功臣) 배적(裵寂)의 손자였다. 설씨·배씨 가문은 관롱 사단에서 가장 명망 높은 가문이었다. 다음 해에는 진주별가(辰州別駕) 여남왕(汝南王) 이위(李煒)·연주별가(連州別駕) 파양공(鄱陽公) 이연(李湮) 등 12명이 학살되었다. 9월에는 악주자사(鄂州刺史) 사정왕(嗣鄭王) 이경(李璥) 등 6명이 살해되었다. 천수(天授) 2년(691년) 하반기, 연루된 사람들의 범위가 더욱 넓어지고 세분화되었다. 당황실의 대다수 종족들과 주요 왕공들은 거의 소멸되었다고 할 수 있다. 당황실의 족보에 올라있던 다섯 가문이 완전히 멸족 당했으며[곽왕 이원궤·한왕 이원가·서왕(舒王) 이원명(李元名)·서왕(徐王) 이원찰(李元札)·월왕(越王) 이정(李貞)], 노왕 이원기·기왕(紀王) 이신(李慎)·허왕(許王) 이소절(李素節) 같은 소수의 자손들만 목숨을 부지했다. 다행히 목숨을 부지한 자손들도 아열대 지방으로 유배되어 노예가 되거나 종적을 감추고 나타나지 않았다.

무측천은 박예 사건을 정략적으로 이용하여 이당 황실을 제거하였다. 이당 황실의 구성원 중에 이현·이단 등의 극소수만이 이씨 성을 유지한 것을 제외하면 절대 다수의 황실 구성원들은 친속의 적(籍)을 박탈당했다. 이로써 무주제국 건국에 초석이 다져졌다.

제4절

무씨일가

　태종에게는 씩씩하고 사나운 "사자락(獅子駱)"이라는 준마가 있었는데, 서역의 제후국에서 올린 것이었다. 태종은 그 날렵함을 좋아했으나 말을 듣지 않아 애를 먹었다. 어느 날, 태종은 문무대신 몇 명을 이끌고 마구간으로 갔다. 모두에게 물었다. "이렇게 좋은 말이 마구간에 한가롭게 있으니 경들 중에 누가 길들일 수 있겠는가?" 이때 무미낭(武媚娘)이 태종 앞으로 나와 몸을 굽히며 말했다. "신첩이 길들일 수 있습니다." 태종이 무엇으로 길들일 수 있는지 물었다. 미낭은 대답했다. "폐하께서 신첩에게 쇠 채찍·철추(鐵錘)·비수(匕首)를 주시면 됩니다. 우선 채찍으로 쳐도 말을 듣지 않으면 철추를 쓸 것이며, 또 말을 듣지 않으면 비수로 목을 끊어 버리겠습니다." 미낭의 말이 끝나자 태종은 박수를 치며 칭찬했다. "기개와 담력이 대단하도다!"

위의 일화는 무측천이 궁에 들어온 지 얼마 되지 않아 태종에게 말을 길들이는 방법을 응대한 것이다. 그녀는 "쇠 채찍·철추·비수"로 길들여지지 않는 말을 다루었다. 정치투쟁을 벌일 때도 그녀는 이런 방법으로 자신의 가족인 무씨일가를 다루었다.

무측천은 어린 시절 가족들에게 좋은 감정을 가지고 있지 않았다. 그녀와 모친 양씨는 자신의 이복형제인 오빠 무원경·무원상과 사이가 좋지 않았다. 무후의 부친은 처음 장가들어 삼형제를 낳았다. 첫 번째 부인이 사망하자 무측천의 모친인 양씨에게 다시 장가들어 딸 셋을 낳았는데, 무후는 두 번째였다. 부친이 세상을 떠나면서 집안일을 맡게 된 그의 오빠는 양부인을 홀대하였다. 양부인은 속으로 원한을 품었다.

권력을 차지하는 과정에서 무측천은 목숨을 걸고 자신을 도와줄 사람들이 필요했다. 그래서 친척들이 자연스럽게 그녀의 우군이 되었다. 권력과 감정 중에 하나를 택하라면 무측천은 전자를 택할 것이다. 그녀는 친형제가 없었지만 그래도 관계가 좋지 않은 이복오빠 두 명과 사촌오빠들이 있었다. 이들 중 가장 유명한 사람이 무유량(武惟良)과 무회운(武懷運)이었다. 이 두 사람은 무측천의 두 번째 백부(伯父)인 무사양(武士讓)의 아들이다.

태산봉선을 행하기 전, 무측천은 가족 간의 갈등을 풀려고 했다. 그녀는 오빠들의 관직을 높여주었다. 무회운을 만주장사(滿洲長史)에서 치주자사(淄州刺史)로 발탁했고, 무유량을 시주장사(始州長史)에서 위위소경(衛尉少卿)으로 승진시켰다. 무측천은 오빠들이 자신에게 감격하여 충성을 다할 것이라고 생각했지만 결과는 이와 달랐다.

하루는 무측천의 모친 영국부인(榮國夫人) 양씨가 주연(酒宴)을 베풀었다. 그녀는 연회석상에서 옛날 가족 간의 갈등을 언급하였다. 무유량에게 말했다. "그대들은 옛일을 기억하고 있는가? 오늘 할 말이 있는가?" 그녀의 의도는 과거에 불초했던 자식들에게 서운했던 감정을 나타내면서 그들이 딸의 권위를 봐서 자신에게 공손하고 딸이 발탁해준 것에 감사하게 만들려고 했다. 뜻밖에도 무유량이 이렇게 대답했다. "저희들은 공신의 자제로 조정에 들어와 벼슬한 지 오래되었습니다. 그러나 저희들은 자신의 능력을 잘 알기에 부귀영화를 바라지도 않으며, 황후와의 관계를 이용해 승진하고 싶지도 않습니다. 황후께서 발탁해주심은 저희들로서는 대단히 황송한 일이나 그것으로 영광스럽게 여기지 않습니다."

무유량 등은 감사하는 마음을 나타내지 않았다. 자신들은 공신의 자제이기 때문에 선조께서 관직을 하사한 것이라고 생각했다. 그들은 천명에 순응하고 원래의 관직에 만족하며 더 이상의 승진을 원치 않았다. 지금 황후가 그들을 발탁한 것은 "의미가 없었다." 그들은 도리어 승진한 것을 걱정했다. 그들이 걱정한 것은 무엇일까? 무유량 등이 황송해한 까닭은 황후가 하는 일에 자신감이 부족했기 때문이었다. 황제를 억압하고 잔혹한 수단으로 정적을 치는 황후의 방법은 매우 위험했다. 그들이 황후와 어울리지 않은 것은 종족을 보전하기 위함이었다.

양씨는 이들을 남의 호의도 모르는 배은망덕한 사람으로 보았다. 양씨는 본시 무유량 등에 심각한 편견이 있었다. 그녀는 연회석상에서 일어난 일을 무측천에게 알렸다. 무측천은 크게 진노했다. 그녀는 말을 길들인 것처럼 쇠 채찍·철추·비수를 꺼내들었다.

　무측천은 말을 길들이는데 뛰어났다. 그녀는 평생 여러 차례 말을 길들이는 방법을 정치에 사용했다. 예전과 다른 점은 도금된 황후의 철제무기 위쪽이 눈부신 빛을 발한다는 것이었다. 무유량 등이 황후에게 협력하지 않았던 이유는 대중 앞에 나설 수 없었기 때문이었다. 역사적으로 황후가 권력을 잡고 있을 때 소원한 태도를 취하며 격렬한 권력투쟁의 소용돌이 속에 휘말리지 않고자 했던 외척들은 큰 명성을 얻었다. 무유량 등의 비협조적 태도가 밖으로 알려진다면 사족사회는 그들에게 경의를 표시할 것이고 이는 황후가 하는 일에 좋지 않았다. 황후는 절대 외부로 말하지 않을 것이다: 나는 외척과 허물없이 지내고 싶지만 외척들이 자신을 인정하지 않기 때문에 나는 그들을 처벌하려고 한다. 황후는 그저 외척들이 나를 멀리한 것이 아니라 내가 외가를 멀리했다고 말할 수밖에 없었다. 이렇게 된다면 황후가 명예를 얻을 것이다. 그래서 그녀는 황제에게 글을 올려 평상시와 다르게 겸손한 태도를 보였다. 그녀가 말했다. "무유량 등의 직책을 높인 것은 사람들에게 황후가 '외척을 편애한다.'는 인상을 줄 것입니다. 이는 제가 원래 의도한 바가 아니기 때문에 그들을 좌천시켜야 합니다."

　그래서 무유량은 검교시주자사(檢校始州刺史)로, 무원경은 용주자사(龍州刺史)로, 무원상은 호주자사(濠州刺史)로 좌천되었다. 무회운은 원래 지방 관리였던 관계로 계속 치주자사(淄州刺史)로 있었다. 무원경은 먼 남쪽 땅인 용주에서 사망하였다. 무원상은 죽는 것조차 쉽지 않았다. 그는 두 차례나 더 먼 곳으로 유배되었고, 고발까지 당해 사형에 처해졌다. 두 사람은 천리 밖의 보잘 것 없고 황폐한 작은 마을에서 죽었기 때문에 조정에는 어떤 파문도 일어나지 않았다. 무씨 가족은 이때부터 무려 8년이나 영남(嶺南)에 버려졌다.

영남은 당나라 때 죄인을 유배 보내던 곳이었다. 고종이 재위하던 전기(前期)에 영남으로 유배를 당하는 것은 매우 고통스러운 일이었다. 황제가 자주 사면령을 내려 은전을 베풀었지만 유배를 당한 사람들에게는 냉담하고 잔혹한 태도를 취했다. 건봉 원년, 황제는 태산 아래에서 대 사면령을 내렸다. 이 사면령에는 "유배를 당한 사람은 돌아오지 못한다."라고 하는 부가조항이 있었다. 이 조서는 유배를 당한 사람들이 복귀할 가능성마저 막아버렸다. 이 의부는 이 때문에 절망하며 숨을 거두었다. 무씨 가족 중에 영남으로 유배된 사람도 절망과 무력감을 느꼈다.

이때, 무씨 종친 중 궁궐에서 황제의 총애를 받고 있던 인물이 두 명 있었는데 무측천의 언니인 한국부인과 그녀의 딸이었다. 그들은 무측천의 소개로 입궁했다. 황제에게 그녀들은 유일한 위안거리였다. 한창 잘 나가던 무측천은 또 냉대를 받았다. 그러나 무측천은 순탄한 삶을 살아온 여인이 아니었다. 그녀는 이미 두 명의 황제를 모셨고, 질투하는 여인들로 가득 찬 후궁에서 근 20년을 생활하였다. 자신의 언니와 조카가 총애를 받는데도 내색하지 않고 그녀들을 이전처럼 따뜻하게 대했고, 나약한 군주를 책망하지도 않고 더 온화한 모습을 보여주었다.

우연의 일치인지 무측천의 음모인지 알 수 없으나 어느 추운 겨울 밤 한국부인은 사망했다. 전하는 바에 의하면 한국부인의 병은 특별했다고 한다. 공포와 고열로 혼수상태에서 늘 누군가가 자신을 죽이려 하기 때문에 살 수 없다고 크게 소리치는 등의 헛소리를 해댔다. 무측천은 자신의 언니를 성대하게 장례해주었다. 그녀는 겉으로는 슬퍼했지만 사실 승리에 기뻐했을 것이다.

한국부인이 사망하자 고종은 깊은 슬픔에 잠겼다. 한국부인에게 보답하고자 그녀의 딸을 위국부인에 봉했다. 세상물정에 어두웠던 위국부인은 기뻐했지만 자신의 행동이 이모의 증오를 불러올 줄은 생각도 못했다. 그녀는 황제에게 정성을 다할수록 위험했다. 무씨 자제와 생질녀에 대한 원한과 조카에 대한 질투로 무측천은 한꺼번에 세 명의 친족을 살해했다.

건봉 원년(666년) 봉선대전(封禪大典) 후에 무유량·무회운은 어가를 따라 태산(泰山)에서 봉선의식을 거행한 적이 있었다. 두 사람이 도성으로 돌아오자, 무측천은 그들을 영국부인 양씨의 집으로 불렀다. 규정에 따르면, 그들은 반드시 천자에게 음식을 바쳐야했다. 이것은 모든 주(州)의 자사들이 반드시 이행해야하는 책무였다. 무유량 형제는 즉각 사람을 보내 음식을 가져오게 하여 무릎을 꿇고 황제에게 바쳤다. 무측천은 백어(白魚: 뱅어를 말한다…옮긴이) 몇 마리를 골라 주방으로 보냈다. 연회가 시작되자 무측천은 조리가 다 된 생선을 위국부인에게 올렸다. 뜻밖에도 위국부인은 생선을 먹은 지 얼마 되지 않아 복통을 느끼며 코와 입에서 피를 흘리며 사망했다. 잔치는 순식간에 아수라장이 되었다. 황제는 아무런 명도 내리지 못하고 그저 위국부인을 부여잡고 대성통곡만 할 뿐이었다. 무유량 형제는 놀라 어찌해야할 지 몰랐다. 갑자기 무측천이 침울한 표정을 하며 매섭게 소리쳤다. "이 배은망덕한 두 놈은 참으로 악독하기가 이를 데가 없구나, 백어로 성상(聖上)을 독살하려다니!" 두 형제는 영문도 모르는 채 형장의 이슬로 사라졌다.

　무씨 자제들은 무측천 모녀와의 묵은 원한으로 가혹한 탄압과 처벌을 받고 영남을 전전하였다. 무측천은 무씨자제 중 누구도 부친의 종사(宗嗣: 종가의 계통…옮긴이)와 작위를 잇지 못하게 했다. 그녀는 하란민지(賀蘭敏之)라는 다른 성씨의 자제를 뽑아 무씨 성으로 바꿔 주국공(周國公)을 세습하도록 했다. 하란민지는 영국부인의 직계 외손이었다. 이 결정은 영국부인의 지지와 허가를 받았을 것이다. 왜냐하면 이때의 양씨는 자기의 외손과 아주 각별한 관계에 있었기 때문이다. 하란민지는 무측천의 모친인 양씨의 정부(情夫)였다. 사서에는 민지는 젊고 잘생긴 꽃미남이었다고 기록하고 있다. 건봉 원년(666년), 영국부인은 88세의 나이임에도 여전히 왕성한 정욕을 자랑했다. 그녀는 외손자인 하란민지를 좋아했다. 하란민지가 주국공이 되자 무씨 일가가 영남에서 돌아올 희망은 거의 사라졌다. 이것은 무측천의 계획과 맞지 않았다. 무측천이 더 큰 권력을 잡기 위해서는 무씨 일가의 도움이 필수적이었다. 그러나 그녀는 만백성의 어머니로서 모범을 보여주어야 했기 때문에 생모의 입장을 고려해 노부인을 믿고 거만하게 행동하는 조카를 두고 보아야만 했다.

　하란민지와 위국부인은 같은 어머니에게서 태어났다. 무측천이 무씨가문의 종사를 잇고 높은 작위를 받도록 지명했음에도 하란민지는 무측천에게 완전하게 돌아서지 않았다. 하란민지는 정면으로 무측천에게 맞설 용기가 없어 걸핏하면 무측천의 뜻을 거역하고 사사로이 울분을 발설했다. 심지어 그는 무측천과 고종이 직접 고른 태자비를 능욕하여 이씨 황실에 치욕을 안겨주었다. 이것은 단순하게 하란민지의 방탕하고 무도함만 탓할 수는 없을 것이다.

무측천은 예전부터 하란민지의 방탕 무도한 생활을 좋아하지 않았다. 그가 비극적 결말을 맞이하게 된 진짜 원인은 황제와의 대화에서 비롯된다. 건봉 원년(666년) 정월의 어느 날, 황제는 위국부인의 죽음을 애도하다 만면에 눈물을 흘리며 하란민지에게 말했다. "전에 조정에 나갈 때만 해도 잘 있던 사람이 돌아오니 구할 방도가 없었소이다. 어찌 이렇게 급히 죽는다 말이오?" 하란민지는 아무런 말없이 그저 황제 앞에서 목 놓아 울뿐이었다. 사실 두 사람은 아직 못다 한 말이 있음을 알았다. 무측천은 이 소식을 듣고 한마디 했다. "이 아이가 나를 의심한다!" 이 때문에 하란민지는 죽어야 했다. 그러나 무측천은 하란민지가 없이는 하루도 못사는 영국부인 때문에 이 일을 4년 남짓 가슴속에 묻어두어야 했다. 그녀로서는 쥐를 잡다 그릇을 깰 수 없는 노릇이었다. 4년을 참는다는 것은 그녀로서는 분명 쉽지 않겠지만 그래도 참아야 했다. 모친과 사이가 틀어져 자신의 명성과 위엄이 훼손된다면 마음이 편치 않기 때문이었다. 이제 모친의 사망으로 모든 일을 계획대로 실행할 수 있게 되었다. 영국부인은 함형(咸亨) 원년(670년) 9월에 사망했다. 이듬해 4월, 하란민지는 뇌주(雷州)로 유배되던 중 말고삐에 목이 졸려 사망했다.

상원 연간(674년), 고종이 태산에서 봉선의식을 거행할 때 내린 "유배를 당한 사람은 돌아오지 못한다."는 조서가 8년 만에 해금되자 무측천은 일군의 사람들을 선택적으로 불러들였다. 그중 가장 대표적인 인물이 무씨 가문의 사람들이었다. 무측천의 당질(堂

姪)인 무승사가 소환되었다. 얼마 후, 무삼사와 무씨가족 전체가 돌아왔다. 이들은 무측천이 권력을 잡는데 핵심 세력이었다.

무승사의 복귀는 황후와 무씨가족 간의 완전한 화해를 의미했다. 무씨 가족 중 무측천을 대하는 제3세대의 태도는 제2세대와 완전히 달랐다. 제2

무측천의 어머니 묘에 세워진 돌사자

세대는 과거 가족 간의 갈등을 일으킨 당사자들이었기 때문에 그들은 옛날의 한을 가슴에 품고 있었을 뿐만 아니라 무측천을 따른다는 것은 위험한 일이라고 여겼다. 반면 제3세대들은 옛날의 갈등에 대해 절실한 경험이 없었고 그들이 뼈저리게 경험했던 것은 영남에서의 힘들었던 생활이었다. 그들은 이런 생활을 견딜 수 없었다. 속히 영남을 떠나 풍요롭고 지체 높은 생활로 돌아가는 것이 유일한 바램이었다. 무씨 자제들은 무측천의 기상천외한 수단을 깨달은 후 그들의 아버지 세대보다 훨씬 총명해졌다. 그들은 무측천에게 어떠한 불만이나 불경스런 태도를 나타내지 않고 복종만 했다. 그들은 무측천의 권위를 지지했고 맹목적으로 그녀를 추종하며 통치에 힘을 보탰다.

함형 5년(674년) 4월, 무승사는 소환된 후 파격적으로 종정경(宗正卿)에 발탁되었다. 그러나 고종이 사망하기 전까지 조정에서 무씨 자제들의 입지는 상당히 불안했다. 10년 동안, 무승사는 평범한 신료에 지나지 않았고 정치적으로 두드러진 업적도 없었다. 한편으로 무측천은 고종이 재위에 있을 때 이당 종실과 조정의 대신들을 몹시 꺼려했다. 종실자제들은 황족이라는 고귀한 혈통과 신분으로 "지위는 높고 명망은 커서" 황궁 혹은 지방에서 상당한 세력과 영향력이 있었다. 동시에 고종이 그들을 보호했기 때문에 거리를 두지 않을 수 없었다. 게다가 대지덕·유인궤·적인걸·배염 등의 곧고 능력 있는 조정대신들의 존재도 무측천이 무분별하게 외척을 기용하는 것을 제한하게 했다. 다른 한편으로 무씨 자제들이 영남에서 소환되자 무측천은 새롭게 그들을 인식하고 그들에 대한 태도도 바꾸었다. 무씨 자제들은 조심스럽게 자신의 뜻을 나타냈기 때문에 쌍방이 새로운 관계를 맺는데 상당히 긴 과정을 거쳐야 했다. 이 때문에 고종이 재위에 있던 시기, 무씨 자제들의 정치활동은 상당히 보수적이었다. 무측천은 그들에게 많은 권력을 주지 않았기 때문에 무씨자제 중에 재상을 지낸 사람은 없었다. 무씨들의 득세는 고종 사후 본격적으로 시작되었다.

사성 원년(684년) 2월, 무측천과 배염 사단은 2월 중종 이현(李顯)의 폐위를 도모했다. 뜻밖에도 새 황제를 책립하는 의식을 맡은 사람은 예부상서 무승사였다. 무측천이 황후로 책봉될 때 의식을 맡은 사람은 당시 지위와 명망이 가장 높았던 노신 사공(司空) 이적이었다. 상식적으로 당시 유인궤와 배염이 무승사보다 명망이 높았음에도 무측천은 그들을 뽑지 않고 무승사를 뽑았다. 이는 사족들에게 "무씨가족을 대대적으로 기용"할 것임을 암시했다.

광택 원년(684년) 윤 5월, 무승사는 재상에 임명되었다. 두 번째로 중용된 사람은 무삼사였다. 무삼사는 무측천의 큰 오빠인 무원경의 아들로, 하관상서(夏官尙書)(즉 병부상서)로 발탁되었다. 이와 동시에 무씨 집안의 어린 인물들도 고속 승진했다. 태평공주의 남편인 무유기(武攸曁)도 부마도위(駙馬都尉)에서 우위장군(右衛將軍)이 되었다. 그의 형 무유녕(武攸寧)도 봉각시랑(鳳閣侍郎)에서 납언(納言), 즉 문하성의 장관시중으로 승진하였다. 이밖에 무측천의 고종동생인 종진객(宗秦客)도 봉각시랑(鳳閣侍郎)이 되었다.

무측천은 황제가 된 후, 부친 무사확에게 고황제(高皇帝)라는 묘호(廟號)를 내려 주고조(周高祖)로 추대했다. 선대 조상에게 시호를 추증하고 후손에게는 분봉(分封: 천자가 땅을 나누어 제후를 봉하는 일…옮긴이)을 했다. 무측천과 같은 연배 중에는 건재한 이가 없었다. 배다른 오빠 무원상의 아들 무승사가 위왕(魏王)에, 무원경의 아들 무삼사가 양왕(梁王)에 봉해졌는데, 이 두 사람은 무사확 계열이었다. 무사량 계열 중 무회도의 아들 무유녕은 건창왕(建昌王)에, 무유기는 천승군왕(千乘郡王)에 봉해졌고, 무유량의 아들 무유의(武攸宜)·무유서(武攸緖), 무회운의 아들 무유귀(武攸歸)·무유지(武攸止)·무유망(武攸望)은 군왕에 봉해졌다. 무사일 계열에는 무중규(武重規)·무재덕(武載德)·무의종(武懿宗)·무사종(武嗣宗)이 건재했으며, 이들은 모두 군왕이 되었다. 무측천은 살아있는 조카뻘 되는 모든 인물들을 왕으로 봉했을 뿐만 아니라 무승사의 여섯 아들 무연기(武延基)·무연의(武延義)·무연안(武延安)·무연수(武延壽)·무연광(武延光)·무연수(武延秀)를 군왕에 봉했다. 이렇게 되자, 무측천이 중심이 된 무씨 종족이 명실상부한 로열패밀리가 되었다. 봉호(封號) 외에 그들을 중앙과 지방의 각급 관료기구에 배치하였다. 무승사와 무삼사가 국정을 독점하자 재상들이 그들과 결탁하려고 할 정도로 권세가 대단했다. 무씨 자제들은 또 행신(幸臣)·혹리(酷吏)들과 한 패가 되어 반대파를 배척했다. 이로써 무측천이 통제하는 세력이 조정에서 큰 역할을 할 수 있게 되었다.

則天武后

5 측천황제

제1절

여황제(女皇帝)

690년 중양절, 66세의 무측천은 혁명을 일으켜 국호를 "주(周)"로 바꾸었다.

무측천은 낙양의 측천문루에 올라 주나라의 건국을 선포하며 연호를 고치고 대 사면령을 내렸다. 이 해의 연호는 원래 영창(永昌) 2년이었는데 후에 재초(載初)로 고쳤다가 이때 다시 천수(天授)로 바꾸었다. 무주제국은 이렇게 세워졌고, 섭정도 이로 끝났다.

중국역사상 권력을 잡았던 여인은 무측천만은 아니었지만 황제가 된 사람은 그녀뿐이었다. 이것은 다른 사람들의 재주가 그녀만 못해서일까? 아니다. 무측천이 황제가 된 것은 역사가 그녀에게 "세(勢)"를 제공했고, 그녀도 이를 놓치지 않아 중국 역사상 유일무이한 여황제가 된 것이다.

동한 시기 황후와 태후가 섭정한 경우는 여섯 차례나 되지만 황제가 된 사람은 없었다. 역사는 도대체 무측천에게 어떤 "세"를 주었을까? 가장 중요한 것은 중앙집권의 정도가 달랐다는 것이다. 동한 시기 중앙집권의 정도는 수·당처럼 견고하지 않았고 체제도 완전하지 않았다. 이 때문에 동한의 섭정은 큰 힘을 발휘하지 못했고, 무측천의 섭정은 큰 힘을 발휘할 수 있었다.

첫째, 정치적으로 수·당의 중앙정부는 지방정부에 대한 통제를 강화했다. 동한 때에는 지방장관이 직접 관리를 선발해 관직을 주었다. 장관에 대한 지방 관리들의 충성과 우애는 중앙정부에 대한 충성심을 약화시켰고 심지어 유사시 중앙정부에 저항하기도 하였다. 이런 체제는 주군(州郡)이 중앙정부에 상당한 독립성을 유지하여 정책실행을 어렵게 만들었다. 그러나 이부(吏部)에서 관리를 선발한 당나라의 경우, 관리들은 장관에게 가신(家臣)으로서의 도리를 이행할 어떤 의무도 없었기 때문에 중앙정부의 정책은 순조롭게 집행되었다. 사실, 무측천 시기 중앙정부가 인사권을 장악하였다.

둘째, 수·당 시기 중앙집권의 강력한 힘은 군사력에 있었다. 수·당 시기, 중앙정부는 부병(府兵)이라는 막강한 군사적 역량을 가지고 있었다. 부병을 둔 목적은 중앙집권을 강화하기 위함이었다. 이것이 바로 "관중의 사람들을 일으켜 천하를 감시한다.(擧關中之衆, 以監四方.)"는 것이다. 명말청초 사람인 왕부지(王夫之: 1619~1692)는 부병은 무측천이 천하를 얻는데 도움이 되었기 때문에 당나라로서는 좋은 일이 아니라고 생각했다. 부병은 관중에 집중되었기 때문에 전국 각지의 군대를 합쳐도 관중과 맞설 수 없었다. 그래서 무측천이 중앙의 군권을 차지하고서야 당나라의 제위를 가져올 수 있었다.

셋째, 수·당 시기의 중앙집권의 강력한 힘은 사회구조에 있었다. 동한 시기, 조정의 지명수배를 받는 사람들은 왕왕 각 지방 세력의 비호를 받아 곤경에서 벗어나려는 현상이 나타났다. 그러나 수·당 시기, 이러한 현상은 나타나지 않았다. 당나라에는 고도로 발달된 보갑제도(保甲制度: 이웃끼리 서로 옳게 행동하도록 감독하는 제도…옮긴이)가 있었고, 종족은 더욱이 사회구조의 엄밀한 고리였다. 범죄를 저지른 사람은 남북의 어느 곳이든 달아날 수 없었다. 무측천은 엄밀한 사회조직으로 국가조직을 통제하였다. 그녀는 피라미드의 꼭대기가 각 층을 통제하듯, 궁궐 깊숙한 곳에서 정국을 통제하였다.

무측천은 집권할 때 농업을 매우 중시했다. 당나라는 북조·수나라 이래의 균전제(均田制)를 계승하여 여러 차례 균전령(均田令)을 제정하였다. 규정은 다음과 같다: 일반 토착민 중 성인 남자는 일인 당 100무(畝)의 토지를 소유할 수 있다. 이는 농민으로서 토지를 소유할 수 있는 최대치였다. 이러한 이상적 기준에 근거해 정부는 농민에게 같은 수량의 세금을 거두었고, 사람 수와 호적에 따라 징수하는 조용조제(租庸調制)를 실행하였다. 이 제도는 수량 내의 개인 전답은 합법이라고 규정하고 있다. 개인전답을 제도에서 규정한 최대치를 초과해 소유하는 것이 바로 점전유제(占田逾制)인데, 국가는 압수할 권한이 있었다. 토지와 세금 관리를 위해 당나라는 엄격한 호적제도를 갖추었는데, 여기에는 호구를 등록하는 민적(民籍)과 토지를 등록하는 전적(田籍)을 포함하고 있다. 백성들이 달아나는 것도 엄금하였다. 호적은 정부가 세금을 거두고 요역을 실시하는 중요한 근거였다.

무측천의 통치시대는 당나라의 경제 시스템이 바뀌는 시기였다. 북위 때 만들어진 균전제는 전란 이후 토지가 대량으로 유실되는 상황에서 시행된 토지제도로, 국가가 인구와 토지를 엄격하게 지배하고 통제하였다. 사회가 안정되고 생산력이 향상되면서 지주계급은 토지를 겸병하고 생산 확대를 요구한 반면 많은 농민들이 국가의 호적을 벗어나면서 대규모 유동인구가 생겨났다.

지주들의 토지겸병에 대해 무측천은 차분하게 대처했다. 토지겸병이 빈부격차를 유발하고 농민의 이탈을 야기할 수 있었지만 당시의 사회는 안정적이었다. 그래서 무측천은 시대의 흐름에 맞지 않는 이러한 경제제도를 구제하는 행정명령을 취하지 않고 지주들의 토지겸병을 용인했고 유민들에 대해서도 관용적인 정책을 펼쳤다.

이런 정책을 펼친 까닭은 농업생산력이 발달하면서 개별농가의 독립생산과 생존능력이 크게 향상되었기 때문이었다. 당대 농민들은 토지를 잃은 후 한대의 농민들이 생활의 터전을 잃고 농지로 돌아갈 수 없어 노비가 되거나 유랑한 것과는 달리 다시 소작농의 신분으로 개별가정을 단위로 삼아 지주의 땅을 빌려 농사를 짓거나 개발되지 않은 산촌으로 들어가 개간할 수도 있었다. 결론적으로, 그들 대부분은 다시 토지와 결합할 수 있었다. 그래서 한나라 때의 토지겸병에는 대량의 "유민(流民)"이 나타났던 반면 당나라 때의 토지겸병에서는 대량의 "도호(逃戶: 다른 지역으로 이동하는 이주민…옮긴이)"가 나타났다. 유민은 토지 밖을 떠도는 불안정한 세력으로, 사회 안정에 큰 변수였다. 도호는 국가 호적의 통제를 벗어난 유동인구로, 그들은 토지를 계속 경작하여 정부의 재정수입 감소를 초래할 가능성은 있지만 중대한 사회문제를 일으킬 정도는 아니었다.

토지집중은 봉건경제가 발전하면서 생기는 필연적인 결과이다. 토지집중은 부작용만 있는 것은 아니었다. 토지가 집중되면서 당대의 사회경제는 크게 발전하였다. 장기적으로 볼 때, 토지집중은 사회적 부의 축적과 분업의 확대 및 사회재생산을 확대한다는 측면에서는 유리했다. 전국인구의 1/3에서 1/4을 차지하는 도호는 경제발전의 원동력이었다. 그들은 관문을 출입하고 산과 강을 오가며 발달이 더딘 지역을 개발하는데 큰 공헌을 했다.

무측천 전기의 도호정책은 주로 수나라의 정책을 답습했다. 원칙적으로 지방의 주현(州縣)이 조사를 하였지만 실제로는 형식에 그쳤다. 이는 지방과 중앙의 이익이 어떤 경우에 완전히 일치하지는 않았고 지방에서도 새로운 경제 변화로 자신들의 이익을 발견했기 때문이었다. 일정한 도호를 남겨두는 것은 지방경제에 도움이 되고 지방 관리들이 업적을 쌓는 중요한 기초가 되었다.

무주 후기, 무측천이 문제를 발견하고 봉각사인(鳳閣舍人) 이교(李嶠)의 건의를 따라 도호정책을 실행했다. 우선 적발한 도호에 대해서는 관용정책을 계속 취했다. 더 중요한 것은 농민들이 달아나는 현실을 인정하고 강력하고 유효한 수단을 동원해 도호를 찾아냈다. 도호들이 원적(原籍)으로 돌아가길 원치 않는 경우 도주해온 지역에 정착하여 국가의 합법적인 호적에 편입되도록 했다.

이 정책에 따라 고향을 떠난 많은 농민들이 국가의 호적에 다시 등재될 수 있었다. 이렇게 되자 과거 간단했던 조사와 처벌은 다시 정부의 관리 범위에 있게 되었다. 그래서 무측천 시대에는 반이 넘는 호구가 달아났지만 호구가 배로 늘어나는 현상도 나타났다. 달아난 농민들은 미개발지에서 새로운 거주지를 형성했기 때문에 무측천 시기에는 많은 주현들이 새롭게 설치되었다.

무측천이 황제가 되기 전후, 통치술의 변화로 관리 선발·국경·재정 등의 문제를 비롯해 공포정치로 야기된 사법관련 문제들이 급증했다. 고종·무측천 시기 정치체제상에 내린 최초의 조치는 상서(尙書) 기구의 확대와 완비였다. 이부(吏部)·병부(兵部)·호부(戶部)·형부(刑部)와 상서도성(尙書都省)의 관원이 크게 늘어났다.

과거 상서령의 직무는 "백관을 통솔하는 것"으로, 이는 상권(相權)이 직무를 독점하는 체제였다. 상서성의 권력은 필연적으로 분산되어야 했다. 그래서 수나라 이후로 실질적으로 상서령을 받은 사람은 드물었다. 좌우복야(左右僕射)가 상서성의 장관이 되었지만 정관 이후 복야의 관직 역시 오랫동안 공석으로 있었고, 육부 상서들이 재상이 되어 참정하는 일이 나날이 많아졌다. 이것은 아래 관료들이 상급권력을 분산한 것이다. 상서도성은 끊임없이 늘어가는 육부의 사무를 취합하여 결제하는 것이 불가능했다. 무측천 시기에는 상서성의 권력분산이 더욱 가속화되었다. 행정사무가 급격히 증가하자 상서성의 주요관원들을 증원하였다. 무측천이 황제가 되기 전인 영창 원년 10월 5일, 상서도성에 좌우사원외부(左右司員外部)를 두었다. 목적은 도성의 감사권한을 강화하고 관원을 늘여 그들의 권한을 분산시키기 위함이었다. 육부를 총괄하는 행정중추인 상서도성의 지위는 점차 상실되었다.

철권 통치자들은 권력에 광적인 집착을 보이면서 아래 사람들이 하는 일을 믿지 않는 경향이 있다. 그러나 사람의 힘에는 결국 한계가 있기 때문에 독재의 결과는 좋지 않을 수도 있었다.

천수 2년(691년), 적인걸이 처음으로 재상에 임명되었다. 그는 왕순지(王徇之)라는 대학사가 집에 가기 위해 휴가를 내려고 여황제에게 직접 비준을 청한 사실을 알았다. 적인걸은 이 기회를 이용해 무측천에게 간언했다. "신이 듣기로 황제는 생살의 권한만 사람들에게 주지 않고 기타의 일들은

적인걸(狄仁傑)

모두 관련 부서로 넘겨 처리한다고 합니다. 그래서 좌상(左相)과 우상(右相)은 지위가 높아 유배를 보내는 이하의 일은 다루지 아니합니다. 좌승(左丞)과 우승(右丞)은 징역 이하의 일은 다루지 아니합니다. 그 학사가 휴가를 청한 것은 승(丞)이나 주부(主簿) 등의 하급 관원들이 다루어야 합니다. 천자께서 이러한 사소한 일까지도 명을 내리신다면, 천하의 일을 어찌 다루실 수 있겠습니까?" 이는 사실상 무측천에게 사소한 일에 간섭하지 말고 황제로서 본분에 맞는 일을 할 것이며 직무를 맡은 관리들이 직권에 따라 일을 처리할 수 있도록 권한 것이다. 무측천은 그를 칭찬하였다.

무측천은 권력을 독점하였지만 자신의 최측근에게는 권력의 일부분을 넘기기도 하였다. 어떤 인재가 가신이 될 자격이 있을까? 예를 하나 들어보자: 여황이 머리라고 한다면, 최측근은 손일 것이다. 머리만이 손을 지휘할 수 있고, 손은 자기 마음대로 함부로 움직일 수 없다. 최측근은 능력이 뛰어날 수는 있지만 야심을 가져서는 안 되고 심지어 개인의 의사표시도 할 수 없다. 그야말로 충복이어야만 무측천은 안심하고 그들에게 일을 맡겼다. 그러나 안타깝게도 이런 사람은 없었다. 그녀의 가신들은 모두 "기대를 저버려" 제거되었다. 상대적으로 장씨 형제가 가장 성공적이었으나 그들 역시 그녀의 부장품(副葬品)이 되었다.

북문학사 출신 재상 유위지는 무측천이 직접 발탁한 인물이다. 무측천은 그를 심복 내지 최측근으로 보았기 때문에 재상에 임명하여 대권을 주었다. 그러나 유위지는 훗날 배염과 가까워졌다. 배염 사단 전체는 무측천이 섭정하는 것과 예종 이단을 별전에 유폐하는 것에 반대하였다. 수공 3년(687년), 유위지는 무측천의 섭정에 불만을 품었다. 그 잘못을 공개적으로 언급하지는 않았지만 사석에서 사람에게 말했다. "태후께서 무능한 군주를 폐위하고 어진 군주를 세우시고도 어찌 섭정을 계속 하신단 말인가? 정권을 돌려주어 사람들의 마음을 안정시켜야 한다." 그는 결국 밀고를 당했다. 무측천은 대노하며 말했다. "유위지가 이럴 줄은 몰랐다." 무측천은 유위지를 측근으로 여겼기 때문에 그에게 대권을 주었다. 지금 측근이 다른 마음을 품었으니 살려둘 수 없었다. 그래서 구실을 찾아 그를 체포하였다. 특사가 칙문을 읽자, 유위지는 끝까지 자신의 결백을 주장했다. "봉각(鳳閣)과 난대(鸞臺)를 거치지 않은 것이 무슨 칙령이란 말이냐?" 그의 뜻은 재상 기관인 중서성과 문하성을 거치지 않은 성지는 받을 수 없다는 것이었다. 태종의 관례를 따르면, 그를 체포하라는 조서는 그 자신이 직접 비준해야했다. 그러나 무측천은 황후로서 국정을 운영하려면 반드시 관례를 깨뜨려야만 했다. 죄명은 나와 있지 않은가? 무측천은 또 그에게 천후의 특사에게 저항했다는 죄명을 추가했다. 유위지는 천자가 자신을 구명한 것을 알고 기뻐하기는커녕 오히려 슬퍼하며 말했다. "태후가 국정을 농단하고 있는데 황제가 글을 올리면 곧 큰 화가 닥치겠구나." 5월, 그는 집에서 사약을 받았다.

이소덕(李昭德)은 무측천의 주변인물 중 한때 가장 잘 나간 인물이다. 그는 경조(京兆) 장안 사람으로, 성격이 강경하고 달변이었다.

당연히 그도 무측천의 측근이었다. 무측천은 그를 매우 신임하여 대권을 주었다. 장수(長壽) 원년(692년) 8월, 무씨 자제인 무승사가 재상에서 파면되자, 무유녕도 문하성 장관납언(長官納言)에서 동관상서(冬官尙書)로 강등되었다. 동시에 무측천은 재상 몇 명을 교체하였는데, 그중에 이소덕이 있었다. 무승사조차 그를 험담하다 무측천에게 비웃음을 당한 적이 있다. "이소덕을 기용한 후 나는 아무런 걱정이 없다." 무측천은 자신을 배반한 사람에게 대권을 절대 주지 않았다. 재초(載初) 원년(690년), 내사(內史)로 있던 이소덕은 본래 정사당에서 사람들과 함께 국정을 논의해야 했다. 그러나 그는 황제가 사람들의 논의를 허가한 후에도 문하성의 권한을 넘는 반박을 하여 자신의 위세를 드러내려했다. 게다가 무측천이 안정되었을 때, 그는 황권을 따르길 원치 않고 황권이라는 본체에서 벗어나 개인의 위엄을 세우려고 하였다. 사서에 따르면, 지방의 주현과 중앙의 각 대(臺)·시(寺)의 관리들은 모두 이소덕을 알현하러 갔다고 한다. 이런 점들은 "군신일체"의 원칙을 깨뜨린 것으로, 이소덕이 실각하게 되는 주요 원인이었다. 무측천이 중용한 또 한 명의 대신 구음(丘愔)은 무측천에게 다음과 같이 일깨워주었다. "신이 듣기로 군왕의 실수는 권력을 아랫사람에게 주는 것입니다." 이 한마디가 여황의 마음을 움직였다. 이어서 그는 이소덕이 조정에서 권력을 휘두르고 있다고 말했다. "신이 그의 담력을 보니 보통이 넘으며, 콧김이 솟구치면 은하수를 불어버릴 것 같습니다." 무측천은 곧바로 이소덕을 재상직에서 파면하고 구음을 기용했다.

무측천이 황제가 되는 과정에서 관리임용을 공개한 것과 개방한 것은 중국고대사에서 극히 드문 일이다. 그 주요 루트는 과거(科擧)·자천(自薦)·고밀(告密)·시관(試官) 등이었다. 격식에 얽매이지 않고 폭넓게 관리를 선발하는 이러한 방법은 다양한 방면의 인재들이 두각을 드러내는데 좋은 외부조건을 만들었다. 그러나 필연적으로 유능한 관리와 무능한 관리가 한 곳에 섞이는 단점도 있었다. 무측천은 관리들이 너무 많으면 부패가 만연하고 치명적인 해가 된다는 점을 알고 있었기 때문에 각종 감독조치를 취해 사전에 예방하고 바로 잡았다. 그중 감찰부문의 조직과 역할을 강화한 것은 실질적인 의의가 있다.

당나라는 수나라의 제도를 답습하였다. 조정의 최고 감찰기관인 어사대는 재상 이하 각급 관리들의 준법상황을 감찰했고, 각종 규율을 위반한 관리들을 고발하고 탄핵하였다. 당대 권력기관 중 어사대는 독립적인 체계를 갖추고 있었으며 제도적으로 중앙과 지방을 바로 연결하는 권한을 가지고 있었다. 정관 이후, 대신들을 관풍속사(觀風俗使)·순찰사(巡察使)·존무사(存撫使) 등의 명의로 지방을 순시하게 했지만 제도화되지 못했고 게다가 사신으로 가는 사람들도 고정되어 있지 않았다. 무측천 시기, 어사대는 대폭적으로 확대개편 되었다. 당나라 초기, 집중적으로 감찰한 대상은 도성의 각급 관원들이었다. 이것은 명백히 직권범위를 넘어서는 것이었다. 첫 번째 이유는 중앙의 관리들은 원래 상당히 엄밀한 감시와 제약을 받고 있었다는 점이고, 두 번째 이유는 지방의 관리들은 직접적으로 백성들을 돌보는 관리이기 때문에 그들의 청렴도는 민심의 향배와 사회 안정에 직결된다는 점이다. 지방 관리의 감찰을 강화한 것은 무측천의 탁월한 식견을 잘 보여준다. 이후로 숙정대(肅正臺) 소속의 감찰어사와 시어사는 1년에 두 번 정기적으로 전국 각지를 순찰하며 지방 관리들을 엄밀하게 감찰하였다.

감찰관원의 직권범위가 확대되었을 뿐만 아니라 권력도 크게 강화되었다. 무측천 시기의 감찰 관원 중 상당수가 무고한 사람을 마구잡이로 죽이는 혹리였다. 그들은 또 생사여탈권까지 받았기 때문에 지방 관리들은 그들을 호랑이처럼 두려워했다. 무측천 시기 조정의 사자가 온다는 소식을 듣고 자살한 지방 관리들이 사서에 상당수 기록되어 있는데 이것으로 감찰제도의 위력이 어느 정도인지 알 수 있다.

감찰관원들 대부분은 직급이 낮았지만 그들의 지위와 권세는 다른 관원들에 비해 높았다. 무측천은 감찰관원은 황제 본인에 대해서만 책임질 뿐 누구도 그들의 직권 범위 내의 활동을 간섭할 권한이 없다고 규정했다. 그녀는 그들이 임무를 수행하는 과정에서 자신의 뜻을 어기더라도 무분별하게 권위를 부리지 않았다. 이런 특수한 권력은 감찰관원이 직권을 행사하는데 광활한 천지를 제공하였다. 그들은 상급기관의 지시 없이 조정의 문무백관들 앞에서 재상을 포함한 어떤 관원도 탄핵할 수 있었다. 장안(長安) 4년(704년), 무측천은 재상 소미도(蘇味道)를 총애한다는 뜻에서 그에게 여러 해 전에 사망한 부친의 묘를 이장하도록 명을 내렸다. 소미도는 이를 특별한 영예로 여기고 토목공사를 일으켜 묘지를 지었다. 감찰어사 소지충(蕭至忠)이 이 일을 정탐하고는 사람들에게 소미도가 아버지 묘를 이장하는 과정에서 "마을 사람의 묘와 밭을 훼손하고, 사람들을 지나치게 혹사시킨" 등의 일을 거론하며 그를 탄핵했다. 무측천은 소미도를 도와주고 싶었으나 어쩔 수 없어 그를 방주자사(坊州刺史)로 좌천시켰다. 이후, 숙정대의 징관인 어사대부 이승가(李承嘉)는 상황이 심각하다고 판단해 소지충을 문책하였다. "어사대부의 지시 없이 자네가 어찌 탄핵할 수 있는가?" 소지충이 대답했다. "관례에 따르면, 어사대에는 장관이 없습니다. 어사는 군주의 눈과 귀인 관계로 각자가 탄핵하며 서로 의견을 주고받지 않아도 된다고 했습니다. 어사대부의 지시를 받아야 탄핵에 동의하신다면, 어사대부 본인을 탄핵할 경우에는 누구의 지시를 받습니까."

무측천은 조정과 지방의 관리뿐만 아니라 심지어 사회 각 계층이 정보를 위로 전달하게 하여 광범위한 정보망을 점유하려고 했다.

무측천은 황후가 되었을 때 밀고를 장려하지 않았다. 섭정 후에도 밀고한 사례가 있었다. 2월 쿠데타가 일어나고 양초사변이 일어나기 전날 밤에 다음과 같은 일이 일어났다: 2월 폐위에 참여했던 일군의 "비기(飛騎)"(금위군)소속 병사들이 술집에서 술을 마셨다. 그중 한 사람이 불만을 토로했다. "황제를 폐위시키고도 상을 못 받을 줄 알았다면, 우리가 황제를 압박해 퇴위시킬 필요가 있었나?" 잠시 후, 동석해있던 한 사람이 재빨리 자리를 떠났다. 그는 북문으로 내달려 당국에 그 비기의 말을 폭로했다. 술자리가 끝나기도 전에 현장에 있던 사람들은 모두 체포됐다. 불만을 토로했던 사람은 처분을 받았지만 그렇지 않았던 사람들도 알고도 신고하지 않았다는 이유로 처분을 받았다. 그러나 전체적으로 봤을 때, 이때의 밀고 사례는 많지 않았고, 밀고하는 분위기도 형성되지 않아 수많은 하층계층 밀고자들이 아직 본격적으로 움직이지 않았다. 그러나 양초사변 이후로 상황이 달라졌다.

수공 원년(685년) 이후, 무측천은 먼저 정보루트의 원활한 소통을 위해 일련의 조치를 취했다. 이해 2월, 그녀는 결정했다. "조당(朝堂)에 설치한 등문고(登聞鼓)와 폐석(肺石)을 더 이상 지키지 말며, 누군가가 북을 치고 돌을 세우면 어사가 소장을 받아 짐에게 알리라." 등문고는 관리나 백성들의 간언과 억울한 사정을 듣기 위해 설치한 북이었다. 관리나 백성들이 북을 치면 임금이 들을 수 있도록 보통 조당 서쪽 바깥에 두었다. 폐석은 무측천이 지방 관원들의 범죄(모반 포함)를 백성들이 고발할 수 있도록 세운 돌로, 조당의 문 동쪽 바깥에 두었다. 돌 색깔이 사람의 폐처럼 붉다고 해서 붙여진 이름이다. 이제는 지키는 사람들을 철수시키고 어사가 사건을 서술한 소장을 받은 후 바로 무측천에게 올림으로써 신하와 백성들이 직접적으로 조정에 기소하는 고리가 만들어졌다.

이 조치로 무측천은 두 가지 목적을 이루었다. 하나는 아래 쪽 상황을 파악해 정사에 도움을 받은 점이고, 하나는 사람들에게 마음 놓고 밀고하도록 하여 관리들의 동태를 살필 수 있게 된 점이다.

수공 2년(686년) 3월, 무측천은 또 동궤(銅匭: 동으로 만든 상자…옮긴이) 4개를 조당 가운데 두어 천하에서 올린 글을 받도록 명을 내렸다. 동궤 4개는 6월에 설치가 완료되었다. 동궤에는 4개의 구멍이 나있어 하고 싶은 말이 있는 사람은 글을 한쪽 구멍으로 넣을 수 있었다. 첫 번째 구멍은 자천이나 백성들의 복지를 개선하는 목적으로 사용되었다. 두 번째 구멍은 정부를 비판하는데 사용되었다. 세 번째 구멍은 억울한 일을 호소하는 일에 쓰였다. 네 번째 구멍은 길흉의 암시나 예언 및 모반을 보고하는데 쓰였다. 동궤는 사회동향을 살피기 위해 설치되었다. 이런 점에서 의미 있는 조치라고 할 수 있다. 제도상으로 제왕이 직접 관리와 백성들의 다양한 의견을 들을 수 있게 되었다.

동궤의 설계자는 어보가(魚保家)였다. 서경업이 반란을 일으켰을 때 어보가는 그들에게 은밀히 칼·수레·활을 만드는 법을 가르쳤다. 서경업이 실패하자 어보가는 요행히 추적을 피했지만 내심 불안했다. 그는 무측천이 하루빨리 사회동향을 파악하려는 소식을 듣고 방책을 하나 올렸다. "동궤를 만들어 천하에서 올린 글들을 받으소서." 아울러 동궤의 모양을 설계했다: 함에는 하나의 방이 있고, 방 가운데에는 네 개의 칸이 있다. 각 칸 위로 나있는 구멍으로 글을 받았다. 넣을 수는 있어도 꺼낼 수 없었다. 대략 오늘날의 우체통과 비슷한 물건이었다. 무측천은 이를 크게 표창하고 건의를 수용했다. 어보가는 큰 공을 세웠으니 이제 마음 편히 지낼 수 있겠다고 생각했다. 그러나 동궤가 만들어지자 그에게 원한을 품은 사람이 글을 올려 어보가가 서경업에게 병기제조법을 가르쳐주어 관군에게 막대한 타격을 주었다고 고발하였다. 이로 어보가는 동궤 때문에 고발당한 첫 번째 희생자가 되었다. 이상의 사건에서 무측천은 영감을 얻고 밀고를 장려하여 외부의 각종 동향을 신속하게 파악할 수 있었다. 당시의 정국은 하루빨리 권력을 차지하려는 무측천에게 상당히 불리하게 돌아갔다. 그래서 동궤의 기능은 "민심을 살핀다."는 본래의 취지와는 달리 밀고의 중요한 도구로 변질되었다.

밀고함이 설치되자 조정은 각 성과 현에 명령을 내렸다. 음모를 폭로하거나 조정을 비판한 사람을 고발하는 사람은 지위고하를 막론하고 지방장관이 일률적으로 융성하게 대접해야 했다. 수감된 죄인이라도 예를 갖춰 대해야 했다. 무측천은 이런 밀고자들을 친히 불러 접견했다. 그가 언변에 뛰어나고 수하가 될 수 있는 사람이면 즉각 어사 내지 유격장군으로 임명하거나 큰 상을 내렸다. 밀고자의 정보가 사실이 아니더라도 처벌하지 않았다. 무측천이 이렇게 한 것은 밀고자를 감독할 체계적이고 엄밀한 조직과 모든 것을 아우르는 첩보망이 필요했기 때문이었다.

무측천은 마침내 장애물을 제거하고 황위에 올라 중국역사상 유일무이한 여황제가 되었다. 그녀는 자신의 권위로 세상 사람들에게 "무측천은 대당의 여황이며, 조정을 주재할 수 있는 군주"라는 점을 확실하게 알려주었다.

제2절

종교의 교리로 백성을 가르치다

무측천은 불교와 깊은 관계가 있다. 진인각은 "무측천이 어린 시절 여승이 된 것은 독실한 불교신자였던 모친의 영향을 크게 받았음을 증명한다."라고 지적한 바 있다.

무측천의 종교 신념은 "도교 억압, 유교 이용, 불교 선양"이었다.

일반적으로 정권교체를 위해서는 신하들뿐만 아니라 민심도 얻어야 한다. 사상투쟁은 바로 포성 없는 전쟁이다. 무측천은 당시 사상과 신앙의 양대 조류인 유학과 불교를 이용하였다. 전자는 그녀의 "혁명" 이론에 길을 닦아주었고, 후자는 그녀에게 여왕이 천하를 다스릴 수 있다는 이론적 토대를 제공했다.

당 고조와 당 태종은 불교를 탄압하고 억제했다. 태사령 부혁(傅奕)은 유교이론으로 불교를 폐지할 것을 거듭 청했고, 황실에

빌붙어 사는 도사들은 불교를 무고했다. 또 고조와 태종이 두 번이나 도교를 제창하고 불교를 억압하라고 조서를 내린 것과 승려 법림(法琳)을 하옥시키고 유배를 보낸 것은 불교도에게 상당한 타격이었다. 이로 초당(初唐)의 불교는 내리막길을 걸었다. 도교의 경우, 도가학설의 창시자인 노자의 성이 이씨여서, 이당 왕조의 통치자들은 노자를 선조로 받들며 도교를 숭상했다. 역사학자 진인각은 다음과 같이 지적했다: 태종이 한 이런 일들은 정치적 목적이 있다. 그의 본심은 소우(蕭瑀)를 책망하는 조서에서 나타나듯 "불교를 따를 생각이 없다."는 것이다. 당시 불교는 새로운 왕조에서 불리한 입장에 있었다. 정국의 변화를 이용해야 상실한 지위를 회복할 수 있었다.

소우(蕭瑀)

현장법사(玄奘法師)의 귀국은 불교가 흥성하는 전기(轉機)가 되었다. 당시는 태종 후기여서 예전보다 불교를 호의적으로 대했다.

장안으로 돌아온 현장은 도성의 불교학술중심인 홍복사(弘福寺)에 배치되었다. 절에 들어갈 때 "도성의 선비들과 내외의 관료들이 길 양쪽에 줄지어 서서 우러러 볼"정도로 성황을 이루었다. 이밖에 현장의 간청으로 태종은 도성과 각지에 있던 고승들을 불러 번역소를 만들고 불경을 번역할 수 있도록 했다. 이런 것들은 현장의 사회적 명성을 높여 주었을 뿐만 아니라 불교의 위상도 제고시켰다.

그러나 고종 때 불교와 유교·도교간의 갈등이 불거졌다. 일부 학자들은 이러한 종교문제의 배후에는 무측천의 영향과 조종이 있었다고 주장한다.

당 고종 용삭(龍朔) 2년(662), "도사·여관·승려·여승은 황제·황후·황태자와 그 부모에게 절을 해야 한다."는 칙서 때문에 대규모 토론이 벌어졌다. 이 조서는 승려와 도사들이 황제·황후·황태자와 본인의 부모를 만나면 몸을 굽혀 절을 하도록 명시하고 있다. 이는 승려와 도사에게 세속의 예절을 따르도록 요구한 것이었다. 불교 승려들은 크게 반발하였다. 도성의 승려 200여 명이 봉래궁으로 몰려가 고종에게 명을 거두어 줄 것을 간청하는 글을 올렸다. 승려들은 서명사(西明寺)에 집결하여 더 큰 지지를 이끌어 내기 위해 고종과 조정의 권신 및 귀족들에게 글을 올려 이 칙서를 폐지하려고 했다. 25일, 서명사의 승려 도선(道宣)은 옹주목(雍州牧)이자 패왕(沛王)으로 있던 이현(李賢)에게 서신을 올렸다. 이때 이현의 나이 겨우 6살이었다.

도선 등이 6살된 아이에게 서신을 올린 것은 무측천의 환심을 사기 위함이었다. 4월 27일, 도선은 또 영국부인 양씨에게 서신을 올렸다. 그렇게 한 까닭은 양씨는 독실한 불교신자이자 황후의 모친이어서 아래의 상황을 무측천에게 전해줄 수 있었기 때문이었다. 실제로 양씨는 상당한 정치적 활동능력을 가지고 있었다. 당연히 양씨가 정치활동을 할 수 있었던 원동력은 무측천이었다. 도선이 양씨에게 서신을 올린 것도 분명히 이런 측면에서 무측천이 이 사건에서 맡을 수 있는 중대한 역할을 나타낸 것이었다. 5월 15일, "1,000여 명이 넘는 9품 이상의 문무신료와 주·현의 관리들을 중대도당(中臺都堂)에 소집하여" 일을 의논했다. 의론이 분분하여 합의를 도출하지 못했다.

6월 8일, 고종은 관리들의 의견차가 큰 것을 보고 하는 수 없이 《스님들이 임금에게 절하는 것을 금하는 조서(停沙門拜君詔)》를 내려 "군주에게는 절을 할 필요가 없다"라며 한발 물러섰다. 그래도 승려들은 계속 글을 올려 부모에게도 종전처럼 절을 하지 않게 해달라고 요구했다. 다만 이때의 기세는 전만 못했고, 부모에게 절을 하는 일도 점차 흐지부지해졌다. 여기에서 "황제와 부모에게 절을 해야 하는" 일은 일단락되었다. 고종은 이 사건에서 유리한 국면을 만들지 못했다. 이 사건은 무측천이 배후에서 조종했다고 볼 수 있다.

영휘 6년(655년) 11월, 무측천은 황후로 책립되자 적극적으로 자신의 세력을 심으면서 고종과 최고 권력을 다투기 시작했다. 무측천의 세력이 커지자 고종은 그녀의 권력을 회수하려고 했다. 인덕 원년(664년), 상관의가 황제에게 무후를 폐위할 것을 권한 것은 갈등이 그만큼 심각했다는 증거이다.

놀라운 것은 어린 여자아이가 왜 불교를 믿고 여승이 되었는가

법문보탑(法門寶塔)

이다. 가정에서 특히 모친의 영향은 절대적이다. 영국부인은 독실한 불교신자로 무측천이 어려서 가풍의 영향을 받았음은 말할 필요가 없다. 훗날 승려들은 무씨 집안의 전통신앙으로 당나라의 건국으로 인해 잃어버린 권세를 되찾고자 하였다. 그래서 무씨는 불교경전의 교의를 재해석하여 정치적으로 누릴 수 있는 특수한 지위를 증명하였다. 양자가 서로 이용할 수 있었던 것은 사실 오랜 내력 때문으로 하루아침에 우연히 나온 것은 아니다.

황후의 자리에 오른 무측천이 불교를 중시한 것은 권력을 차지하고 위엄을 세우는 중요한 도구라고 여겼기 때문이었다. 무측천의 불교행위 중 가장 눈에 띄는 것은 현장과의 문답·법문사의 사리를 안장할 금관과 은곽을 만든 것·현장에게 아들 이현의 머리를 깎아 불문에 귀의시켜줄 것을 청한 것 등이 있다. 이 모든 것은 무측천이 덕망 높은 고승들과 성대한 불사(佛事)를 비롯한 불교의 영역에서 고종과 우열을 겨루기 위한 것이라고 보는 것이 타당할 것이다. 이런 상황에서 고종은 무측천이 출산하려고 할 즈음 정치와 무관한 불교를 이용해 "황제와 부모에게 절을 하도록 하는" 칙문을 내렸다. "도사·여관·승려·여승은 황제·황후·황태자와 그 부모에게 절을 하게 하여" 무측천의 기세를 차단하고 조야의 반응을 보며 곧 잃어버릴 대권을 무측천의 수중에서 되찾아오기 위한 준비를 하였다. 그러나 무측천의 막후 조종으로 이 충성 없는 투쟁은 결국 고종이 "황제에게 절한다."라는 명을 거둠으로써("부모에게 절한다."는 것도 후에 흐지부지하게 된다.) 끝이 났다.

이러한 종교 활동도 중요한 정치행위였다. 황제와 황후는 이번 조치로 두 종교를 옹호하는 사람으로서의 위치를 확고히 했다. 두 종교의 영향은 이미 제국 전체와 각 사회 계층으로 확대되었다. 황제는 개개의 술사를 편애하는 것보다 더 적극적인 방법으로 도교를 지지했다. 666년 봉선의식을 끝낸 후 노자(老子)에게 더욱 높고 새로운 칭호를 부여한 것이 그 예이다. 각 주는 명을 받들어 사원과 도관(道觀)을 지었다(이것은 처음이었다). 도교는 불교가 여러 해 동안 국가의 지원을 받아 이룩한 사원 네트워크를 갖추었다. 675년, 황제는 도교전적총집을 편찬하도록 명을 내렸다. 678년, 그는 도사들을 종정시(宗正寺)의 관리 하에 두어 황실과 노자 간의 허구적인 혈연관계를 정식으로 인정했다. 한걸음 더 나아가 도가의 핵심경전인 《도덕경》을 과거시험의 필수과목으로 지정해 유가경전과 동등하게 대했다.

이때 황후가 불교를 옹호하기 위해 구원의 손길을 내밀었다. 황제에게 가까이 가고자 했던 불교도들은 그녀를 지지자 내지 보호자로 보았다. 황후는 이러한 폭넓은 지지가 필요했다. 사서에는 말하고 있다: 무측천이 황후가 되었을 때, 조정은 불교를 특히 중시해 조서에서 승려는 여전히 도사와 여관(女冠) 앞에 거하고 8년간 전국의 도살과 낚시를 금하며 전국에 있는 승려들의 돈을 거두어 큰 불상을 만들도록 명했다. 장안과 낙양에는 경전을 번역하는 사람들이 특히 많았다. 그중 실의난다(實義難陀)와 보리유지(菩提流志)가 가장 유명했다. 증성(證聖) 원년(695년), 천축에서 25년간 유학한 의정(義淨) 법사가 귀국할 때 무측천은 상동문(上東門)에서 그를 영접하고 불수기사(佛授記寺)에서 경전을 번역하도록 했다. 신수(神秀) 대사도 무측천이 도성에서 맞이했다. 이로부터 선종은 전국에 이름을 떨쳤다. 무측천은 종교건축의 협찬자이기도 했다. 그녀는 황후로 있을 때 용문석굴 내부에 불상을 새기는 일을 주관했다.

용문석굴(龍門石窟)

상원 원년(674년), 무측천은 천후(天后)가 되었다. 이 해, 그녀는 마침내 도교를 높이고 불교를 낮추었던 태종의 조서를 성공적으로 폐기하였다. 이후로 두 종교는 동등해졌다.

무측천 역시 유가라는 진지(陣地)를 버리지 않았다. 결국, 유가사상이야말로 당시 통치자들의 진정한 의식형태였다.

무측천은 문화계에 대한 배려가 없다고 생각하여 자신의 참모진인 북문학사들에게 정치적 목적을 위해 쓸 수 있는 전적을 편찬하게 했다. 무측천은 자신의 이름으로 감수하거나 저술했다. 내용은 도덕을 제창하여 태평성대를 이루는 것들이었다. 《열녀전(烈女

《傳》》 외에 군신 간의 대의를 기술한 《신하의 도리(臣軌)》가 있는데, 태종의 《제범(帝範)》을 모델로 삼았다. 이 책은 무측천의 정치철학을 잘 보여준다. 유가와 도교의 경전에서 엄선한 인용문을 "지충장(至忠章)"과 "이인장(利人章)" 등의 표제 아래에 나누어 열거하였다. 적어도 서문은 무측천이 직접 쓴 것이고, 본문은 아래의 격언을 반복적으로 언급하고 있다. "아버지와 아들이 골육 간이나 한 몸인 임금과 신하만 못하다." "무릇 신하에게 임금은 사지 위에 있는 머리이며, 눈과 귀를 부리는 마음과 같다." 이 책은 끝까지 임금에 대한 충성과 국가의 권리가 개인보다 높음을 강조하고 있다. 장수(長壽) 2년(693년), 그녀는 과거 응시생의 필수과목이었던 《도덕경》을 《신하의 도리》로 대체했다. 이는 도교에 타격을 가하는 조치였다. 당연히 이는 훗날의 이야기이다. 당시 《신하의 도리》와 같은 성격의 책으로는 《백료신계(百僚新戒)》와 음악과 예법 방면의 책인 《악서(樂書)》가 있다.

유가의 전적은 여성이 권력을 쥐는 것을 반대하고, 보이지 않는 것들을 다루지 않았다. 그러나 후대의 유생들은 통치의 필요성 때문에 천인감응(天人感應: 하늘과 사람이 모두 음양의 조화로 이루어져 서로 통하므로 사람은 하늘의 뜻에 복종해야 한다는 설…옮긴이)·오행학설(五行學說: 세상의 모든 변화가 나무·불·흙·쇠·물의 운동변화로 야기된다고 주장하는 설…옮긴이)·상천시경(上天示警: 어떤 일이 일어날 때 하늘이 먼저 그 조짐을 보여준다는 설…옮긴이) 등과 같은 근거 없는 말들을 견강부회했다. 무측천은 바로 크게 날조된 이러한 "혁명" 여론을 이용하였다.

길조는 하늘이 군왕에게 내리는 축복이다. 무측천이 황후가 된 후로 대당의 길조는 순식간에 많아졌다. 그중에는 강에서 나온 푸른 털을 가진 거북이와 물에서 주웠다는 적심석(赤心石)을 바치는 사람들도 있었다. 무측천은 이런 비정상적인 행위를 문책하지 않았다.

　무측천은 또 종교로 사람을 교화하기 위한 시설을 대대적으로 지었다. 그녀는 천추(天樞)·명당(明堂)·구정(九鼎)을 짓는 것 외에 태산에서 봉선의식을 행하고 연호를 바꾸어야만 신비한 힘이 강화되어 "황제로서 만세를 누림"이 가능하다고 여겼다.

　이군선(李君羨) 사건은 무측천이 세상 사람들의 생각을 통제하려 했음을 보여준다. 개국공신인 이군선이 어느 날 현무문(玄武門)에서 당직을 섰다. 마침 태백성이 대낮에 여러 차례 나타났다. 태사가 점을 치더니 "여주(女主)가 일어난다."라고 말했다. 민간에도 다음과 같은 풍문이 돌았다: "당나라 삼대가 지난 후 여주 무왕이 이를 이어 천하를 통치하게 될 것이다." 이세민은 이를 매우 경계했다. 후에 이군선의 어릴 적 이름이 "오낭(五娘)"이었다는 것을 알고는 태사의 말과 민간의 풍문이 생각나 그를 처형했다. 무측천이 황제가 되자 이군선의 가족들은 궁에 가서 억울함을 호소했다. 무측천은 이 일을 대서특필하고는 이군선의 관직을 회복시키고 예로써 장례를 치르도록 명했다. 그녀는 사람들에게 자신이 황제가 된 것은 하늘의 뜻임을 믿게 하고 싶었다. 사실 풍문이라는 것이 정말로 있었는지 아니면 누군가가 과장을 했는지는 현재로선 알 길이 없다.

　고조·태종·고종 이후의 당나라 황통에서 자신의 위치를 굳건히 하고 모후의 신분으로 황제가 된 경우는 역사적으로 선례가 없었다. 무측천은 하루빨리 이론적 근거를 찾으려 했다. 조정의 백관들이 갖은 궁리를 하고 전적들을 다 뒤져보아도 확실한 근거를 찾아내지 못했다. 다만 춘관상서 이사문(李思文)(서경업의 숙부이자 이적의 아들)이 《상서(尙書)·무성(武成)》 편에서 "수공천하치(垂拱天下治: 아무것도 하지 않음으로 천하를 다스린다는 의미…옮긴이)"라는 구절을 찾아내 무측천이 사용한 연호인 "수공"에 억지로 끼워 맞춰 천명을 받은 근거로 삼았다. 무측천은 견강부회하는 이런 방법을 매우 좋아하여 이를 천하에 알렸다.

수공 4년 5월, 그녀는 낡은 칭호를 버리고 직접 "성모신황(聖母神皇)"으로 불렀다. "황(皇)"자는 남녀 모두에게 사용할 수 있고 제왕의 칭호이기 때문에 고의로 의미가 불분명한 이 글자를 선택하였다. "황후"는 황제의 "후"이기 때문에 좋지 않았다. 그녀는 자신을 "황제"로 칭하고 싶었다. 백성들이 그녀를 "황"으로 부르는 것에 익숙해지면 그녀는 다시 조만간에 "황제"로 고쳐 부를 것이다. "성모(聖母)" 두 글자는 만상신궁에 앉아 있는 여신을 말한다. 이것은 무측천이 황제가 되고난 후 가장 먼저 했던 여론조사였다. 그녀는 세상 사람들이 자신을 황제로 받아들이는지를 알고 싶었다.

"무씨"는 자신을 무시하는 호칭이어서 이것으로 역사에 써넣을 수는 없었다. 무측천은 자신의 신분과 업적을 잘 보여줄 수 있는 이름을 가지고 싶었다. 그래서 종진객(宗秦客)은 그녀의 이름 중의 "조(照)"를 "조(曌)"로 바꾸었다. 이 글자는 "해와 달이 하늘에 있으니, 천하가 은혜를 입는다."라는 함축적 의미를 담고 있으면서 유학자들의 공격에 교묘하게 대응하고 있다. 유학자들은 무측천이 여자라서 "음(陰)"만 주재할 수 있을 뿐 양(陽)의 위치, 다시 말해 황제가 될 수 없다고 여겼다. 이제는 무측천의 이름에 달(음이 된다)

도 있고 해(양이 된다)도 있어 음양이 조화를 이루며 천하를 주재할 수 있게 되었다. 그녀는 이 글자는 "천하가 짐에게 귀순하여 정치를 돕는" 것을 상징한다고 말했다.

유가경전에서 그녀가 만들 수 있는 구실은 이것 밖에 없었다. 나머지 것들은 대부분 그녀에게 불리했다. 순수 유학자들은 "여성이 권력을 잡는 것"을 반대했다. 그녀는 예전에 도교를 신봉한 적이 있었지만 그것은 이씨 당나라의 것이어서 여황이 이용하기에는 제한이 있었다. 그래서 무측천은 불교에서 그 배경을 찾을 수밖에 없었다.

7세기 무렵, 미륵정토종(彌勒淨土宗)이 중국에 널리 유행했다. 이런 상황에서 무측천이 미륵의 환생이라는 말이 등장했다. 미륵환생설은 수공 4년(688년)에 처음으로 나타났다. 이해 4월, 무승사는 서석(瑞石) 하나를 위조하고는 낙수에서 구해왔다고 말했다. 돌에는 "부처가 환생해 하늘에서 올 것이다."라는 명문이 있다. 하늘에서 온 부처가 환생한 것이 바로 미륵이었다. 이것은 무측천이 주장한 미륵환생설의 초기 형태이다. 그것은 불교의 형식이 아닌 "영이(靈異)"·"상서(祥瑞)"의 형태로 나타났기 때문에 설득력이 없었다.

무측천의 정부(情夫)였던 설회의(薛懷義)는 이 방면에 공이 컸다. 사서에는 기록하고 있다: 설회의와 법명(法明) 등이 《대운경(大雲經)》을 지어 천명을 설명하며 무측천은 미륵불의 환생으로, 이당의 기운이 쇠약해지자 무측천이 천명을 대표해 주나라를 세웠다고 말했다. 당시 별 볼일 없었던 《대운경》은 두 종류의 번역본이 있었다. 경문에는 미륵불이 곧 속세로 내려와 여신과 군왕을 위해 세상에 온다는 예언이 들어있다. 현존하는 한 판본에는 무측천 시대에 눈앞이 아찔할 정도로 황당한 예언이 있다. 책에는 이렇게 묘사되어있다: "오곡이 풍성하게 익고, 무궁한 즐거움이 있다. 백성은 풍요롭고, 쇠약·고통·번뇌·공포·재난이 없다……이웃나라 왕들이 모두 복속하러 온다……이때 신하들은 이 여인을 받들어 왕사를 잇는다. 여인이 정통성을 계승하여, 위엄으로 천하를 지배한다." 설회의는 《대운경》에 여주가 이 세상에 강림하여 성불한다는 구절을 견강부회하여 무측천이 찬위할 수 있는 근거를 제공하고, 그녀의 "혁명"이 불교의 수기(授記: 내생에 부처가 되겠다든가 또는 어떻게 되리라는 것을 미리 부처에게서 기록해 받는 일…옮긴이)에 합치되는 것임을 증명했다. 그들은 또 무측천을 환생한 미륵불로 간주하여 남북조 이래로 유행하던 "황제불(皇帝佛)"·"황제보살(皇帝菩薩)" 같은 말을 사용해 그녀를 현존하는 "황제불(皇帝佛)"로 추앙했다.

무측천은 기뻐하며 교의(敎義)를 반포했다. 그녀는 전국 각 주에 국가가 책임지는 대운사를 지었고 《대운경》을 전국에 포고했다. 주소(注疏)를 썼던 9명의 고승은 현공(縣公)에 봉해졌고, 자색 가사(袈裟)를 걸칠 수 있도록 했다. 1,000여명의 승려가 성직(聖職)을 받았다. 무후는 자신이 미륵불의 환생이라는 설을 공개적으로 받아들였다.

미륵환생설은 690년 음력 7월에 정식으로 나왔다. 두 달 후, 무주제국은 건국을 선포하였다. 이로 이 설이 무측천이 칭제하는 것과 얼마나 밀접한 관련이 있는 지 알 수 있다. 이후 평범한 관료들조차 미륵환생설을 선전했다. 무측천은 자신은 부처이기 때문에 칭제한 후 더욱 불교를 제창했다. 천수(天授) 2년(691년), 무측천은 행진할 때 승려와 여승은 반드시 도사 앞에 서도록 조칙을 내렸다.

불교는 무주제국의 성립과정에서 큰 역할을 하였다. 그것은 공포정치와 더불어 제국을 구성하는 양대 지주였다. 그러나 설회의 사건은 불교라는 지주에 엄청난 충격을 주었다. 설회의는 난폭하고 충동적인 사람이었다. 그는 695년 조정에서 열린 신년하례에서 푸대접을 받자 명당에 불을 질러버렸다. 활활 타오르는 불길은 맹렬한 기세로 명당을 태웠다. 이것은 무측천의 미륵환생이론에 대한 심각한 타격이었다. 불교에서는 미륵불이 원단에 태어났다고 하여 신도들은 매년 원단에 미륵탄생법회를 거행했다. 불교에서 미륵은

태평공주(太平公主)

도솔천궁(兜率天宮)에서 불법을 선양한다고 전한다. 무측천은 엄청난 인적 물적 자원을 투입하여 만든 명당에서 미륵이 불법을 선양한 것처럼 자신을 나타내고자 하였으니, 명당이 바로 도솔천궁이었다. 당시 사람들은 명당의 의의를 다음과 같이 설명했다. "모든 신들이 작위를 받고, 모든 나라가 알현하러 왔다. 황제를 보좌하

고 엄숙히 제사지내며, 하늘을 거느리고 정치를 펼쳤다."이로 명당의 정치적 중요성을 알 수 있다. 명당이 하필이면 미륵환생설의 제창자에 의해 불태워졌으니 이 얼마나 아이러니컬한가? 무측천은 태평공주의 계획을 받아들여 설회의를 궁내 비밀장소로 유인해 살해해버렸다.

위진남북조·수·당의 불교사 연구가 탕용동(湯用彤: 1893~1964)은 다음과 같이 지적했다: 설회의가 처형되기 전, 무측천과 불교 승려와의 관계는 대체로 "간사한 승려와의 결탁"이었다. 그러나 설회의가 처형된 후에는 "고승들을 예우하였다." "간사한 승려들과의 결탁"에서 "고승들을 예우한" 것은 무측천과 불교와의 관계사에서 중대한 변화였다.

고승 중에 화엄종(華嚴宗)의 법장(法藏)·실의난다(實義難陀)·선종의 신수(神秀)가 가장 총애를 받았다. 무측천과 위 세 사람 간의 교류에서 그들은 설회의와는 어떤 관계가 없고 그들이 예우 받은 것은 설회의가 처형된 이후라는 것을 알 수 있다. 그들은 무승사가 중심인 무씨가족 및 혹리와 아무런 관련이 없었다. 그들이 예우를 받은 것은 순전히 자체 조건들 때문이었다.

불교에 대한 신하와 백성의 믿음은 설회의 사건으로 큰 충격을 받았다. 무측천은 불교라는 이 기둥을 지키기 위해 고승들을 예우하는 방법을 택했다. 그들을 예우해 무측천은 큰 정치적 이익을 얻었다. 설회의 등은 평판이 좋지 않아 그들의 속임수로는 한계가 있었다. 반면 법장의 철학과 신수의 수행은 신도들에게 상당한 권위와 명망이 있다. 고승들도 무측천의 이러한 심리를 이용해 영험한 일들을 만들어냈다. 그중 가장 중요한 것이 성력 2년(699년)

3월 18일의 일이다. 당시, 법장이 불수기사에서 경전을 강의하고 있는데 갑자기 지진이 일어났다. 무측천은 매우 흥분했다. 지진은 "여래가 강림한 흔적"으로 해석되었다. 무측천은 신은 여전히 무주제국을 총애하며, 설회의 사건으로 자신에 대한 총애가 식지 않았음을 선전하려했다. 신수의 속임수는 효과가 훨씬 더 좋았다. 무측천이 그에게 직접 몸을 굽혀 절을 하자 사람들도 그에게 몸을 굽혀 절을 했다. 왕공이하 만 명이나 되는 도성의 신하와 백성들이 신수에게 무릎을 꿇었다. 무측천이 몸을 굽혀 절을 한 것은 종교적 열풍을 불러왔다. 무측천은 설회의 사건으로 입었던 손실을 만회했다.

역사학자 진인각은 다음과 같이 말하고 있다. "무측천이 여성으로 황제가 된 것은 중국정치에서 유례가 없는 일이다. 유가경전에서는 자신의 특수한 지위를 증명할 논리를 절대 찾을 수 없을 것이다. 무측천은 당나라를 주나라로 바꾸었기 때문에 불교의 참위설에 가탁하지 않을 수 없었다. 당나라 초기의 불교는 도교의 탄압을 받았기 때문에 무주 때 혁명을 일으켜 양씨 수나라 때 누렸던 지위를 회복할 수 있었다. 그 원인은 상당히 복잡하나 불교경전의 가르침이 여주(女主)가 부명(符命: 하늘이 제왕에게 명을 받도록 예시하는 전조…옮긴이)을 받았다고 견강부회 하는데 이용된 것이 가장 큰 원인이었다." 아인스타인은 "하느님은 주사위를 던지지 않는다.(上帝是不擲色子的)."라고 말했다. 이는 모든 일에는 원인이 있다는 의미이다.

무측천이 불교를 숭상한 것은 불교의 참위설로써 통치를 확고히 한 훌륭한 수단이었다.

제3절

용병술

북송의 역사학자 사마광(司馬光)은 《자치통감》에서 무측천의 인재등용법을 다음과 같이 기술했다. "봉록과 작위를 남발하여 민심을 얻었지만 직무를 제대로 수행하지 못하는 사람을 색출하여 파면하거나 형벌을 내렸다. 상과 벌로 천하에 군림했고, 직접 정국을 살피고 올바르게 판단했기 때문에 당시의 인재들도 그녀를 위해 힘을 다했다."

무측천은 황후가 되자 다음 목표를 위해 자신의 세력을 만들어야 했다. 이를 위해 그녀는 과거제도를 발전시켜 많은 평민백성들을 관료로 진입시켰다. 수·당 이후, 문벌제도는 쇠퇴했지만 그 역사적 영향은 뿌리 깊게 자리 잡고 있었다. 무측천은 역사적 대세를 따라 문벌제도를 과감히 타파하여 신분이 낮은 선비들을 제도권으로 편입시켜 자신을 반대하는 구 귀족세력들을 제거하였다.

전목(錢穆: 1895~1990)은 과거제도를 다음과 같이 평가했다. "이 제도의 목적은 객관적인 시험기준으로 사회의 우수한 인재를 지속적으로 뽑아 국가정치에 참여시키는데 있다. 이 제도의 또 다른 장점은 응시자가 자천을 통해 공개적으로 경쟁함으로써 한대 찰거제(察擧制: 漢文帝 때 州에서는 한 명의 秀才를, 郡에서는 여러 명의 효도를 잘한 사람과 청렴한 사람을 추천해 수도에서 시험을 치러 관리로 임용하는 제도…옮긴이)에서 지방정권의 선택을 거쳐야 했던 것을 없앴다는 것이다. 이 제도로 사회문화는 향상되고 정치에 대한 사람들의 관심이 커지면서 애국심이 생겼고 중앙정부의 통치에 전국의 각 지역이 단결할 수 있었다."

과거제도는 큰 상징적 의미를 가지고 있다. 참가할 자격을 갖춘 사람들 특히 하급귀족에게 과거제도는 사회경제적 지위를 높이는 수단이었다. 고급 귀족에게 이 제도는 그들의 지위를 유지시켜주는 중요한 수단이었다. 과거제도는 이 두 계층의 관료화와 도시화를 촉진했고, 관료집단 이전 지방의 반정부적인 색채를 약화하는 데 큰 역할을 했다.

과거제도는 무측천 시기 공전의 발전을 이루어 봉건사회에서 관리와 인재를 선발하는 핵심제도로 자리잡았다. 무측천이 집권한 50여 년 동안, 진사가 된 사람은 1,000여 명이나 되었다. 매년 평균 합격자 수는 당 태종 때보다 배 이상 많았다. 과거 공생(貢生: 지방에서 추천을 받아 선발된 인재…옮긴이)들을 시험 볼 때 답안지에 종이로 응시생의 이름을 풀칠해 감독관의 부정행위를 방지하였다. 무측천이 이름을 가리는 호명제(糊名制)를 폐지한 것은 실질적으로 관대하게 선비들을 뽑기 위함이었다. 무측천은 과감하게 벼슬길을 열어 많은 일반지주와 하층빈민들을 무씨왕조의 관료로 발탁했다.

고종시기, 제거(制擧: 천자가 직접 주관하는 시험…옮긴이)가 제도화·체계화되기 시작했다. 684년 음력 8월, 고종을 안장한 후 무측천은 9월 연호를 광택(光宅)으로 고치고 관명을 바꾸었는데, 이때 삼과(三科)로 사람을 뽑았다. 수공 4년(688) 종실의 반란을 진압한 후, 그해 12월 과(科)를 열어 사람을 뽑았다. 무측천이 황위를 향해 나아가던 수공 4년부터 천수 2년(691)까지 매년 제과를 실시하였다. 책문(策問)은 대부분 "혁명유신(革命維新)"과 관련된 내용이었다. 재초 원년(690) 2월, 무측천은 낙양의 황성(皇城) 남문 내의 낙성전(洛城殿)에서 직접 책시(策試)로 사람들을 뽑았다. 이것이 바로 과거 삼급(三級) 시험의 하나인 전시(殿試)의 시초이다. 무측천은 이들 중에 자신의 "혁명"을 수행할 인재를 선발하고자 했다. 이 때문에 직접 시험장에 나가 자신이 생각하고 있던 문제를 출제했다. 무측천이 직접 감독한 또 다른 이유는 응시자에게 직접 "공사(貢士)"에 합격하는 영광을 주고 "공사"와 선발관 간의 이해관계를 막기 위함이었다.

무측천은 또 "무거(武擧)"를 시행해 상무(尙武) 정신을 진작하고 이로 장수가 될 인재를 선발하였다. 장안 2년(702년) 정월 17일, 무측천은 장안의 금원(禁苑)에서 역사상 첫 번째 "무거"를 실시했다.

무측천이 사망하고 반세기 후에 태어난 명재상 육지(陸贄: 754~805)는 《한원집(翰苑集)》에서 무측천의 인재등용을 높이 평가하였다. "측천태후는 등극한 후 민심을 얻고자 인재발굴에 힘썼다. 권력을 위임하는 뜻을 널리 알리고자 인재등용의 문을 열었다. 임용하면 의심하지 않았고, 끊임없이 인재를 찾았다. 사람을 추천할 수도 있었고, 자천할 수도 있었다. 추천받은 사람은 반드시 임용했고, 자천하면 곧바로 시험을 봤다."

당 현종 때 "개원성세(開元盛世)"를 이끈 유명한 재상들과 문인학사들은 무측천의 통치 시기에 배출된 사람들이었다. 이것은 현량

육지(陸贄)

을 뽑아 그들에게 국정을 맡겼던 무측천의 능력과 밀접한 관련이 있다.

섭정을 시작한 후, 무측천은 파격적으로 인재를 등용했다. 사서에는 기록하고 있다: 무측천은 섭정을 시작하자 친히 명당이나 남교(南郊)에서 제를 올리거나 낙수에 재배하여 그림을 받거나 숭악(嵩岳)에서 제를 올리는 등의 중요한 의식이 거행될 때 홍문관(弘文館)과 국자감의 학생들을 뽑아 제사를 도와주는 재랑(齋郎)으로 충당하였다. 의식이 끝나면, 그들은 관리가 될 수 있는 자격을 얻어 바로 심사를 통해 직사관(職事官)이 되었다. 많은 사람들이 이러한 경로를 통해 관직을 얻었다.

무측천이 역대로 비판을 가장 많이 받은 점은 공포정치를 행한 것 외에 너무 많은 관리를 선발한 점일 것이다. 가장 널리 알려진 예가 무측천이 황제가 된 후 재상 사무자(史務滋)가 중심이 된 열 명의 십도존무사(十道存撫使)를 각 도(道)로 파견해 순찰하도록 한 것이다. 그들의 임무는 지방을 안정시키고 인재를 중앙에 천거하는 것이었다.

천수 2년(691년) 겨울, 그들은 각지에서 천거된 사람들을 데리고 도성으로 돌아와 보고했다. 무측천은 다음해 1월에 이들을 접견하고 이들 하급 지방 관리들을 모두 중앙 각 부처의 특수한 지위가 있는 관원으로 선발하였다. 그들의 인품과 재능을 불문하고 일률적으로 발탁하였다. 기존의 편제가 이미 차있었기 때문에 그들을 시관(試官: 지금의 인턴사원에 해당…옮긴이)에 임명했다. 직위가 높은 사람은 시봉각사인(試鳳閣舍人)이나 급사중(給事中)이 되었고, 낮은 사람은 시원외랑(試員外郞)·시어사(侍御史)·보궐(補闕)·습유(拾遺)·교서랑(校書郞) 등이 되었다. "시관"이라는 명분으로 그들을 배치하였는데 실습하고 보충한다는 의미이다. 이것은 당나라 때 처음으로 설치된 "시관"이다. 이 파격적인 기용에는 특수한 배경이 있었고, "봉록과 관직을 남발하여 민심을 얻으려는" 경향이 강했다.

이때 발탁된 습유와 보궐이 60명, 어사가 24명, 저작좌랑(著作佐郞)과 대리평사(大理評事) 등이 24명, 위좌(衛佐)가 22명이었다. 습유와 보궐이 된 사람 수만 봐도 어느 정도로 관료기구를 확충하였는가를 알 수가 있다. 이는 무측천이 섭정을 한 후 새로 만든 관직이다. 좌우 보궐은 종7품상, 좌우 습유는 종8품상이었다. 관품은 높지 않았지만 위치는 매우 중요했고, 문하성과 중서성에 배속되었다. 이번에 새로 발탁한 보궐과 습유는 60명에 달했다. 사람들은 "보궐은 수레로 나르고, 습유는 한 말(斗)이나 되네.(補闕連車載, 拾遺平斗量.)"라고 풍자했다. 당시의 거인(擧人) 심전교(沈全交)는 이 말에 한 마디 더 붙여 "멍청한 존무사, 눈감은 성신황.(糊心存撫使, 眯目聖神皇.)"이라 하여 관직을 남발하는 것에 불만을 나타냈다. 당시 좌숙정대(左肅政臺)의 어사(御史) 기선지(紀先知)는 유생 심전교가 이 구절을 지은 것을 알고 조정을 비방했다는 죄로 처벌하려고 했다. 기선지는 조당에서 백관들이 지켜보는 가운데 몇 백대의 곤장을 치고 형부에 넘겨 처리할 것을 건의했다. 무측천은 "그만두라. 그대들이 관리를 무분별하게 뽑지 않는다면, 누가 엉터리 소리를 한들 무슨 상관이겠느냐?"라고 하였다. 명대의 철학자 이지(李贄: 1527~1602)는 《당서(唐書)》의 이 부분을 읽고 열 글자로 의견을 냈다: "고종보다 열 배, 중종보다 만 배 낫다!(勝高宗十倍, 中宗萬倍矣!)"

무측천은 관직을 남발하였지만 정무관원의 임용을 중시했다. 정무관원은 백성을 다스리는 관리로, 국가의 일상적인 행정사무를 담당한다. 무측천은 고급정무관, 특히 재상의 임용을 중시했다. 최고정무관인 재상은 매일 각종 정무를 처리하는 "일인지하 만인지상(一人之下 萬人之上)"의 자리여서 적합한 사람을 찾는 것이 중요했다. 무측천은 무승사와 무삼사를 비롯한 종친과 몇몇 측근들을 재상으로 발탁했지만 기용과 파면을 반복하였다. 설사 임용했다하더라도 그들과 자신의 특수한 관계를 이용하여 다른 신료들을 감시하였고, 행정실권은 일반적으로 덕망과 재능을 겸비한 재상들이 가지고 있었다.

중하급 관원들 때문에 관리임용이 지나치게 남발되었다는 비판을 받지만 무측천은 국정운영에서 관원들의 실적에 따라 "잘하는 사람은 남기고, 못하는 사람은 돌려보냈다." 또 각종 수단, 특히 감찰하는 사법 관리를 동원해 엄격하게 형을 집행하여 실적을 내지 못하는 사람들을 끊임없이 퇴임시켰다. 이렇게 하여 행정의 일선에서 일하는 관원들의 청렴과 능력을 유지할 수 있었다. 형식에 얽매이지 않는 이러한 인재등용으로 무측천은 자신의 통치를 더욱 굳건히 했다.

무측천은 정치 환경이 허락하는 한 신하들이 자신의 재능을 마음껏 발휘할 수 있도록 했다. 아래 유명한 대신들의 임관경력을 당시의 정치적 배경과 연계해 분석하면, 한 사람 한 사람에 대한 무측천의 임명이 임의로 내려진 것이 아니라 세상의 이치를 꿰뚫어보고 사람을 잘 알아본 그녀의 탁월한 식견에서 나왔음을 알 수 있다. 그러나 "여성 황제"로서 인재를 기용하는 그녀의 안목에는 상당히 독특한 점이 있다. 도대체 어떤 인물이 여황의 눈에 들었던 것일까?

허경종(許敬宗): 충직하고 학문적 업적이 뛰어났다. 허경종은 줄곧 조정에서 황후 무측천을 지지한 핵심인물이다. 허경종은 학식이 뛰어나 역대 왕조의 역사와 당나라의 고종과 태종실록·전국 주요 인물들의 가보(家譜)·방대한 양을 자랑하는 유서(類書)인 《문사박요(文思博要)》를 비롯한 각종 전적을 편찬했다. 그는 무측천에게 행정관리경험을 제공한 관료이기도 했다.

길욱(吉頊): 기골이 장대하고 말주변이 뛰어났다. 길욱은 내준신과 원래 절친한 사이였다. 그러나 내준신이 사건을 처리한 공을 차지하려고 그를 무고하면서 그들의 관계는 갈라지기 시작했다.

길욱은 임기응변에 능한 인사였다. 그는 내준신의 의도를 간파하고 역으로 밀고해 무측천의 부름을 받아내 위기를 벗어났다. 또 그의 약삭빠른 말주변과 장대한 신체는 무측천에게 큰 인상을 주어 측근이 되었다. 당연히 그도 독설적인 말로 많은 사람들의 미움을 받았다.

서유공(徐有功): 강직하고 원칙을 잘 지켰다. 서유공은 관용적으로 법을 적용했고 무측천과 직접적으로 논쟁한 것으로 유명하다. 이충(李沖)이 모반을 일으켰을 때 집안의 노비들은 귀향현위(貴鄉縣尉) 안여경(顔餘慶)과 친분이 있었다. 후에 이충이 패전하자 어떤 사람이 안여경은 이충이 모반을 일으키려 한 일을 알고 있었다고 밀고했다. 내준신도 그들이 서신을 주고받은 일을 심문해냈다. 위원충조차 죽음으로 죄를 물어야 한다고 했지만 서유공은 말했다. "영창(永昌) 연간에 내린 사면령에는 이정(李貞)과 함께 모반을 꾸민 수괴들을 사형하고 도당 중에 참여하지 않은 자는 사면한다고 했습니다. 안여경은 사면 받은 후 고발당했으니 도당이라 할 수 있습니다. 오늘 도당을 수괴로 간주하는 것은 살아있는 것을 죽였다고 하는 것과 같습니다. 사면해놓고 다시 죄를 묻는다면 사면하지 않느니만 못하고, 살려놓고 다시 죽이는 것은 살리지 않느니만 못합니다. 나는 조정의 처분이 부당하다고 생각합니다." 무측천이 격노하며 물었다. "그대에게 수괴란 어떤 자인가?" 서유공이 말했다. "괴(魁)는 총수이며, 수(首)는 주모자입니다." 무측천이 말했다. "안여경을 수괴로 볼 수 없다는 것인가?" 서유공이 대답했다. "수괴는 이정으로, 이미 사형을 당했습니다. 오늘 여경의 죄를 문책하시니 도당이 아니고 무엇이겠습니까?" 무측천은 화를 다소 가라앉히며 말했다. "그렇다면 경들은 다시 의논하도록 하라." 결과적으로 안여경은 죽음을 모면하였다. 당시 조당에 있던 수 백 명의 사람들은 놀라 숨소리조차도 내지 않았지만 서유공만 아무런 일이 없는 사람처럼 행동하였다.

곽원진(郭元振): 대담하고 식견이 높았다. 곽원진은 18세에 진사가 되어 재주(梓州) 통천현위(通泉縣尉)를 제수 받았다. 그는 어려서 재물을 빼앗아 사람들에게 나눠줄 정도로 의협심이 강했고, 조정에서는 직간하고 논쟁하는 것을 좋아했다. 당나라의 대시인 두보(杜甫: 712~770)는 《곽원진의 옛 집을 지나며(過郭代公故宅)》라는 시에서 그를 "강직한 기상이 넘쳐나고(直氣森噴薄)", "기개가 높아 기인의 모습을 보여주네(磊落見異人)."라고 칭송했다. 그의 시 《고검편(古劍篇)》은 당시 널리 알려졌다. 무측천은 이 시를 읽고 수 십 권을 베껴 학사 이교(李嶠)·염조은(閻朝隱) 등에게 하사했다고 한다. 곽원진은 이로 무측천에게 중용되었다. 원시는 아래와 같다.

그대는 곤오에서 불꽃을 튀기며 보검을 만들 때,
붉은 빛과 자색 기운의 성대함을 보지 못했나.
솜씨 좋은 장인이 몇 년간 쇠를 단련하여,
용천이라는 보검을 만들었다네.
용천검은 서리와 눈처럼 빛을 내니,
솜씨 좋은 장인들은 뛰어난 보검을 감탄하네.
유리로 씌워진 칼집에는 연꽃이 솟아있고,
상감한 금색 고리는 명월에 빛나네.
마침 전쟁이 없는 태평성세를 만났어도,
다행히 군자들을 지키게 되었네.

광채는 푸른 뱀처럼 은은하고,
무늬는 푸른 거북의 비늘조각 같네.
협객과 친분을 맺지는 않너라노,
일찍이 영웅들과 가까이 했다네.
어찌 도중에 버림을 받아,
떠돌다가 옛 감옥에 갇혔다고 말하는가.
다시 땅에 묻혀 쓸모는 없어져도,
아직도 밤마다 기운이 하늘에 닿는구나!

곽원진은 변경의 일에 여러 차례 참여하여 공을 세운 적이 있다. 그중 양주(涼州)의 남쪽 국경에 화융성(和戎城)을, 북쪽 국경에 백정군(白亭軍)을 설치해 요충지를 관할했고, 주의 경계를 1,500리 개척함으로써 토번이 군사를 일으키지 못하게 했다. 또 그는 감숙자사(甘肅刺史) 이한통(李漢通)에게 둔전(屯田)을 설치하고 수리사업을 일으켜 누사덕(婁師德)의 둔전사업을 계승하도록 하였다. 후에 백성들을 모아 경작하여 서북에 주둔하는 군대가 수십 년 간 쓸 수 있는 군량미를 비축하였다.

만세등봉(萬歲登封) 원년(696년), 왕효걸과 누사덕은 토번 장수 논흠릉(論欽陵)과 소라한산(素羅汗山)에서 교전하였으나 대패했다. 그러나 이해 9월, 토번에서 보낸 사자가 동도(東都)에 와 화친을 청했다. 허실을 알아보기 위해 무측천은 곽원진을 토번으로 보냈다. 논흠릉이 곽원진을 접견했다. 토번은 당나라와 정전협정을 맺는데 몇 가지 조건을 내걸었다. 그들은 당나라에 안서(安西)의 4진(鎭)에서 철군하고 돌궐십성(突厥十姓)의 토지 일부를 할양할 것을 요구했다. 곽원진은 그와 논리정연하게 논쟁했다. 낙양으로 돌아온 후,

곽원진은 무측천에게 사실대로 보고하며 영토를 할양하는 문제는 국가의 이해관계와 관련이 있으므로 함부로 조치를 취해서는 안 된다고 말했다. 그렇다고 토번의 "호의"를 단번에 거절한다면, 그들에게 침략할 수 있는 빌미를 줄 수 있었다. 우선 그를 진정시키고 다시 방법을 생각해야했다. 또 곽원진은 논흠릉이 토번 사람들로부터 날로 신망을 잃어가고 있음을 무측천에게 보고했다. 토번 사람들은 당나라와 강화(講和)를 맺길 바라는데도 논흠릉은 병권을 차지하고 권력을 농단하며 평화를 바라지 않았다. 해마다 화친사절단을 토번으로 보내도 논흠릉은 한사코 강화를 맺길 거절했다. 이대로 간다면 그에 대한 내부의 불만이 고조되어 갈 수 있었다. 그래서 무측천은 토번에 사자를 보내 화친을 맺고 영토를 교환하는 협상을 했지만 사자의 목적은 이간시키는 것이었다. 성력 2년(699년), 과연 토번에서 쿠데타가 발생했다. 찬보(贊普)와 논흠릉이 권력투쟁을 벌였다. 논흠릉은 패전하여 자살했다.

무측천은 이번 위기에서 곽원진의 담력과 식견을 칭찬하고 상을 내렸다. 곽원진은 일개 6품 참군에서 대장으로 고속 승진했다.

누사덕(婁師德): 침착하고 도량이 넓었다. 누사덕은 오랫동안 전방에서 근무했기 때문에 군사관리와 둔전경험이 풍부했다. 그는 농우제군대사(隴右諸軍大使)라는 직을 맡아 세력을 팽창하던 토번을 제압했다. 또 산동과 하북이 위험에 빠졌어도 누사덕의 위치는 시종 변함이 없었다. 천수 원년(690년)에 좌금오대장군 겸 검교풍주도독(檢校豊州都督)을 제수 받고도 계속 둔전사업을 관리했다. 장수 원년(692년), 누사덕은 조정으로 소환되어 하궁시랑(夏宮侍郞)(즉, 병부시랑)·판상서사(判尚書事)에 임명되고, 이듬해 재상이 되었다. 변방지역에 둔전의 필요성 때문에 무측천은 그에게 재상 신분으로 하원(河源)·적석(積石)·회원(懷遠) 등을 비롯한 서역에 주둔하는 군대와 하(河)·난선(蘭鄯)·곽(廓) 등의 주(州) 검교영진대사(檢校營田大使)를 맡겼으니, 그의 관직은 계속 올라갔다.

누사덕은 인재를 추천하면서도 공은 차지하지 않았다. 적인걸이 재상이 된 것은 어느 정도는 누사덕의 추천 때문이었다. 그러나 적인걸은 이를 모르고 재상이 된 후, 충직하고 마음씨 좋은 이 노인을 경시하여 몇 번이나 그를 조정에서 몰아내려고 하였다. 무측천은 적인걸이 누사덕을 의도적으로 배척하는 것을 보고 그에게 물었다. "사덕은 어진 사람인가?" 적인걸이 대답했다. "장수로서 변방을 열심히 지킬지는 모르나 어진 것은 신이 모르겠습니다." 무측천이 다시 물었다. "사덕은 사람을 잘 알아보는가?" 적인걸이 대답하였다. "신이 예전에 그와 같이 일을 해본 적이 있었는데 그가 인물을 잘 알아본다는 말은 듣지 못했습니다." 무측천이 그에게 알려주었다. "짐이 경을 알게 된 것은 사덕의 추천 때문이니 인물을 알아본다고 할 수 있을 것이오." 적인걸은 후에 감탄하며 말했다. "내가 오랫동안 누공의 그 훌륭한 덕을 받았음에도 조금도 알아보지 못했구나."

상술한 누사덕과 적인걸의 미담은 인물을 알아보고 기용한 여황의 일면을 잘 보여준다.

누사덕은 상원 초년에 감찰어사가 되어 성력 2년(699년)까지 무측천의 통치 하에 30년간 관직에 있었다. 그는 무고한 사람들을 여러 차례 탄압했지만 도량이 넓고 지혜로워 자신은 화를 입지 않았다. 개성이 강한 여황제 앞에서 강직한 자는 미움을 받고 아첨

하는 자는 경시를 받는 등 모두 무측천의 철권에서 벗어날 수 없었지만 누사덕은 자신의 공명을 줄곧 지켰다.

당휴경(唐休璟): 전국의 요충지를 꿰뚫고 있었다. 당휴경은 경조(京兆) 시평(始平) 사람이다. 고종 때 파격적으로 풍주[현재 내몽고 오원(五原) 남쪽]사마(豊州司馬)로 발탁되어 중로(中路)에서 돌궐을 막는 중임을 맡았다. 수공연간(685년~699년)에 안서부도호(安西副都護)가 되었다. 영창(永昌) 원년 서주도독으로 승진한 후 잃어버린 안서 지역을 수복하기 위한 활동을 펼쳤다. 그는 함형(咸亨) 원년에 잃어버린 안서의 4진(鎭), 즉 구자(龜玆)·우전(于闐)·소륵(疏勒)·쇄엽(碎葉)을 수복할 것을 요청하는 글을 올렸다. 후에 무측천은 왕효걸에게 군사를 이끌고 토번을 공격할 것을 명했다. 결국 장수(長壽) 원년(692년) 겨울에 4진을 되찾았다.

성력연간(698년~699년), 당휴경은 3품에 해당하는 사위경(司衛卿)[위위(衛尉)]으로 승진하는데 실질적인 직무는 양주도독(涼州都督) 겸 지절농우제군주대사(持節隴右諸軍州大使)였다. 구시(久視) 원년(700년) 가을, 토번이 양주를 침략하자 당휴경은 홍원곡(洪源谷)에서 그들을 대파했다. 이후 여섯 번의 전투에서 모두 승리하여 부장(副將) 2명을 포로로 잡고 2,500명을 참수하였다. 이것은 토번과의 전투에서 거둔 대승리였다. 장안 2년(702년) 토번이 당나라 조정에 사신을 보내 화친을 청하자 무측천은 연회를 열어 그들을 맞이했다. 업무보고 차 도성에 와있던 당휴경이 연회에 참가했다. 토번의 사자 논미살(論彌薩)이 몇 번이나 당휴경에게 다가와 그의 생김새를 몰래 살폈다. 무측천이 논미살에게 자신의 장수에게 왜 그렇게 관심을 보이는지 물었다. 그가 대답했다. "당장군은 우리 군대를 여러 차례 패배시켰기 때문에 어떤 사람인지를 알고 싶었습니다." 무측천은 이 말을 듣고 즉각 당휴경을 우무위(右武威)·좌금오이위대장군(左金吾二衛大將軍)으로 발탁함과 동시에 하관시랑(夏官侍郎)(즉, 병부상서) 겸 동봉각난대삼품(同鳳閣鸞臺三品)에 임명하였다.

당휴경은 변방에서 성장한 장수여서, 변방의 일에 정통했다. 당휴경은 동쪽으로 요서(遼西)의 확석(確石)에서 서쪽의 서역 4진(鎭)까지 끝없이 길게 이어진 변방지대의 요충지를 속속들이 기억하여 군사를 움직일 때 잘 활용하였다. 당시 서돌궐에 전쟁이 발발하자 무측천은 당휴경과 여러 재상들에게 이 일을 의논하게 했다. 잠시 후 글이 올라오자 무측천은 의논한대로 행했다. 십 며칠 후, 안서의 각 주에서 요청한 군사들을 지원하였는데 일정이 당휴경이 계획했던 것과 완전히 일치했다. 무측천은 말했다. "경을 너무 늦게 기용한 것이 한스럽다." 곧이어 재상들에게 말했다. "휴경은 변방의 일에 정통하니, 경들 10명이 그 하나를 당해내지 못할 것이오."

장안 3년(703년), 당휴경은 서역의 일을 기획한 공으로 하관상서동삼품(夏官尙書同三品)에 임명되어 군인 출신 재상으로 이름을 날렸다.

상관완아(上官婉兒): 남다른 근성을 지닌 여성이다. 무측천은 인재를 선발할 때 가문을 따지지 않았고 적도 피하지 않았다. 상관완아는 무측천 곁의 핵심비서였다. 사람들은 상관완아는 중용될 수 없을 것이라고 생각했다. 그의 조부 상관의(上官儀)가 일찍이 고종과 밀모하여 무측천을 서인으로 폐위하려 했기 때문이다. 무측천은 "대역죄"로 상관의를 옥에 넣어 처형했다. 상관의의 아들 상관정지(上官庭芝)도 참수되었다. 상관정지의 유일한 후손인 이제 겨우 한 살이 된 완아와 모친 정씨(鄭氏)는 후궁의 궁비(宮婢)가 되었다. 완아는 어려서 유달리 총명했고, 궁인들과 늘 함께 습예관(習藝館)에 가서 궁교박사(宮敎博士)들에게 정식으로 경서(經書)·사서(史書)·서예(書藝)·산술(算術)·음시(吟詩) 및 궁정예절·바둑을 배웠다. 그중 시사(詩詞)에 뛰어났다. 완아의 재능은 무측천에게 전해졌다. 무측천은 완아를

상관완아(上官婉儿)

불러 "전채화(剪彩花)"라는 제목으로 시 한 수 지어보라고 했다. 완아는 그 자리에서 "봄이 오면 꽃은 원래 피건만, 가을이 가도 꽃은 지려하지 않네. 봉숭아와 오얏에게 묻길, 어찌하여 서로를 어지럽히는가."라고 지었다. 무측천이 완아에게 물었다. "봉숭아와 오얏에게 묻길, 어찌하여 서로를 어지럽히는가."는 무슨 뜻이냐? 완아가 답했다. "가짜 꽃입니다, 가짜가 진짜를 어지럽히는 것입니다." 무측천이 물었다. "너는 나를 음해하려는 것이냐?" 완아가

대답했다. "시에는 정해진 해석은 없습니다. 시를 해석하는 사람의 마음이 어떠한지를 봐야합니다. 폐하께서 만일 제가 남을 음해하는 것이라고 말하신다면, 노비는 변명 따위는 하지 않겠습니다." 무측천이 감탄하며 말했다. "빨리 지으면서 정곡을 찌르고 과감하게 직언하다니!" 또 그녀에게 붓을 주고 글을 써보라고 하니 필치가 힘이 넘치고 웅장한 것이 소녀가 쓸 수 있는 글씨가 아니었다. 무측천은 속으로 "이 아이는 남다른 근성을 가지고 있어."라고 하며 감탄했다. 이에 즉시 완아를 액정(掖庭)(즉, 궁비들이 살던 곳)에서 나오도록 하여 곁에 두며 조칙을 주관하도록 했다.

배염(裵炎): 주관이 강해 굴복시키기 어려웠다. 무측천은 그를 살해했지만 "주관이 강해 굴복시키기 어려운" 사람으로 평가했다. 그는 무측천과 세 번 충돌하였다. 충돌할 때마다 사람들이 꺼리는 말을 했고 굴복당한 적이 없었다. 게다가 그는 일생동안 많은 권모술수를 사용했으니 그 시기 몇 안 되는 무측천의 적수라고 할만하다.

배염은 하옥된 첫날부터 비타협적인 태도로 일관했다. 어떤 이가 그에게 의사소통방식을 바꿔 태후의 섭정을 반대하지 말고 지지해보라고 권고했다. 건의한 사람은 의사소통방식을 바꾸면 배염은 위기를 벗어나 가족의 생명을 지킬 수 있을 것이라고 여겼다. 그러나 배염은 거절했다. 그가 말했다. "재상이 투옥되었으니 죽은 목숨이 아니겠는가?" 역사적으로 봤을 때, 정관(貞觀) 시기의 재상 29명 중 3명, 즉 후군집(侯君集)·유계(劉洎)·장량(張亮)이 투옥되었는데 이들은 모두 피살되었다. 고종 때의 재상 47명 중 3명, 즉 장손무기(長孫無忌)·한원(韓瑗)·유석(柳奭)이 투옥되었는데 이들은 모두 피살되었다. 평범한 과실로 재상을 투옥한다는 것은 불가능 할 것이다. 재상과 황제 사이에 중대한 정치적 이해관계가 있을 경우 투옥할 것이다. 배염과 무측천 간의 갈등은 바로 이러한 갈등이었다.

무측천은 배염을 살해했지만 사실 내심 그를 애석하게 여겼다. 당대의 법률은 모반죄는 9족을 멸해야 하는 중대한 범죄로 규정하고 있지만 무측천은 그의 가족을 살려주었다.

위원충(魏元忠): 여러 번 죽을 고비를 넘겼어도 굴복당하지 않았다. 위원충은 송주(宋州) 송성(宋城)[지금의 하남(河南) 상구(商丘)] 사람이다. 의봉(儀鳳) 3년(678년), 태학생(太學生)으로 있던 위원충은 낙양으로 가서 토번을 막는 계책을 올렸다. 고종은 접견한 후 비서성정자(秘書省正字)를 제수하고, 직중서성(直中書省)·장내공봉(仗內供奉)에 명했다. 곧이어 감찰어사로 임명되었다.

무측천이 섭정을 한 후, 위원충은 전중시어사(殿中侍御史)로 승진하였다. 서경업이 반란을 일으키자 무측천은 이효일을 보내 평정하도록 했다. 그러나 이효일은 전투경험이 부족했고, 그의 부장(副將)도 전공이 없었다. 그래서 무측천은 위원충을 감군(監軍)으로 삼았다. 위원충은 일찍부터 군사적 재능을 드러냈고 경력도 간단해 무측천이 정권을 완전하게 장악했을 때 두각을 나타낸 인재였다. 무측천은 그를 매우 신임했다.

이효일이 도량산(都梁山)을 공격하자 수장(守將)인 위초(韋超)는 지키기만 하며 성 밖으로 나오지 않았다. 군중(軍中)의 장수들은 이러한 상대하기 어려운 적군 앞에서 머뭇거리는 모습을 보였다. 장수들이 말했다. "서경업을 먼저 공격하는 것이 좋겠습니다. 서경업이 패하면, 서경유(徐敬猷)는 싸우지 않고 잡을 수 있습니다. 서경유를 공격하면, 서경업이 군사를 이끌고 구원할 것이니 뒤에서 적의 공격을 받게 되는 것입니다." 위원충이 말했다. "그렇지 않소. 서경업이 이끄는 주력군은 하하(下河: 지금의 淮河 일대…옮긴이)에서 대거 몰려와 승부를 단번에 결정지으려 할 것이오. 아군이 패한다면 대세를 놓칠 것이오. 허나 서경유는 도박꾼이어서 전쟁에 무지하고, 그의 군대는 기댈 곳이 없고 나약해서 쉽게 동요할 것이오. 대군이 오면 바로 제압할 수 있소. 서경업이 그를 구원하고자 해도 길을 보면 구원하기에 늦을 것이오. 지금 약한 곳을 먼저 취하지 않고 강한 것을 공격하는 것은 좋은 계책이 아니오." 이효일은 위원충의 계책대로 위초를 먼저 공격하였다. 위초는 한밤중에 달아나 버렸다. 또 회음을 공격하자 서경유는 단신으로 도주해 버렸다.

위원충은 감군으로 반란군 평정에 큰 공을 세워 사형정(司刑正) [대리(大理)]에 발탁되었고, 얼마 후 낙양현령으로 승진되었다. 영창(永昌) 원년(689년), 위원충은 형부상서 장초금(張楚金) 등과 함께 혹리 주흥의 모함을 받아 처벌받았다. 무측천은 깨달은 바가 있어 사형을 면해주고 귀주로 유배를 보냈다. 얼마 후 또 중용되어 시어사에서 어사중승으로 승진하였다. 장수 원년(692년), 위원충은 적인걸 등과 함께 내준신·후사지(侯思止)의 모함을 받았다. 몇 차례 우여곡절 후 그는 또 사지에서 생환하였고, 부릉(涪陵)[지금의 중경(重慶)에 속함] 현령으로 좌천되었다.

신공(神功) 원년(697년) 9월, 위원충은 어사중승에 제수되었다. 그는 여러 차례 사형선고를 받고 유배를 당했지만 계속 중용되어 적인걸 이후 무측천이 나라의 기둥으로 삼은 인물이었다. 성력 2년 (699년) 재상 겸 좌숙정대어사대부에 제수되었고 이어 검교병주·낙주장사를 역임했다. 또 대총관(大總管)으로 군사를 이끌고 돌궐과 토번의 침략을 여러 차례 막았다. 이현이 태자로 복위한 후, 무측천은 위원충을 재상 겸 검교태자좌서자로 임명해 태자를 도와 권력승계라는 중임을 맡겼다. 후에 장씨(張氏) 형제를 몰아내려 했다가 미움을 받고 투옥되었다. 장열(張說)의 증언으로 사형을 면하고 단주(端州) 고요(高要)[광동성 조경(肇庆)] 현위(縣尉)로 좌천되었다. 위원충은 무측천의 만년에 또 좌천되었지만 전체적으로 봤을 때 중용되었다고 할 수 있다.

요숭(姚崇): 두뇌가 명석하고 일처리가 주도면밀하였다. 요숭은 평화 시기의 보기 드문 재상감이었다. 거란을 평정할 때, 무측천은 그의 재능을 높이 평가하여 그를 봉각시랑으로 발탁하였다. 후에 적인걸이 재상이 될 만한 인재라고 추천하자 여황은

요숭(姚崇)

즉시 그를 동평장사로 발탁하고, 장안 4년에 또 상왕부장사(相王府長史)를 맡겼다. 그 품계는 봉각난대삼품(鳳閣鸞臺三品)에 해당되었다. 같은 해 7월, 무측천은 또 그에게 하관싱시사를 검직히도록 했다. 요숭은 사리에 맞게 상주했다. "신은 상왕을 모시고 있어, 군대를 관장하는 병부상서로 있는 것이 적합하지 않습니다. 신은 죽는 것은 두렵지 않으나 상왕께 도움이 되지 않는 것이 두렵습니다." 여황은 친왕의 속관이 병권을 쥐는 것은 확실히 옳지 않다고 생각했음에도 그에게 춘관상서를 겸직하도록 했다. 돌궐을 막기 위해 무측천은 요숭을 영무도행군대총관(靈武道行軍大總管)으로 삼고 곧이어 영무도안무대사(靈武道按撫大使)에 명했다.

적인걸(狄仁傑): 지략이 있고 형세판단에 뛰어났다. 적인걸의 재능과 안목은 다른 재상들보다 뛰어났을 뿐만 아니라 공평무사하게 일을 처리해 정치적 명망이 높았다. 특히 그는 개성이 강한 무측천의 마음을 움직여 그녀의 칭찬과 지지를 얻어냈다. 무측천은 그를 존중하여 이름을 부르지 않고 늘 "국로(國老)"로 불렀다. 매번 입궐하여 무릎을 꿇고 절을 할 때마다 무측천은 그를 말리며 말했다. "공께서 매번 절을 하시니 짐 또한 불편하구려." 구시(久視) 원년(700년) 9월, 적인걸이 세상을 떠나자, 무측천은 울면서 말했다. "조당이 비었구나!" 훗날 조정에 대사가 생겨 사람들이 결정을 내리지 못할 때면, 무측천은 늘 탄식했다. "하늘은 나의 국로를 어찌 이리도 빨리 데려간단 말인가!"

적인걸의 인품을 잘 보여주는 일화가 있다. 천수 2년(691년) 9월, 낙주사마로 좌천되었던 적인걸은 지관시랑(地官侍郞)·동평장사(同平章事)가 되었다. 무측천이 적인걸에게 말했다. "경은 여남(汝

南)에 있을 때 선정으로 명망이 높았지만 사람들에게 모함을 당했소. 누가 경을 모함했는지 알고 싶소?" 적인걸이 말했다. "폐하께서 신에게 잘못이 있다고 여기신다면, 신은 잘못을 고치겠습니다. 폐하께서 신에게 잘못이 없음을 아신다면 이는 신의 큰 복입니다. 신은 저를 해하고자 한 사람의 이름을 알길 원치 않습니다." 무측천은 듣고 그의 인품을 높이 평가했다.

이밖에 강경하고 유능했던 이소덕(李昭德), 청렴하고 정직하여 대신의 기질이 있었던 왕급선(王及善), 청렴하고 유능한 것으로 잘 알려진 경휘(敬暉) 등이 있다. 그들은 각자의 장점으로 무측천에게 중용되었다.

무측천은 황제가 되어 자신만의 독특한 용병술로 자신에게 충성을 다하고 목숨을 내던질 수 있는 많은 인재들을 모았다.

제4절

권력을 휘두르다

《자치통감》에는 기록하고 있다: 서경업이 모반을 일으키자 무측천은 수많은 백성들이 자신을 음해할 것이라는 것과 오랫동안 국정을 독점한 것 때문에 종실과 대신들이 자신을 증오하고 있음을 알았다. 그래서 그녀는 사람들을 무자비하게 처형해 천하에 위엄을 보여주고 싶었다.

여성인 무측천이 황위에 오르기까지 많은 난관이 있었다. 설사 "혁명"이 성공해도 조야에는 많은 당나라 황실 옹호자와 유가이론의 수호자들이 기회를 엿보고 있었다. 그녀는 가시방석에 앉아있었다. 그녀는 "형법으로 통치하고", "사람들을 무자비하게 처형했다."

그녀의 공포정치는 역사에 깊은 자취를 남겼다. 천백년 동안 사람들은 말만 듣고도 치를 떨었다. 청나라 사람 전대흔(錢大昕: 172

8~1804)은 《소미도(蘇味道)》라는 시에서 말했다. "수시로 사실을 날조해 사람들을 괴롭히고, 다투어 몰래 일러바쳐 사람들을 무고하네. 이쯤 되면 진상이 모호해 시비를 가리기 어려우니, 정의로운 해치(獬豸: 옳고 그름을 구분할 줄 알고 응징한다는 전설상의 짐승…옮긴이)도 나쁜 일을 저지르겠네!(四時鬼撲換匆匆, 羅織爭夸告密工. 此際模棱已難得, 不矜獬豸觸邪功!)."

684년(사성·문명·광택)은 큰 일이 많이 일어난 해였다. 몇 개월 동안, 무측천은 고종을 안장하고 새로운 황제를 바꿔 고종이 남긴 정치 프레임을 바꾸었다. 그밖에 서경업의 반란을 진압했다. 이 해를 마감하고 무측천은 긴장된 권력투쟁에서 벗어나 자신의 역량으로 정권을 굳히고 새로운 국가건설에 힘을 쏟았다. 다음해 정월 초하루, 그녀는 연호를 수공(垂拱)으로 바꾸고 천하에 대사면령을 내렸다. "수공"은 옷을 늘어뜨리고 두 손을 맞잡는다는 의미로, 고대 무위(無爲)로 천하를 다스린다는 말의 대명사였다. 상황이 악화되자 무측천은 "옷을 늘어뜨리고 손을 맞잡고 있을" 생각을 포기했다. 섭정을 하면서 정치무대에 나서기 시작한 무측천은 자신이 전대미문의 저항에 직면해있음을 깨달았다. 중국의 정치전통에서 여주(女主)의 신분으로 섭정하는 것은 언제나 사대부들의 반대에 직면했고 심지어 그들이 좌지우지하는 사회여론의 비난을 받아야 했다. 첨예한 갈등 속에 정권을 안정시키려면 긴장된 정치국면을 완화해야 했다. 그렇지 않으면 민심의 이반뿐만 아니라 사회적 혼란을 초래할 수도 있었다. 그러나 "무위정치"를 펼친다고 모든 요구를 들어준다면 오히려 반대세력에게 기회를 줄 수 있었다.

공포정책은 수공 2년(686)에 실시된 밀고를 장려하는 규정에서 시작되었다. 제국이 세워지기 전, 공포정책은 두 단계를 거쳤는데 두 명의 혹리가 전환점이 된다.

첫 번째 단계는 삭원례(索元禮) 시기이다. 삭(索)은 호인(胡人)으로 일찍이 밀고로 출세하였다. 그의 가장 큰 공헌은 대부 이상은 형을 받지 않는다는 법률적 금령을 깨뜨린 것이다. 고대부터 대부 이상은 형을 받지 않는다는 설이 있었다. 귀족에게 죄를 물어 처벌할 수 있지만 육체적인 형벌은 가할 수 없었다. 지금, 삭원례는 고급관원에게 형벌을 적용하였다. 그 결과 고관대작들과 귀족들은 새로운 형구 앞에서 혼비백산하며 순식간에 위엄을 팽개치고 두려워하였다. 그들은 예전에 가장 무시했던 이들 보잘 것 없는 관리들을 사나운 맹수를 보듯 했다.

서경업이 거사에 실패하자 삭원례는 출세가도를 달려 당시 밀고로 출세한 첫 번째 사람이 되었다. 삭원례의 득세는 우연이 아니었다. 다른 사람과 비교해서 삭원례는 단독으로 많은 사람들을 체포하였고 죄도 가장 많이 언도하였다. 그것은 그가 사람을 심문하는 것에 일련의 "새로운 발명"을 하였기 때문이다.

삭원례는 고문 기구를 크게 발전시켰다. 이전 당대에 죄인을 묶는 칼·족쇄·집게 등의 형틀은 정해진 규정이 있었지만 삭원례는 고문을 가하는 많은 새로운 형틀을 만들었다. 그중 가장 악명 높은 것이 철장이었다. 사서에는 죄수의 머리 위에 그가 만든 철장을 끼우고 쐐기를 쳐 넣으면 철모가 점차 조여드는데 자백을 해야 끝이 났다고 말하고 있다. 밀고를 당한 사람이 끝까지 자백하지 않고 버티다가 머리가 조여 깨지는 경우도 적지 않았다. 자백을 강요하는데 그 역시 사람을 놀라게 하는 많은 발명을 했는데 모두가 아주 잔인한 형벌이었다. 예를 들면, 죄수를 반듯하게 눕혀놓고 기둥 위에 걸어놓은 큰 돌로 죄수의 머리를 가볍게 혹은 무겁게 내리치는데 죄수의 의식 상태를 보고 결정했다.

삭원례는 늘 범인에게 알고 있는 사람과 친척 친구를 연루시키도록 강요했기 때문에 한 사람이 체포되면 많은 사람들이 연루되었다. 무측천은 삭원례가 하는 일을 지지하고 큰 상까지 내렸다. 이로 고문과 처형이 크게 성행했다.

두 번째 단계는 주흥(周興) 시기이다. 삭원례가 살해한 대상이 양초사변과 관련 있는 사람들이었다면 주흥이 살해한 대상은 대부분 이당 황실의 구성원이었다.

자신의 세력을 굳히기 위한 무측천의 다음 목표는 이당종실 중에 관직이 가장 높은 왕공들이었다. 그녀의 의도는 새로운 왕조를 세우기 전에 당황실의 종족을 멸하는 것이다. 그래서 심문할 때 증인이 제공한 증거는 중요하지 않았다. 광택 원년, 서경업의 반란이 실패하자 그의 동생은 돌궐로 달아나려 하였다. 당시 유주의 지방관 두 명은 그가 도주하는 것을 도와주지 않았다. 후에 서경업의 동생이 체포되자 두 지방관은 체포되었다. 이 말단 지방관들은 당황실의 왕공이나 대신들을 알 자격도 없었고 또 그럴 기회도 없었을 뿐더러 도성에서 발생한 왕공대인들의 일을 알지도 못했다. 게다가 광택 원년 서경업의 거사는 당황실의 왕공들이 군사를 일으켜 난리를 평정한 것과 아무런 상관이 없었다. 이 두 말단 관리 중에 한 명이 자신의 목숨을 부지하려고 하였다. 조정은 그에게 제거하려는 사람의 명단을 주고 판관이 준비한 그 음모와 연락

관계가 적힌 진술서에 사인하라고 지시했다. 이렇게 되자 당황실의 황족들을 마음대로 처형할 수 있었다.

영창 원년 하반기부터 천수 원년 상반기까지 무자비한 처형이 계속되었다. 반란을 진압한 후, 영창 원년(689년) 3월에서 4월까지 12명의 왕공들이 처형당했다. 몇 백 가구들이 2,000리나 떨어진 남방으로 유배당했다. 처형이 끝나자 바로 뒤이어 세 번째 처형이 무자비하게 진행되었다. 무승사와 무삼사의 선동으로 왕공·문신·무장을 포함해 36명이 피살되었다. 그중에는 많은 대학자들이 포함되어 있다. 네 번째 처형이 시작될 즈음에는 당황실의 황족들은 거의 사라진 상황이었다. 네 번째 처형은 주로 당황실 종족 중의 문무관원들에게 집중되었다. 이 단계에서 이당 황실은 거의 멸족되었다. 합법적이고도 체계적인 도살이 차근차근 빈틈없이 진행되었다. 무측천은 백성들에게 당나라는 더 이상 되돌릴 수 없으며, 천명을 받은 성모가 일어났으니 고대의 예언이 들어맞았음을 믿도록 하려 했다.

진정한 공포정치의 클라이맥스는 내준신 시기이다. 천수 연간, 내준신이 중심이 된 신 혹리사단이 무측천에게 중용되었다. 그들은 "무고로 죄를 씌우는" 방법을 썼다.

내준신이 죄수를 심문할 때 다른 사람과 달랐던 점은 신속하게 자백을 받았다는 것이다. 자백을 받아내는 수완에서 삭원례는 잔혹한 방법을 사용했지만 내준신은 심리를 이용했다. 예를 들어, 그는 무시무시한 이름을 붙인 10종의 칼을 만들었다: 첫째 정백맥(定百脈), 둘째 천부득(喘不得), 셋째 돌지후(突地吼), 넷째 착즉승(著卽承), 다섯째 실혼락(失魂落), 여섯째 실동반(實同反), 일곱째 반시실

(反是實), 여덟째 사저수(死猪愁), 아홉 번째 내즉사(來卽死), 열 번째 구파가(求破家). 심문 때마다 형구를 죄수 앞에 두고 "이것은 형구요"라고 말하면, 범인은 이를 보고 혼비백산하며 육체적 고통을 피하기 위해 얼른 죄를 인정하였다. 내준신 역시 고문할 때 발명한 것이 있다. 첫 단계가 밀고 된 사람의 코에 식초를 부은 다음 고약한 냄새가 나는 흙구덩이 안에 던져 넣고 음식을 주지 않는 것이다. 범인은 배가 고프면 옷 속의 솜을 물어뜯고 이어 정신이 혼미해져 갔다. 범인을 계속 심문하며 잠을 재우지 않았다. 잠이 들면 곧장 밀쳐 깨웠다. 이렇게 며칠 동안 잠을 재우지 않으면 범인은 머리가 멍해져 무엇이든 자백했고 결국에는 처형되었다. 이 방법은 피고에게 고문 받은 상처를 남기지 않는다는 점에서 아주 효과적이었다. 내준신이 자백을 유도할 때 사용하는 또 하나의 방법은 "처음 물었을 때 모반한 것을 인정하면 사형을 감해주는" 것이다. 다시 말해 죄수가 누구든 어떤 죄를 저질렀든 처음 심문할 때 순순히 자백하면 죽음만은 면할 수 있었다. 이것은 실제로 자백을 유도하는 것이다. 무측천은 이 방법을 선호했다.

 더 무서운 것은 장수 2년(693년), 무측천이 전국에 유배된 사람들을 도살하라고 명을 내린 것이다. 전국에 유배를 당한 사람들은 대부분이 정치범과 그 일가였다. 무측천은 이씨 계열의 사족들을 무자비하게 도살한 후, 이들 유배를 당한 사람들이 장래 반란을 일으킬까 봐 여세를 몰아 화근을 철저하게 제거했다. 내준신의 도당 만국준(萬國俊)은 조정에서 처형된 사람들이 남긴 고아와 과부들이 조정에 불만을 가지고 있다는 유언비어를 조사하기 위해 광동으로 파견됐다. 만국준은 그들을 관부로 소환하여 자진하라고 명했다. 관부의 대청에는 곡하는 소리들로 가득 찼다. 그는 도성으로 돌아와 무측천에게 죄인들의 처자식들이 조정에 불만을 품고 모반을 일으키려는 순간에 그들의 음모를 봉쇄하였다고 보고했다. 만국준은 이로 어사대부에 임명되었다.

공포정치는 검은 마수를 이단(李旦)에게 뻗치면서 극에 달했다. 이단은 무주제국의 건국 후 황사로 강등되고 무씨 성을 하사받았지만 별전에 연금 상태에 있었다. 황사의 위치는 그를 위험에 처하게 하였다. 그에게는 위단아(韋團兒)라는 무측천의 신임을 받는 노비가 있었다. 이단이 그녀와 갈등을 겪자 단아는 이단의 두 비(妃)를 무고하였다. 태자의 지위를 노리고 있던 무승사가 이 기회를 틈타 내준신과 결탁하여 결국 이단이 모반을 하려했다는 결론을 만들어냈다. 장수 2년(693년) 공포의 손이 심궁으로 뻗쳤다. 내준신이 이단의 주위 인물들을 심문할 때 안금장(安金藏)이라는 사람은 끝까지 이단은 죄가 없다고 주장하였다. 내준신이 믿지 않자 안금장은 차고 있던 칼을 뽑아 자신의 배를 갈라 오장을 꺼내보였다. 그가 말했다. "당신이 믿지 못하겠다면 내 배를 갈라 태자의 결백을 증명하겠소." 무측천이 소식을 듣고 급히 달려왔다. 그녀는 감동하며 "변변치 못한 아들이 너를 이렇게 만들었구나!"라고 했다. 이단은 목숨을 지켰다.

무측천은 목적을 달성했다. 조정 내외의 관리들은 두려워 복종하지 않는 사람이 없었다. 사람들은 고압적 분위기를 비판했지만 그 효과는 바로 나타날 정도로 탁월했다. 그래서 이것은 통치자의 무기고에서 가장 위험하고 부리기 쉽지 않은 것임에도 이를 부리는 주인은 버리기 아까워한다. 그러나 고압적 정책은 효과가 크지만 부작용 역시 만만치 않았다. 압력이 크면 클수록 반발하는 힘 역시 커지기 때문에 이런 정책은 오랫동안 사용할 수 없었다. 피비린내 나는 살벌한 상황에서 사람들은 자신의 목숨을 보장할 수 없었다. 이런 분위기에서 반대세력들은 소멸되거나 지하로 숨을 수밖에 없을 것이다. 그러나 이런 압박은 일시적인 것이어서 지하에 숨은 세력들은 언젠가 다시 활동을 시작할 것이다.

무측천은 조정의 문무백관들에게 무언의 위엄을 보여주었다. 그녀가 위엄을 나타내는 방식은 독단적으로 권력을 행사해 군주의 특수성을 보여주는 것과 상벌을 적절하게 구사하는 것이다.

당나라의 소설 《당통기(唐統紀)》에 따르면, 당시 연말에 무측천은 크게 화를 내며 군신들을 훈계하였다.

그녀가 물었다. "짐은 백성들을 저버린 적이 없소, 군신들께서는 모두 아시지요?"

군신들이 말했다. "알고 있사옵니다."

무측천은 계속해서 말했다. "짐이 선제를 보필한 지 30여 년이 됐소, 천하를 위해 몸과 마음을 다 바쳤소. 그대들의 높은 작위와 많은 봉록은 짐이 하사한 것이오. 천하가 태평한 것은 짐이 백성들이 생업에 종사할 수 있도록 한 덕분이오. 선제가 군신을 떠난 후 짐은 사직을 중히 여기고 백성들을 최고로 여겼소. 반란이 일어나니 그 수괴는 모두 장상대신들이었소."

무측천은 흥분하며 큰 소리로 훈계했다. "그대들 중에 선제의 유서를 받은 노신 배염만큼 완강하고 제압하기 어려운 사람이 있었는가? 망명한 인사들을 규합한 무장 출신의 귀족 서경업을 능가할 사람이 있었는가? 병권을 쥔 백전백승의 맹장 정무정보다 뛰어난 사람이 있었는가? 이 세 사람은 한 시대를 풍미한 영웅이었음에도 짐보다 뛰어나지 않았소. 짐은 아주 쉽게 그들을 제압하였소. 만일 그대들 중에 이 세 사람을 능가할 수 있다면 미리 거사를 일으키시오. 그렇지 않다면 진심으로 짐에게 충성을 다하시오. 허튼 수작으로 천하의 비웃음거리가 되지 마시오." 군신들은 일제히 머리를 조아리며 "태후의 뜻대로 하겠나이다."라고 말했다.

이 훈계는 지금 읽어도 기세가 강하고 거침없어 제왕의 기운을 느낄 수 있을 정도이니 당시 군신들은 얼마나 큰 두려움을 느꼈는지 알 수 있다.

무측천은 주나라가 당나라로 바뀌는 시기에 야망을 가진 중급 관원들의 불만적인 정서와 야망을 이용해 권력을 탈취하였고 가까운 친척과 측근 위주의 집권그룹을 임용하였다. 이들은 대부분 제대로 배우지 못한 교활한 무리들로, 권력을 잡자 형벌을 남용하고 도당을 만들어 매관매직을 일삼았다. 그녀는 이들을 기용해 반대파를 제압하기도 했고 그들의 권한을 제한하기도 했다. 그들이 이용가치가 없어질 경우 가차 없이 좌천시키거나 처형해버렸다.

종진객(宗秦客)·종초객(宗楚客)·종진경(宗晉卿) 삼형제는 무측천 고모의 아들로, 무측천의 외가였다. 무측천이 당나라를 주나라로 바꿀 전후에 그들은 적극적으로 활동하였다. 종진객은 무측천 즉위 이전에 이미 봉각(중서)시랑에 올랐는데 이는 4품에 해당하는 핵심요직이었다. 원재 초년 이전, 그는 배후에서 무측천이 혁명으로 칭제하도록 기획한 핵심인물이었다. 대주제국의 건국 후, 그는 초대 수상에 해당하는 내사(內史)(중서령)가 되었다.

종씨 형제는 이로 거만해지며 뇌물을 받기 시작했다. 무측천은 대주제국에 먹칠을 하는 이런 행위에 대노했다. 종진객을 검교내사로 임명한 다음 달, 종씨 삼형제를 영남으로 유배를 보내버렸다. 종진객은 흠주(欽州) 준화현(遵化縣)[지금의 광서성(廣西省) 영산(靈山) 서남쪽]의 현위로 좌천되었고, 후에 유배지에서 사망하였다. 내사 형문위(邢文偉)는 종진객을 비호해 무측천의 호감을 사려고 했으나 무측천은 그를 아부한 죄로 진주(珍州)[지금의 귀주성(貴州省) 정안현(正安縣)] 자사로 좌천시켰다. 그는 사자가 진주에 온다는 소문을 듣고 무측천이 자신을 처형하기 위해 보낸 사람으로 생각해 자살했다.

부유예(傅遊藝)는 무측천이 권력을 차지하는 과정에서 중추적인 역할을 한 인물이다. 무측천이 칭제하기 전날, 그는 먼저 지방관원의 신분으로 무측천에게 당나라를 주나라로 바꿀 것을 청하는 글을 올렸다. 올린 글에서 상서로움을 크게 떠벌리며 "혁명"을 만들어냈을 뿐만 아니라 몇 백 명으로 구성된 청원단을 조직하여 글을 올렸다. 그는 일개 9품의 합궁현(合宮縣)[즉, 낙양에 속해있는 하남현(河南縣)] 주부(主簿)에서 정5품의 급사중으로 고속 승진하여 고관의 대열에 올랐다. 당나라를 주나라로 바꿀 무렵에 부유예는 다시 재상그룹에 진입하였다. 천수 2년(691년) 5월에 은청광록대부(銀青光祿大夫)[종3품의 문산관(文散官)]라는 벼슬이 더해졌다. 전후 1년의 시간 동안, 부유예는 9품에서 3품관으로 뛰어올랐고, 그 의상도 청색에서 녹색으로 다시 홍색에서 자색으로 네 번 바뀌었는데 당시 사람들은 이를 두고 "계절마다 승진했다"라고 말했다. 지나친 은총은 벼락출세한 사람을 쉽게 자만에 빠지도록 한다. 부유예는 점점 본연의 모습을 상실해갔다. 한 번은 측근들에게 담로전(湛露殿)을 올라가는 꿈을 주변에 은밀하게 말한 적이 있었다. 측근들이 즉시

보고하자 무측천은 그를 하옥시키도록 명했다. 결국 부유예도 자살하였다. 그때가 천수 2년 9월이었다.

상벌을 함께 구사하는 무측천의 통치술은 감정의 기복이 심했기 때문에 신하들은 윗사람의 마음을 제대로 헤아릴 수 없었다. 그들은 늘 두렵고 복종해야 한다는 스트레스에 시달렸다.

무사문은 본래 서씨(徐氏)로, 개국공신 이적의 아들이다. 그는 아버지를 따라 국성(國姓)을 하사받고 이씨로 개명했다. 서경업이 거병하기 전후에는 윤주자사(潤州刺史)로 있었다. 무사문은 서경업이 거병하는 것에 반대했고 사전에 그가 반란을 일으키려 한다는 사실을 고발하였다. 서경업은 그를 체포하여 책망하였다. "숙부께서는 무씨 편을 드시니, 무씨로 개명함이 맞습니다." 반란이 평정된 후, 그는 연루되지 않고 사복[태복(太僕)]소경(司僕少卿)이 되었다. 무측천은 농담 삼아 그에게 말했다. "조카 서경업이 경더러 무씨 성으로 바꾸라고 했는데, 지금 짐은 더 이상 강요하지 않겠소." 무사문은 글을 올려 무씨 성을 내려줄 것을 청했다. 그는 무씨 성을 하사받은 첫 번째 사람이 되었다. 국성을 하사받은 무사문은 무측천이 주나라 건국한 후 지관(호부)상서가 되었다. 천수 2년(691년) 1월, 그는 2,800명을 데리고 중악(中岳) 숭산(嵩山)에서 의식을 거행해줄 수 있도록 청원하는 글을 올렸다. 왜냐하면 숭산에서 의식을 거행하는 것은 무측천의 숙원으로 몇 차례 준비한 끝에 결국 포기했기 때문이었다. 그러나 무사문이 이번에 사람들을 데리고 글을 올린 것은 시기가 맞지 않아 무측천의 관심을 끌지 못했다. 무사문의 최후는 희극적 요소가 다분했다. 당시 8월, 서경업과의 협력을 거절하여 무측천의 충신으로 간주된 그는 당초 서경업과 함께 반란을 모의했다는 죄명으로 고발당했다. 무측천은 명을 내려 그를 영남으로 유배시키고 본성인 서씨로 환원시켜버렸다. 무사문의 희극적인 최후는 정치적 격변기에 한 치 앞을 내다볼 수 없는 가족과 개인의 운명을 보여준다.

장수 원년(692년) 4월, 무측천은 불교를 중시하여 전국에 가축을 도살하는 행위와 물고기를 포획하는 행위를 금지하였다. 당시, 좌습유로 있던 장덕(張德)은 아들을 하나 낳았다. 그는 축하하기 위해 아들을 낳은 지 3일째 되던 날, 몰래 양을 잡아 동료들에게 대접하였다. 보궐(補闕) 두숙(杜肅)이 연회에 참석하였다. 그는 몰래 양고기 한 조각을 숨겨놓고 연회가 끝난 후 밀고했다. 다음 날 백관들이 입조하자, 무측천은 장덕에게 말했다. "듣자하니 경이 아들을 낳았다고 하던데, 축하하오." 장덕이 감사를 표했다. 무측천이 또 물었다. "고기는 어디서 구했는가?" 장덕은 듣고 혼비백산하며 얼른 머리를 조아리며 사죄했다. 무측천은 말했다. "짐이 가축을 도축하는 행위를 금지했지만 경조사로 대접하는 것은 제한을 두지 않았소. 이는 인지상정이기 때문이오. 그러나 다음부터는 경께서 대접할 손님을 잘 고르셔야 할 것이오." 이어서 두숙이 올린 글을 그에게 보여주었다. 두숙은 부끄러워 어찌할 바를 몰랐다. 이 일로 백관들은 여황의 속내를 알기 어려웠고 그녀의 위엄을 넘볼 수 없었다.

무측천은 뛰어난 정치력과 재능으로 늘 군신들 위에 군림하며 산적한 문제를 처리했기 때문에 권력투쟁에서 냉정하게 일을 처리할 수 있었다.

제5절

혹리

 신·구당서 《혹리전(酷吏傳)》에는 무측천의 통치기간에 활동한 11명의 유명한 혹리, 즉 구신적·삭원례·후사지(侯思止)·만국준·왕홍의·주흥·내준신·부유예·내자순(來子珣)·곽패(郭覇)·길욱을 기록하고 있다.

 혹리그룹은 무파의 핵심이었다. 공포시기 일부 제사(制使: 황제가 파견한 사자…옮긴이)들이 후에 혹리가 되었다. 이들 혹리들은 첩보능력이 뛰어나고 수법이 잔인했다.

 관원을 특파하는 것은 무측천의 공포정치에서 가장 보편적인 일이었다. 무측천은 개인의 측근을 조정으로 보내 재상을 맡겼고 또 황제의 특사격인 "제사"를 만들었다. 그들은 무측천 개인의 특파원으로 수시로 파견되고 철수되었으며 임무의 완성뿐만 아니라 그 권한까지도 끝까지 보장받았다.

공포정치를 시행할 때, 많은 하층민 밀고자들을 동원하려면 밀고를 제도화할 필요가 있었다. 그래서 먼저 밀고가 들어오면 이를 심리할 수 있는 권한을 누가 가질 것인가의 문제를 해결해야 했다. 과거 밀고자는 도성으로 가서 밀고하지 않고 가까운 소재 주나 현에 가서 밀고를 했다. 심리하는 사람은 자사·장사(長史) 혹은 주를 순찰 나온 감찰어사 같은 현지 지방관리들이었다. 도성이나 도성 부근에서 일이 일어난 경우 접견하는 사람은 대체로 재상이거나 각 주관부서의 수장이었다. 그러나 상당수의 대신들은 이당황실이거나 이당황실과 연관 있는 사람들이어서 황실 구성원이 연루된 사건일 경우 교묘하게 덮어버릴 수 있었다. 이 때문에 공포정치는 각종 난관에 부딪쳤다.

이 문제를 해결하기 위해 무측천은 직접 밀고를 심리하였다. 신하들은 밀고한 사람에게 많은 것을 심문할 수 없었다. 중앙의 재상에서 지방 주현의 자사를 포함한 모든 관원들은 그들에게 책임을 물을 수 없었다. 무측천은 제국의 대 검찰관이 되어 모든 밀고자들을 접견했다. 그녀의 업무량은 폭발적으로 늘어났기 때문에 따로 사람을 두어 안건을 심사해야 했다. 그녀는 심문권의 일부를 내놓지 않을 수 없었지만 대리(大理)나 형부의 관원들은 믿을 수 없어 직접 선발하였다. 이렇게 선발된 사람들이 바로 제사였다. 이렇게 보면 제사는 그녀 개인의 법관이었다. 그녀는 그들을 파견할 수도 있고 철수시킬 수도 있었다. 그들은 반드시 그녀의 뜻대로 일을 처리해야 했다. 모든 제옥(制獄: 황제의 특명으로 죄인을 감옥에 감금하는 것…옮긴이)의 결과는 사실 그녀 개인 의지의 산물이었다.

제사의 첫 번째 역할은 승제(承制: 황제의 뜻을 받들어 형편에 맞게 일을 처리하는 것…옮긴이), 다시 말해 무측천이 하달한 "기소장"이라고 할 수 있는 내장(內狀)을 받아 피고에게 제서(制書: 황제의 명령을 담은 글…옮긴이)를 낭독하는 것이다. 무측천의 내장은 오늘날의 기소장에 해당한다. 그녀가 밀고를 심리하는 것은 대략적으로 검사가 사회 문제를 조사하는 것과 같다. 법률적으로 직접 밀고를 심리하는 권한을 가진 것과 내상을 하달한 점은 그녀가 검사의 역할을 했다는 것을 말한다. 게다가 이 검사는 법률보다 높은 특수한 신분을 가졌다. 그녀는 섭정하는 태후여서 자신이 하달한 내상은 의론의 여지가 없는 권위가 있었다. 제사의 또 다른 역할은 심판(審判)이다. 제사는 황제가 지명한 법관, 다시 말해 태후가 임시로 지명한 법관의 역할을 수행했다.

무측천의 제옥은 주로 내장에 의해 결정되었다. 내장에는 무측천의 의도가 드러났다. 판결결과는 무측천 의지의 전면적인 실현이었다. 제옥이란 무측천이 기소하면 사람을 보내 심판해 결과를 정하는 과정으로, 법률적 절차만 따른 것에 지나지 않았다. 과거, 문하성은 황제의 결정을 재심을 통해 거부할 수 있는 권한을 가지고 있어서 황제가 부당한 결정을 내릴 경우 반박할 수 있었다. 이 것은 군주의 권력에 대한 일종의 감독과 제한이었다. 지금 이 권한이 없어짐으로써 군권은 극도로 강화되었다.

무측천은 보좌에 앉아 정부 각 부분과 주부(州府)의 일을 소상하게 파악할 수 없었다. 그녀가 자랑하는 첩보망도 이런 곳에는 미치지 못했다. 그래서 흠차대신(欽差大臣)과 황제의 특사를 두었던 것이다. 그들은 무측천의 눈과 귀이자 손발이었으며 그녀를 대신해 권력을 행사했다. 그러나 역대의 권력자들은 자신이 파견한 권력대표들이 권력을 남용할까 두려워했다. 무측천 시기, 이들 특사들이 정치질서를 어시럽혔지만 전체적으로 무측천이 국면을 장악하였다. 그 방법은 그들의 권력을 제약할 수 있는 여지를 남겨 수시로 경질하는 것이었다.

무측천이 아래 몇 가지로 혹리를 다스렸다.

특파원에게 부여된 권한을 제한하였다.

무측천은 혹리를 정적을 치는 도구로 이용했기 때문에 행정대권을 혹리에게 넘겨주지 않았다. 이점은 당시 모든 혹리의 이력을 보면 알 수 있다.

구신적: 좌위대장군을 지냈던 구행공(丘行恭)의 아들이다. 당 고종 영순 원년(682년)에 처음으로 좌금오위대장군(左金吾衛將軍)에 임명되었다. 이듬해 장회태자 이현을 감시하기 위해 파주(巴州)로 파견되었으나 이현에게 자살을 강요했다는 죄로 첩주자사(疊州刺史)로 좌천되었다. 수공 연간에 원래 관직으로 복직되었다. 주흥 등과 함께 가혹한 심문으로 이름을 날렸다. 수공 4년(688년), 월왕 이정의 반란을 진압한 공으로 좌금오대장군에 임명되었다. 천수 2년 하옥되어 처형되었다.

삭원례: 사서에는 그를 "외국인(胡人)"으로 기록하고 있다. 무측천은 서경업의 반란을 진압한 후 "민심이 동요할까 걱정되어 위엄으로 천하를 다스리려 하였다." 삭원례가 무측천에게 밀고하자, 무측천은 그를 불러 유격장군(遊擊將軍)으로 발탁했다. 그는 낙주목

원(洛州牧院)에서 황제의 특명을 받아 사람을 심문하는 최초의 혹리가 되었다. 사서에는 삭원례의 성품이 "잔인했다"고 기록하고 있다. 무측천은 여러 차례 삭원례를 불러 "그에게 큰 권세를 주었다." 그럼에도 삭원례는 천수 2년 피살될 때까지 보잘 것 없는 "추사사(推事使)"에 불과했다. 정치적으로 어떤 입지도 없었다.

후사지: 원래는 고원례(高元禮)의 가노로, 서왕 이원명과 항주자사(恒州刺史) 배정(裵貞)의 "모반"을 밀고하여 출세했다. 첫 관직은 "유격장군"이었다. 천수 3년 조산대부(朝散大夫)·좌대시어사(左臺侍御史)로 승진하였다. 내준신 등과 황제의 특명을 받아 사람들을 심문하였으며, "시간이 갈수록 잔혹해졌다." 후에 재상 이덕소에게 처형되었다.

만국준: 낙양 사람으로, 어려서 교활한 것으로 유명했다. 수공 연호가 정해진 후 사형평사(司刑評事)에 임명되었다. 내준신과 《나직경(羅織經)》을 만드는 과정에서 인정받아 판관으로 발탁되었다. 천수 2년 우대감찰어사(右臺監察御史)를 대행했으며, 내준신과 같은 방식으로 사람들을 심문하였다. 장수 2년(693년) 영남으로 내려가 유배당한 사람들을 처형하여 조산대부·숙정대시어

현대에 출간된 《나직경(羅織經)》

사를 제수 받았다. 얼마 후 병사했다.

왕홍의: 기주(冀州) 형수(衡水) 사람이다. 밀고로 관리가 되었으며 유격장군을 제수 받았다. 천수 연간 우대전중시어사(右臺殿中侍御史)에 임명되었다. 장수 연간 좌대시어사로 승진했다. 내준신과 "관료들을 무고하고" 심문했다. 연재(延載) 원년(694년) 경주(瓊州)에 유배당했다. 후에 조서를 위조하여 북으로 돌아오려다 발각되어 피살되었다.

주홍: 해박한 법률지식으로 젊어서 관리가 되었다. 처음에 상서성도사(尙書省都事)로 임명되었다가 후에 사형소경·추관시랑으로 자리를 옮겼다. 수공 연간 몇 차례 황제의 특명을 받아 사람들을 심문했다. 천수 원년 9월에 상서좌승(尙書左丞)으로 발탁되었다. 다음 해 11월 구신적과 동시에 하옥되었다. 죽을 죄를 지었지만 무측천은 "그를 특별히 사면해주고" 영외(嶺外)로 유배를 보냈다. 유배지로 가던 도중 사망했다.

부유예: 재초 원년(690년)에 합궁주부(合宮主簿)가 되었다. 좌숙장대어사·좌보궐을 지냈다. "무씨에게 상서로운 징조가 있다고 글을 올린 것으로" 중용되어 급사중으로 발탁되었다. 몇 개월 후 재상이 되었다. 얼마 후 조산대부·수란대시랑(守鸞臺侍郎)에 임명되었다. 무측천이 당나라를 주나라로 바꾼 후 무씨 성을 하사받고 은청광록대부가 더해졌다. 1년 동안 고속 승진한 것을 "당시 사람들은 계절마다 승진했다"고 했다. 그러나 얼마 후 "모반혐의"로 고발되어 처형되었다.

내자순: 영창 원년(689년) 무측천의 뜻에 부합되는 글을 올려 좌대감찰어사에 임명되었다. 무측천의 의도대로 죄인을 심문했다.

천수 연간 아주자사(雅州刺史) 유행실(劉行實) 형제가 모반을 일으키려 한다고 밀고하여 유격장군이 되었다. 장수 원년에 애주(愛州)로 유배당했다.

곽패: 천수 2년 송주(宋州) 영릉현승(寧陵縣丞)으로 있을 때 "혁명"에 동참했고, 신도 낙양에서 좌대감찰어사를 역임하였다. 여의 원년에 좌대전중시어사로 옮겼다. 장수 2년에는 좌대시어사가 되었다. 후에 사람들의 보복이 두려워 자살하였다.

길욱: 진사출신으로, 명당위(明堂尉)를 지냈다. 만세통천 2년 유사례(劉思禮) 등이 모반을 일으키려 한다고 밀고하여 우숙정대중승(右肅政臺中丞)을 제수 받았다. "나날이 재능을 인정받아 총애를 받았다." 성력 2년 천관시랑의 신분으로 재상이 되었다. 후에 무의종과 공을 다투다 염천위(郯川尉)로 좌천되며 다시 안고위(安固尉)로 발령받아 그곳에서 사망했다.

내준신: 수공 연간 밀고를 하는 글을 올려 무측천의 부름을 받았다. 천수 원년 시어사로 옮겼다가 조산대부를 겸하면서 죄인을 심문하기 시작했다. 천수 2년 좌대어사중승에 임명되어 자신의 도당과 《나직경》을 만들었다. 잔혹한 것으로 유명하며 가장 영향력 있는 혹리가 되었다. 그는 여러 차례 무측천의 보호를 받았다는 점에서 혹리 중에 특별한 경우라 할 수 있다. 그는 무측천이 권력의 균형을 맞추는 일에서 중요한 인사였다. 이 부분은 뒤에서 언급할 것이다. 신공 원년(697년), 내준신은 "저자거리에서 처형되는" 비참한 말로를 맞이하였다.

이상에서 무측천의 통치시기에 활동한 혹리들은 대부분 어사대관(御史臺官)이었다. 그들의 직책은 기본적으로 사법과 관련이 있었다. 이들 11명의 혹리들 중 가장 영향력이 컸던 사람은 삭원례·주흥·내준신이다. 삭원례는 관직이 유격장군(종5품상), 주흥은 상서좌승(정4품상), 내준신은 사복소경(종4품상)에 불과했다. 이 세 사람은 재상이 되지 못했다. 당시 혹리 중 재상이 된 사람은 부유예와 길욱 뿐이었다. 부유예는 천수 원년(690년) 9월 13일에 동봉각난대평장사가 되었다가 천수 2년 9월 25일 하옥되자 자살했는데 재상으로 1년 남짓 있었다. 길욱은 엄밀하게 말해 혹리라고 할 수 없다. 《신당서》에는 그를 《혹리전》에 넣고 있지 않다. 그는 성력 2년(699년) 12월 2일에 천관시랑·동봉각난대평장사로 승진하고, 구시 원년(700년) 1월 28일에 좌천되어 조정을 떠나는데 재상으로 있었던 시간은 1년이 채 되지 않았다. 다른 혹리들은 국사를 논의하는데 거의 참여하지 못했다. 이로 보면, 무측천은 줄곧 행정대권을 자신이 쥐고 있었음을 알 수 있다.

혹리의 사법권한 내에 그들을 제한하였다.

천수 2년(691년) 정월, 어사중승 이사진(李嗣眞)은 혹리문제를 날카롭게 비판했다. 이사진은 사법제도가 무너지고 있음을 제기하면서 무측천에게 아래 사람이 권력을 가지면 국가의 안위에 영향을 줄 수 있음을 일깨워주었다. 그는 고대 사법절차들을 인용하며 황제의 의견을 심의하고 반박할 수 있는 중서문하성(中書門下省)의 권한을 회복시켜줄 것을 요구했다. 이 권한은 군주집권에 대한 일종의 감독과 제약이자 군주의 실수를 바로잡는 역할을 하였다. 사실, 사법제도를 파괴하는 것은 무측천의 속셈이자 혹리를 부린 결과였다. 그러나 무측천은 "신하가 권력을 가지는" 것을 가장 경계했다. 이사진이 말했다. "제가 보기에 저 사법관들은 단독으로 명을 받들어 결과가 이미 정해져 있는 사건을 심리합니다. 사법절차를 지키지 않고 마음대로 심사하여 사건을 결정해버립니다. 심지어 어떤 법관은 황상에게 분명히 밝히지도 않고 마음대로 결정해버립니다. 이러한 방식은 폐단을 낳을 수 있습니다. 신하들에게 권력이 돌아가는 것은 신중한 방식이 아니옵니다. 폐하께서는 하찮은 관리들에게만 재판권을 주시고 형부는 개입도 못하고 문하성은 재조사를 할 수 없게 하십니다. 이렇게 간다면 큰 문제가 생길 것입니다." 이사진의 간언은 무측천의 마음을 대변했다. 몇 개월 후 혹리들의 수괴인 구신적·주흥·삭원례가 제거되었다.

무측천은 적인걸 사건으로 혹리들을 더욱 불신하였다. 장수 원년(692년), 내준신은 모반죄로 재상 적인걸과 어사중승 위원충을 비롯한 7명의 대신들을 무고하고 자신이 직접 심문하였다. 무측천은 1차 심문 때 자신의 죄를 인정한 사람은 사형을 면해주도록 명했다. 내준신은 공을 가로채기 위해 7명의 대신에게 죄를 인정하도록 압박했다. 적인걸이 얼른 죄를 인정하며 말했다. "주나라가 세워졌으니, 당연히 신진관원들이 정권을 잡아야겠지, 나는 당나라의 노신으로 달갑게 처벌을 받겠네, 모반을 일으키려 한 것은 사실이오." 내준신은 적인걸이 이렇게 순순히 자백하자 더 이상 형벌을 가하지 않았다.

적인걸이 죄를 인정했기 때문에 옥리들은 그에 대한 감시를 소홀히 했다. 적인걸은 옥리들이 없는 틈을 타 자신의 억울한 사정을 써서 솜옷에 넣어 그의 가족에게 전해주었다. 적인걸의 아들

적광원(狄光遠)은 솜옷에 백서가 숨겨져 있는 것을 발견하고 이를 무측천에게 알렸다. 무측천은 그를 소환했다. 백서를 본 후 즉각 내준신을 입궁토록 했다. 무측천은 그에게 물었다. "그대는 적인걸이 자백했다고 했는데 그의 아들이 억울함을 하소연하러 왔소, 도대체 어찌 된 일이오?" 내준신은 속이며 말했다. "이들은 늘 자신의 죄를 순순히 인정하지 않으려 합니다. 저는 적인걸에게 형을 가한 적이 없습니다. 잘 먹고 잘 입게 해주었습니다. 두건과 허리띠조차도 벗기지 않았습니다. 사실이 아니라면 그가 어떻게 모반한 사실을 인정했겠습니까? 분명히 이랬다저랬다 하며 이목을 혼란스럽게 하려는 것입니다."

무측천은 믿지 않고 특사를 보내 조사하도록 했다. 특사는 내준신의 흉폭함이 두려워 감옥에 가지 못하고 아부하는 말 몇 마디만 하고 가버렸다. 또 내준신은 사람에게 적인걸의 《사죄표》를 한 부 위조하도록 해 특사로 하여금 무측천에게 전하게 했다.

바로 이때, 봉각시랑 악사회(樂思晦)의 아들이 소환되었다. 그의 나이 이제 겨우 17살이었다. 그의 집안은 내준신에 의해 멸족되었다. 그는 내준신의 악독함을 고발하며 내준신은 언제나 미리 정한 죄명으로 자백을 강요했다고 말했다. 무측천은 직접 적인걸을 불러 심문했다. "그대는 아들을 시켜 억울함을 하소연하면서 왜 모반했다고 인정했는가?" 적인걸이 말했다. "제가 인정하지 않았다면, 형틀에서 일찌감치 죽었을 것입니다!" 무측천은 즉각 상황을 파악해 적인걸의 사형을 면해주고 팽택현령(彭澤縣令)으로 좌천시켰다. 이어서 다른 6명의 대신의 사형을 면해준다는 조서를 내렸다. 무측천이 심문할 수 있는 전권을 내준신에게 넘겨주었다면 적인걸 등은 목숨을 부지하기 못했을 것이다. 그러나 그녀는 시종 이 권한을 놓지 않았다. 결정적인 시기에 직접 적인걸을 심문해 적인걸의 생명을 구한 것은 물론 사건의 진상도 밝혀냈다.

내준신은 형사사건을 맡은 후로 줄곧 무측천의 칭찬을 받았지만 이번에는 뒤통수를 한 대 얻어맞은 것처럼 매우 불쾌했다. 그는 무측천을 찾아가 이 정도의 처분은 너무 가벼워서 7명의 대신을 모두 처형해야 한다고 주장하였다. 무측천은 윤허하지 않았다. 7명의 대신들을 처리하는 문제는 무측천이 혹리 내준신에 대한 믿음이 떨어졌음을 보여주는 것이자 혹리에 대한 무측천의 생각이 바뀌었음을 보여준다.

혹리의 임용과 결말을 종합해보면, 무측천은 특수한 정치적 필요성으로 그들을 이용했음을 알 수 있다. 그들의 임관은 일반적으로 대리시와 어사대의 중간관직에 국한되었다. 그 영향은 사법계통에 국한되었으며 행정기관과는 관련이 없었다. 게다가 사법계통 내에서도 혹리가 전 부서를 다 장악했던 것은 아니었다. 대리시의 장관인 대리(사형)경과 어사대의 장관인 어사대부를 혹리가 맡은 경우는 거의 드물었다. 특히 어사대부는 대부분 재상이 겸직하였다. 이사진·엄선사(嚴善思)·주구(周矩)·위원충·서유공·두경검(杜景儉)·이일지(李日知) 같은 법집행이 공평하고 관용적인 인사들이 계속 법관에 임명된 점도 혹리를 억제하기 위함이었다.

혹리들을 끊임없이 경질하여 서로 견제하게 만들었다.

삭원례·주흥 같은 구세대 혹리들은 내준신을 비롯한 신세대 혹리들에 의해 제거되었다. "항아리 안으로 드시지요(請君入甕)"라는 이야기는 여기에서 유래한다.

천수 2년(691년), 어사중승 이사진은 혹리들이 무사비하게 사람을 살해하자 여황에게 진언했다. 그는 현재의 법관은 절차를 따르지 않고 마음대로 죄를 결정해 "권력이 신하에게서 나오고 있습니다."라고 말했다. 또 그는 《노자(老子)》 제36장에 나오는 "국가의 보물들은 사람들에게 보여서는 안 된다.(國之利器不可以示人)"라는 말을 인용하여 현재 권력을 혹리들에게 넘기는 것은 신중해야 한다고 생각하였다. "권력이 신하에게서 나오는" 것은 그녀가 가장 경계한 것이었다. 그녀는 기존의 혹리들에게도 손을 댔다.

무측천은 혹리들에게 믿음을 주지 않고 다른 임무를 부여해 그들의 권세를 분산시켰다. 무측천이 혹리들을 물갈이하는 과정에서 2선에 있던 사람들이 촉진작용을 했다. 천수 2년 1월, 내준신 사단은 행동을 시작했다. 그들은 먼저 구신적을 고소했다. 구신적은 정관(貞觀) 사족이었다. 이러한 가문은 본래 무측천이 가장 꺼리는 대상이었다. 구신적은 "모반죄"로 기소되어 감옥에서 피살되었다.

곧이어 사무자(史務滋) 사건이 일어났다. 사무자는 무주제국 건국 후의 초대 납언(納言)[문하성의 수뇌로, 재상 그룹의 일원이다]을 지낸 인물이었다. 당시 그는 어명을 받고 유행감(劉行感) 사건을 조사했다. 내준신도 이 사건에 참여했다. 유행감은 명문가 출신으로 이때 밀고를 받아 하옥되었다.

내준신이 대단한 것은 사무자 사건을 이용해 법관들에 대한 무측천의 의심과 분노를 격발시킨데 있다. 내준신은 사무자와 유행감이 옛날 교분이 있었음을 알고 즉각 무씨에게 보고했다. 그 결과 무씨는 대노하여 내준신에게 사무자를 심문하게 했다. 사무자는 무서워 자결했다. 동일한 사건을 처리하는 법관을 기소대상으로 삼은 것은 내준신의 또 다른 발명이었다. 여황이 법관을 의심하기 시작하자 내준신은 더욱 위세를 부리며 창끝을 주흥에게 향했다. 이후 어떤 사람이 주흥과 구신적이 함께 모반을 일으키려 했다고 밀고했다. 무측천은 한쪽 파벌로 다른 한쪽 파벌을 제거하기 위해 내준신에게 주흥을 심문하도록 했다. 이로 "항아리 안으로 드시지요"라는 이야기가 탄생했다.

내준신은 먼저 숨은 패를 보여주지 않고 주흥과 함께 식사를 했다. 자리에서 대선배에게 가르침을 청했다. "죄를 인정하지 않는 범인이 있는데 어떻게 하면 좋을까요?" 남을 가르치는데 인색하지 않던 주흥은 불에 달군 큰 항아리 속에 범인을 집어넣으면 죄를 인정하지 않을 수 없을 것이라고 말했다. 내준신은 그의 말대로 항아리를 준비해 대선배에게 그 안으로 들어가라고 했다. 주흥은 자신이 발명한 형구를 보는 순간 모든 것을 체념해버렸다. 그는 땅에 엎드려 용서를 구했다. 내준신은 자신이 필요했던 모든 것을 얻었다.

삭원례의 결말은 주흥과 비슷했다. 주흥이 기소된 것과 때를 같이하여 삭원례도 뇌물수수혐의로 고발당했다. 삭원례는 하옥되자 저항하는 모습을 보였다. 심문하던 혹리가 "삭공(索公)의 철장을 가져와라."라고 말하자 삭원례는 순순히 죄를 인정했다. 내준신은 달군 항아리에 집어넣는 방법으로 주흥을 다루었다. 마찬가지로 삭원례를 다룰 때에도 "달군 항아리에 집어넣는" 방법을 사용했다. 철장과 항아리는 주흥과 삭원례가 만들었지만 지금은 자신들을 옥죄는데 형구가 되었다. 이로 봤을 때, 내준신이 얼마나 교활한 사람인가를 알 수 있다. 그는 고문할 때 혹형만 사용한 것은 아니었다. 그럴 경우 나약한 사람들은 굴복시킬 수 있겠지만 강경한 사람에게는 효과적이지 않았다. 게다가 더 문제가 되는 것은 고문은 상처를 남긴다는 것이다. 만일 범인이 후일에 판결을 뒤집는다면 이것은 가장 유력한 증거가 될 수 있었다. 또 고문을 가할 때 잘못하여 만에 하나 범인이 죽는다면 여황에게 보고하기도 쉽지 않았다. 그래서 그는 고문하기 전에 심리전술을 이용해 상대방의 의지를 무너뜨렸다.

사실 주흥 등을 살해한 사람은 삭원례가 아니라 무측천이었다. 《자치통감》에는 무측천이 민심수습차원에서 평소 잔혹한 것으로 이름을 떨쳤던 삭원례를 천수 2년에 처형했다고 말하고 있다. 범인을 심문하는 권한이 오랫동안 혹리들의 수중에 있다면 이는 상당히 위험한 일이었다. 재상을 자주 경질하듯 혹리들도 자주 경질해야 했다.

연재 원년(694년), 무측천은 내준신을 외지로 좌천시켰다. 무측천은 그를 포기하기 아까워 신공 원년(697년)에 다시 불렀다. 조정에 돌아온 내준신은 "사명을 욕되게 하지 않으려고" 중대 사건을 만들어 수많은 정적들을 제거하였다. 그는 점차 물불을 가리지 않고 미쳐 날뛰기 시작했다. 뜻밖에도 태자와 무씨자제들을 무고하였다. 이것은 그야말로 모든 사람들과 적이 되겠다는 것으로, 무측천에게 좋지 않은 영향을 주었다. 사람들은 의심하기 시작했다. 여황제가 이런 사람을 임용했으니 과연 정상인가? 그래서 무측천은 내준신을 체포하여 감금했다. 그러나 그를 제거할 것인지에 대해서는 결정을 내리지 못했다.

어느 날 무측천은 자신의 또 다른 측근인 길욱과 정원을 둘러보며 담소를 나누었다. 그녀는 길욱에게 바깥 상황을 물었다. 길욱은 그녀에게 "사람들이 내준신의 사형을 미루는 것에 실망하고 있습니다."라고 말했다. 무측천이 말했다. "그는 밀고를 한 공이 있잖소!" 길욱이 지적하였다. "그게 뭐 대단하다고 하십니까? 내준신은 뇌물도 많이 받았고 그에게 살해된 원혼들이 길거리를 가득 메울 정도로 많습니다. 그를 처형하는 것이 무엇이 아깝습니까!" 길욱의 의견은 대다수 사람들의 의견을 반영한 이른바 "공론(公論)"이었다.

황제는 길욱의 말을 중시하지 않을 수 없었다. 당시, 무주의 대외관계는 극도로 불안했다. 서쪽의 토번은 4개의 진을 할양할 것을 요구했다. 서북쪽에 있는 동돌궐의 묵철은 변덕이 심해 큰 우환거리였다. 동북쪽의 거란은 유주를 포위하고 남쪽의 위주(魏州)를 위협하고 있어 제1차 서북사변이 절정의 시점에 있었다. 이런 시기에 백성들의 공분을 사고 공포정치를 상징하는 인물을 보호한다면 어떻게 되겠는가? 길욱은 무측천에게 내준신을 처형하는 것은 백성들의 원한을 달래주는 정치적 조치라는 점을 일깨워주었다. 무측천은 정치적 필요성 때문에 혹리를 기용하여 정적들을 제거하였다. 마찬가지로 이 때문에 혹리들을 무덤으로 보내야 했다. 그녀는 앞잡이들의 머리로 위기를 극복할 필요가 있었다. 그래서 무측천은 마침내 내준신을 처형했다.

당시 내준신의 죽음에 환호하지 않는 사람이 없었는데 어떤 사람은 그의 시체를 자르기도 했다. 무측천은 신민들의 반응을 들은 후 이들의 행동을 지지하는 조서를 내렸다. 후인들에 의해 《내준신의 죄상을 폭로하는 조서(暴來俊臣罪狀制)》로 명명된 이 글은 민심을 어루만지는 말들로 이루어져 있다. 조서의 끝에는 내준신의 가문을 멸하여 무고하게 죽은 사람들의 원한을 씻어야 한다고 말하고 있다.

무측천은 일생동안 중요한 시기마다 자신을 위해 일한 수하가 있었다. 초기에는 "이묘(李猫)"로 불린 이의부, 중기에는 내준신, 말기에는 장씨 형제가 있었다. 이의부와 장씨 형제는 무측천의 적수에 의해 제거되었다. 내준신은 무측천이 직접 제거하였는데, 권모술수라는 측면에서는 가장 가치가 있다.

697년 음력 9월, 무측천은 또 심상치 않은 정치적 각본을 연출했다. 그녀는 시신(侍臣: 황제를 곁에서 모시는 신하…옮긴이)들에게 말했다. "근년에 대부분의 신하들이 주흥이나 내준신 같은 혹리에게 연루되었고, 조신들도 죄를 인정하였소이다. 나라에는 국법이 있으니, 내가 어찌 법을 어겨가며 처리하지 않을 수 있겠소! 이 가운데 짐 역시 억울함이 있을 것이라 생각해 측근을 감옥으로 보내 조사를 해봤소. 그러나 범인이 직접 사인한 진술서를 받고 나는 더 이상 의심하지 않고 그 법관들의 상주를 받아들인 것이오. 내준신이 처형된 후로 모반을 일으켰다는 사람을 들을 수 없었소. 그러나 이전에 해를 당한 사람들은 억울하지 않겠소이까?" 이것은 당연히 자신을 합리화하기 위한 변명으로, 자신은 혹리들에게 현혹되었을 뿐 공포정치를 발동한 것은 진심이 아니었음을 표명하는 것에 불과했다.

무측천이 이런 말을 했다면 오랫동안 목숨이 경각에 달려있었던 많은 신하들은 왜 공포정치를 끝낼 수 있었던 좋은 기회를 잡지 않았을까? 그래서 하관시랑 요원지(姚元之)가 무측천에게 진언하여 이후에는 모반을 일으키는 사람이 없을 것임을 맹세했다.
　공포정치는 이렇게 모양새 좋게 끝이 났다. 이것은 정책이 바뀌는 과정에서 무측천이 이루어낸 일대 사건이었다.

則天武后

6 이씨 당나라로의 복귀

제1절

누가 천자의 후계자인가?

　무측천은 만년에 두 가지 정책에 역점을 두었다. 하나는 공포정치를 끝내는 것이고, 다른 하나는 이씨 당나라로 복귀하면서 자신의 아들을 무주의 후계자로 선정하는 것이다.
　무승사는 수공 연호를 쓰기 시작한 이래로 황제가 되려는 야심이 있었다. 그는 무측천이 칭제한 후 무씨 왕조의 다음 황제는 마땅히 자신이어야 한다고 생각했다. 황제가 되기 위해 가장 중요한 일은 먼저 저군(儲君: 태자…옮긴이)이 되는 것이다. 그러나 저군은 "황사(皇嗣)" 이단이었다. 이것은 무주제국이 세워졌을 때 이미 정해진 것이었다. 저군을 바꾼다는 것은 이단 등을 폐위하거나 제거해야 한다는 것을 의미했다. 무씨 가족의 두 번째 실력자인 무삼사도 같은 야심이 있었다. 다만 그는 무승사보다 지위가 낮았기 때문에 일찍부터 야심을 드러내고 싶지 않았다. 그는 무승사가 하는 일을 적극 지지했다.

그러나 사서에는 무씨 자제들의 재능이 출중했다는 기록을 찾아보기 어렵다. 활발하게 활동했던 무승사와 무심사는 평범한 사람들이었음에도 무측천은 그들을 재상에 임명했다. 주나라를 세우고 재상을 임명할 때 무측천은 공개적으로 표명했다: 재상그룹에 무씨 종친이나 자신의 친정 식구에게 줄 자리를 마련해야 한다.

당나라 종실이 거사에 실패하자 무측천의 정치적 동지 역시 나날이 세력이 커지는 무씨 일가로 기울었다. 대규모 군사쿠데타가 일어날 때마다 무측천은 무씨 자제를 통수로 삼아 토벌하러 보냈다. 만세통천(萬歲通天) 원년(696년), 영주의 거란이 군대를 일으켜 주나라에 반기를 들었다. 무측천은 무삼사와 무유의(武攸宜)를 연이어 토벌하러 보냈다. 애석하게도 무유의는 중임을 감당할 재목이 아니어서 "공이 없이 돌아왔다." 그러나 여전히 좌우림대장군을 제수 받았다. 재능이 없는 이런 평범한 사람이 의외로 무측천의 집정기간에 "10년 동안 금병을 통수했다." 다음해, 또 다른 무씨자제 무의종(武懿宗)이 명을 받고 거란을 토벌하러 갔다. 조주(趙州) 백성들은 무의종의 무능으로 목숨을 부지하기도 어려운 상황에 빠졌다. 이로 보듯, 무측천은 무씨들이 출중해서 중용한 것이 아니라 자신에게 충성심이 강해 그들을 이용해 문무백관들을 감독하고 견제하고자 중용했음을 알 수 있다.

천수(天授) 2년(691년), 무승사는 첫 번째 저위(후계자)투쟁을 시작했다. 그는 군중들이 청원하는 방식을 사용했다. 이것은 무측천이 무주제국을 세우기 전 백성들을 선동해 궁문에서 청원했던 방식을 모방한 것이다. 당시 무측천의 경우 이 과정이 자연스럽게 이루어졌고 또 사전에 많은 준비로 사람들이 두려워하고 있었다. 반면 이때의 무승사는 평화롭게 넘어갈 조건을 갖추지 못했다. 그는 무측천의 위세를 아직 완전하게 얻지 못했다. 무승사는 왕경지(王慶之)라는 낙양의 백성을 내세워 수 백 명을 선동해 글을 올리도록 했지만 이러한 행동은 먼저 재상 잠장천의 반대에 부딪쳤다.

잠장천은 정관 연간 재상을 지냈던 잠문본의 조카였다. 그는 고종 말년에 관직이 벌써 병부시랑 겸 동중서문하평장서에 이르렀다. 천수 원년 1월, 무승사가 문창좌상(文昌左相)에 임명되고, 그는 문창우상(文昌右相)에 임명되어 무씨 성을 하사받았다. 잠장천은 무측천을 황제로 받아들여 무주제국을 인정했지만 무승사가 태자가 되는 것은 반대했다. 잠장천과 함께 줄곧 반대했던 사람은 지관(地官)(호부)상서 격보원(格輔元)과 통판납언(通判納言) 구양통(歐陽通)이 있었다.

상소활동이 반대에 부딪치자 무승사와 내준신은 무래동맹(武來同盟)을 맺었다. 내준신의 일차 목표는 잠장천이었다. 잠장천은 무위도행군대총관(武威道行軍大總管)에 임명되어 서역으로 토번을 정벌하러 떠났다. 이렇게 되자 그는 권력의 핵심에서 멀어졌다. 잠장천은 서역으로 정벌을 가던 중 갑자기 체포되어 낙양으로 압송되었다. 죄명은 모반을 일으켰다는 것이다. 잠장천의 하옥을 시작으로 내준신은 또 구양통과 격보원을 비롯한 수 십 명을 모반죄로 무고하여 하옥시켰다. 10월, 잠·격·구양 등은 모두 피살되었다.

장수 원년(692년) 1월, 무래동맹은 두 번째 행동을 개시하였다. 두 번째 행동의 대상은 평소 명망이 높았던 7명의 대신들이었다. 이중 임지고(任知古)·적인걸(狄仁傑)·배행본(裵行本)은 재상이었고,

나머지 4명은 노헌(盧獻)·최선례(崔宣禮)·위원충(魏元忠)·이사정(李嗣貞)이었다. 내준신은 이 7명을 모반죄로 고소하였다. 적인걸·위원충과 악사회(樂思晦)의 아들의 투쟁으로 무측천은 이 두 사건을 관대하게 처리하기로 결정했다. 그녀는 공경대신들에게 말했다. "옛 사람들은 남을 죽임으로 죽임당하는 것을 끝낸다고 했다, 나는 오늘 은혜로 죽임당하는 일을 끝내고자 한다, 이 7명에게 활로를 주고 관직을 수여해 이후의 태도를 보겠다." 686년 공포정치가 시행된 이래로 무측천은 이렇게 온화한 말투를 사용해본 적이 없었다.

이번 탄압은 적인걸 등이 기지를 발휘해 7명의 대신 중 일부가 목숨을 부지했고, 무측천에게 내준신의 고문으로 허위자백을 강요했음을 알게 해주었다. 이 모든 것은 사실 무측천의 지시로 일어난 것이었다. 그녀는 여전히 무·래에게 힘을 실어주고 적인걸 등을 폄적시켜 버렸다. 이때 무래 사단의 권세는 하늘을 찌를 듯했다.

속담에 가득 차면 오래가지 못한다고 했다. 무·래 세력이 커질 때가 바로 그들을 억제해야 할 시기였다. 장수 원년, 재상 잠장천·격보원·구양통이 세상을 떠나자 무래동맹은 다시 무승사를 세우고 이단을 폐위할 것을 요구했다. 무승사는 무측천에게 직접 거론할 엄두가 나지 않아 평민백성인 왕경지를 사주하여 나서도록 했다. 그러나 이때 이씨 계열의 핵심역량인 이소덕(李昭德)이 나타났다. 이씨 계열이란 무측천과 무주제국을 옹호하나 이씨 당나라의 자손이 황위를 이을 것을 요구하는 사람들이다. 이소덕은 당시 무측천의 개인 심복으로 총애를 받아 봉각(중서성)시랑(鳳閣侍郞)에 있었다. 왕경지는 무측천을 성가시게 굴었다. 그녀는 이소덕에게 끌고나가 곤장을 치도록 했다.

이소덕은 왕경지를 광정문(光政門) 밖으로 데리고 나갔다. 그곳에는 많은 관원들이 서있었다. 한쪽에는 왕경지의 도당들이 모여 있었다. 사람들은 궁내에서 전해오는 소식을 기다리고 있었다. 이소덕은 나오자 왕경지를 가리키며 관원들에게 말했다. "이 놈은 우리의 태자를 폐위하고 무승사를 태자로 세우라고 했소이다. 여러분들이 때려주시오." 한 차례 폭우 같은 발길질이 오간 후 왕경지는 이목(耳目)에서 피를 흘리며 비명에 사망하였다. 그의 수 백 명의 도당들은 순식간에 사라졌다.

이소덕의 활동은 여기에서 그치지 않았다. 그는 이 기회를 이용해 무측천과 한 차례 비밀회동을 했다. 692년 여름, 이소덕이 무측천에게 말했다. "무승사는 폐하의 조카이자 친왕이니, 중추기관들을 장악하게 해서는 안 됩니다." 무측천의 생각은 이와 달랐다. "승사는 나의 조카이기 때문에 내가 심복의 임무를 맡기는 것이오." 이소덕이 또 말했다. "예로부터 제왕가의 부자간에도 황위를 둘러싼 권력투쟁이 있었습니다. 고모와 조카 사이는 더 하겠지요. 어떻게 대권을 그에게 맡길 수 있겠습니까? 그가 만일 기회를 틈타 쿠데타라도 일으킨다면 폐하의 보좌가 무사하리라 생각하십니까?" 무측천은 이 말을 듣고 정신이 번쩍 들었다. 그녀가 말했다. "이 부분은 내가 미처 생각지 못했구려." 무측천은 누군가에 급소를 맞은 듯 깨어났다. 그녀는 재빨리 조치를 취했다. 장수 원년 8월, 무승사를 재상에서 파직하고, 무유령(武攸寧)을 문하성장관납언(門下省長官納言)에서 동관상서로 파직했다. 동시에 무측천은 재상

인사를 단행하여 최신기(崔神基)를 사빈경(司賓卿)에, 최원종(崔元綜)을 추관시랑(秋官侍郎)에, 이소덕을 하관시랑(夏官侍郎)에, 요왕수(姚王壽)를 권검교천관시랑(權檢校天官侍郎)에, 이원소(李元素)를 검교지관시랑(檢校地官侍郎)에 임명했다.

무승사 등은 공격을 받자 무측천 앞에서 이소덕을 비방했다. 무측천이 말했다. "이 일에 대해 넌 더 이상 말할 필요 없어, 짐은 그가 있어야 마음이 편해. 난 그로 인해 걱정과 수고를 덜었어." 이렇게 되자 무파의 막강한 권세는 점차 통제되었고, 이파 계열은 무측천의 지지로 세력을 회복하였다.

장수 원년(692년) 후, 이파계열은 무파계열에 공세를 가했다. 먼저 언론으로 혹리정치를 비판하기 시작했다. 시어사 주구(周矩)와 우보궐(右補闕) 주경(朱敬)이 잇따라 진언했다. 주구가 말했다. "신이 사람들이 말하는 것을 몰래 들으니, 모두가 지금 천하가 태평한데 왜 반란을 일으키겠는가라고 말합니다. 하물며 무고를 당한 사람들이 무슨 영웅호걸이어서, 모두가 황제가 되려고 했겠습니까? 고문이 두려워 인정한 것뿐입니다. 지금 조정의 관원들은 매우 불안해합니다. 폐하께서 아침에는 다정하시다가도 저녁에는 적이 되시니 목숨을 부지하지 못할까 두려워하고 있사옵니다. 관원들 모두가 폐하의 적이 되면, 폐하께서는 매우 고립된 위치에 있게 될 것입니다." 그는 또 다음과 같은 문제를 무측천에게 던졌다. "폐하께서는 도대체 누구에게 의지하시겠습니까? 혹리에 의지하여 뭇 사람들에게 버림을 받으시겠습니까 아니면 혹리의 손에서 권력을 되찾아 문무신료들과 함께 천하를 다스리시겠습니까?" 주경은 다음과 같이 생각했다: "무측천은 과거 혹형과 위엄으로 자신이 칭제하는 것에 대해 불만을 가진 사람들을 제재하였지만 지금 혁명이 이루어졌고 백성들도 안정되었으니 형벌을 줄이고 관용을 취해야 한다. 그렇지 않으면 과거의 좋은 제도들은 오늘 나쁜 것으로 변한다."

이들의 말은 매우 일리가 있었다. 무측천은 마음이 흔들려 혹리를 제제하고 밀고자를 숙청하기 시작했다. 그녀는 감찰어사 엄선사(嚴善思)를 보내 밀고자들을 심문했다. 엄선사는 공정하고 강직한 인물이었다. 그는 명을 받들어 850여 명의 밀고자를 찾아냈다. 고발한 내용들은 대부분 허구였다. 그래서 이들을 엄벌에 처했다. 이들 밀고자들은 사실 대부분이 무승사와 내준신 등의 도당으로 밀고를 전담한 사람들이었다. 무고를 일삼던 도당들은 엄선사에게 보복조치를 취해 결국 그를 먼 곳으로 유배를 보내버렸다. 무측천은 그가 누명을 쓴 것이라고 판단하고 조정으로 다시 불러들였다. 이로 밀고하는 풍기가 줄어들었다. 또 사람을 고문하는 행위도 사라지고 형벌도 점차 관대해졌다. 얼마 후, 내준신은 뇌물수수죄로 동주참군(同州參軍)으로 좌천되었다. 혹리 왕홍의(王弘義) 역시 경주(瓊州)로 유배당했다. 후사지(侯思止)는 민간에 비단을 숨겨둘 수 없다는 조항을 어긴 것이 이소덕에게 발각되었는데 무측천은 그를 조당에서 곤장을 쳐 죽이도록 명했다.

무측천은 또 법 집행이 공정하고 관용적인 법관을 기용하였다. 서유공(徐有功)은 가장 유명한 이파계열의 법관이었다. 그는 처음에 포주사법참군(蒲州司法參軍)에 임용되었다. 서유공은 법을 관용적으로 집행하여 무측천과 직접 논쟁하였다. 서유공은 재초(載初) 원년(690년) 무측천이 칭제하기 전날 사형(대리)승(司刑丞)으로 발탁되었다. 재임기간, 그는 여러 차례 혹리들의 기세와 횡포를 막고 대리사 감옥으로 압송된 근 백 명에 달하는 무고한 사람들을 구해냈다. 그는 조정에서 여러 차례 무측천과 형벌을 주는 문제로 논쟁을 벌였다. 이로 무측천을 격노하게 했지만 그는 사법계통의 관직을 떠나지 않았으며 후에 형부원외랑과 형부시랑에 임명되었다.

이씨 계열이 세력을 회복하자 무측천은 또 마음이 놓이지 않아 무씨 계열을 지지하기 시작했다. 연재(延載) 원년(694년) 9월, 내준신은 뇌물죄로 동주참군으로 폄적되었다. 정4품하에서 종7품상으로 강등을 당했지만 동주는 수도에 아주 가까운 곳이었다. 내준신의 죄는 후사지·왕홍의보다 훨씬 무거워 이치대로라면 처형되어야 했지만 그는 다시 관대한 처벌을 받았다.

내준신이 재기하게 된 것은 이씨 당나라 잔당에 대한 무측천의 우려 때문이었는데, 공교롭게도 696년과 697년 사이에 모반사건이 일어났다. 이 사건이 "유사례(劉思禮)-기연요(綦連耀) 모반사건"이다. 697년, 명문세가와 관계가 있던 자사 유사례는 한 술사가 호언장담한 예언에 미혹되어 황위를 탈취하기 위한 음모를 꾸몄다. 장사(長社) 사람 장경장(張憬藏)은 유명한 술사로, 많은 사람들의 관상을 봐주었다. 유사례는 그에게서 관상을 배운 적이 있었다. 그는 유사례가 앞으로 출세해 태사가 될 것이라고 예언했다. 유사례는 태사는 가장 높은 자리여서 보통 방법으로는 될 수 없다고 생각하였다. 이에 그는 모반을 생각하였다. 그는 낙주녹사참군(洛州錄事參軍) 기연요를 황제로 옹립하려고 했다. 그는 기연요에게 용의 기운이 있다고 생각했다. 그는 도성의 관원들을 매수하였다. 그중에는 천관(이부)시랑도 있었다. 이것은 사람들의 상상을 더욱 자극했다. 그러나 그들은 행동하기 전에 발각되고 말았다. 고발한 사람은 내준신이었다. 거란의 위협을 막는데 전력을 기울이고 있던 무측천은 더 이상 용인할 수 없어 내준신을 보내 이들 밀모자들을 다루도록 했다. 내준신은 줄곧 이 기회를 기다리고 있었던 터라 일을 확대하여 무고한 사람들을 연루시켜 처벌하였다. 해를 당한 사람은 대략 36명 정도였다. 이들은 모두 명망 있던 인사들로 전 가족이 처형당했다. 도당으로 연루되어 처형당하거나 달아난 사람만도 1,000명이 넘었다. 조정은 또 다시 의심과 공포의 분위기로 뒤덮였다.

이씨 계열과 무씨 계열의 끊임없는 공방전 속에 무측천은 두 세력의 균형을 맞추는 역할을 했다. 무측천은 나이가 들어서야 이씨 당나라로의 복귀정책을 확정했다.

무측천은 장기간에 걸쳐 복귀정책으로 전환했다. 이 과정에서 그녀는 위엄 있고 냉혹한 사람에서 관대하고 인자한 사람으로 변했다. 더 중요한 것은 평화롭게 지내려는 방침을 정했기 때문에 함부로 살육하여 사람들에게 심적인 동요를 주지 않았다는 점이다.

잔인과 의심은 초기 무측천의 마음을 잘 보여주는 말이다. 그러나 무측천은 칭제한 후 반성하기도 하였다. 이러한 반성은 무측천을 점점 인자하게 만들었다. 당연히 신민에 대한 의심을 풀지 못했기 때문에 그녀는 모순된 정서를 나타냈다. 잔인하게 공포정치를 계속 펼치기도 했고, 냉혹한 나머지 민심이 떠날까 걱정하여 어진 정치를 펼치기도 했다. 인자한 마음이 점차 잔혹한 마음을 이기면서 만년에 그녀는 주로 이러한 마음을 가졌다.

장수 2년(693년), 이단의 왕비 두씨의 모친 방씨(龐氏)가 가노에게 밀고를 당했다. 무측천은 급사중 설계창(薛季昶)을 보내 조사하도록 했다. 설계창은 방씨가 죽을 죄를 저질렀다고 단정했다. 그러나 서유공은 방씨가 무죄라고 여겼다. 이에 설계창은 서유공이 역도들을 비호하고 있어 법관에게 넘겨 죄를 물어야 한다고 상주했다. 뜻밖에도 법관은 서유공을 교수형에 처한다고 판결했다. 서유공은 판결을 듣고 탄식했다. "설마 나 혼자만 죽고 다른 사람들은 영원히 죽지 않는 것인가?" 말을 마치고 태연하게 밥을 먹고 부채 하나로 얼굴을 가린 채 의자에 누워 잠을 잤다. 무측천도 서유공의 태도에 호기심이 발동하였다. 무측천은 그가 겉으로 태연한척 하지만 속으로는 분명히 겁을 먹고 있을 것이라고 생각했다. 이에 비밀리에 사람을 보내 그의 동정을 살피도록 했다. 사람이 왔을 때 서유공은 이미 깊게 잠들어 있었다. 다음날 아침, 무측천은 서유공을 불러 물었다. "그대는 근래 안건을 처리할 때 왜 지나치게 아량을 베푸는가?" 서유공이 대답하였다. "지나치게 아량을 베푸는 것은 소신의 작은 허물입니다, 살아있는 것을 좋아하고 죽이는 것을 싫어하시는 것은 폐하의 큰 덕입니다." 무측천은 듣고 한참 동안 침묵하더니 방씨의 사형을 면해주도록 명을 내렸다. 이것들은 모두 그녀가 반성한 예이다.

  만년에 살인에 대한 무측천의 반성은 갑작스럽게 나타난 것이 아니라 주위환경과 연관이 있다. 결론적으로 무측천의 마음이 어떠했는지는 그녀가 가까이 한 사람들과 연관이 있다. 특히 불교의 선종은 그중에 상당한 역할을 했다. 그녀가 설회의(薛懷義) 같은 간사한 승려를 가까이 했을 때 살인을 선호하는 생각이 매우 강했다. 그녀가 신수(神秀)·의정(義淨) 같은 고승들을 가까이할 때 살인을 하려는 마음이 누그러졌다. 사람은 가까이 하는 사람에 따라 영향을 받기 마련이다.

이러한 관대하고 신중한 태도는 그녀가 간언을 받아들일 때에도 반영되었다. 698년 이후, 무측천이 간언을 받아들이는 사례가 이전보다 많아졌다.

무측천은 불교에 심취하였다. 만년에는 더욱 심취했었지만 불교를 반대하는 언행들을 용납하였다. 적인걸이 강도 높게 반 불교론을 제기한 것이 이런 경우이다. 700년 음력 4월, 서역의 한 승려가 무측천에게 자신이 관할하는 절에 매장된 사리를 보러 올 것을 청했다. 어가가 반쯤 왔을 때 적인걸이 막아섰다. 적인걸은 가서는 안 되는 몇 가지 이유를 들었다. 그중 하나가 불(佛)은 이적(夷狄)의 신이므로, 천하의 주군이 굴욕적으로 그를 숭배하러 가서는 안 된다는 것이다. 이러한 강렬한 반불관점은 무주 때 적인걸의 사례에만 보인다. 무주제국을 떠받치는 지주는 불교였다. 흑하여주설(黑河女主說)에서 미륵전생설(彌勒轉生說)까지 불교경전이나 주소(注疏)를 확대해석하는 방식으로 무주제국은 신(神) 의지의 산물이며, 석가모니의 지위는 "천하의 주인" 위에 있음을 논증했다. 지금 적인걸은 석가모니를 "이적의 신"으로 폄하하고, 그의 지위는 무황(武皇)의 아래에 있다고 하였으니 정말로 대담한 발언이었다. 그러나 무측천은 적인걸의 지적을 겸허하게 받아들여 궁궐로 돌아갔다.

이때 무측천의 너그럽고 진중함은 사람을 기용할 때에도 나타났다. 공포정치를 할 때 그녀는 임의로 관리를 뽑았다. 이렇게 뽑은 관리들을 그녀는 종종 가차 없이 처형해버렸다. 그러나 만년에는 상당히 신중하게 "인재를 구했다." 무측천의 신임을 받았던 적인걸·육원방(陸元方)·주경칙(朱敬則)·위원충(魏元忠) 등의 명망 있는 대신들은 인재를 천거할 권리가 있었다. 그들이 천거한 대신들은 대부분 중용되었고 함부로 처형되지 않았다.

공포정치를 끝낸 무주제국은 이때 일정한 힘을 결집하고 더 많은 인재들을 구해 심각한 외환에 대처할 수 있었다. 돌궐토벌을 지휘한 장수인 위원충·요원지(姚元之)·설계창·설눌(薛訥) 등은 모두 당시의 인선이었다. 그들은 묵철(默啜)을 완전하게 제압하지 못했지만 방어 전략으로 변방을 안정시켰다. 고종 중기부터 시작된 군사적 상황의 역전은 이때부터 기본적으로 더 이상 벌어지지 않았다.

그녀는 집권 후기에 공포정치를 끝내고 관용적인 모습을 보였지만 눈앞에 닥친 이·무 간의 황위계승문제를 해결해야 했다. 그녀는 결단해야만 했고, 결단하는데 충분한 준비를 해야 했다.

제2절

이씨와 무씨를 함께 우대하다

무주 후기의 가장 큰 문제는 아들과 조카 중 누구를 후계자로 세울 것인가였다.

무측천의 집권 중·후기에는 무주제국의 후계문제가 있었다. 무측천은 자신의 후일을 위해서라도 제국을 안정되게 발전시킬 수 있는 후계자에게 물려주어야 했다. 이파 계열과 무파 계열이 큰 세력을 형성하고 있기 때문에 또 다시 한쪽을 친다면 정국을 파국으로 몰고 갈 수 있었다. 그녀의 바램은 양쪽이 서로 협력과 견제를 하고 자신은 중간에서 권력을 주재하는 권위적 지위를 확보하는 것이었다.

이연의 건국에서 당 현종 개원 초년까지 당나라의 중앙정치는 오랜 시간 불안했다. 정국이 혼란했던 주된 원인은 황권을 둘러싼 치열한 싸움이었다. 중국봉건제도는 오랫동안 적장자가 황위를 계승하는 전통을 지켜왔다. 그러나 당나라 전기의 적장자계승제는 이런 전통적 구속력을 상실했고, 최고 권력의 계승은 치열한 정치투쟁에 근거했다. 당나라 전기의 황위계승에서 두 가지 점에 주의할 필요가 있다.

첫 번째, 미리 세운 저군 중 어느 누구도 순조롭게 황위를 계승하지 못했다. 은태자(隱太子) 이건성(李建成)·항산왕(恒山王) 이승건(李承乾)·연왕(燕王) 이충(李忠)·효경황제(孝敬皇帝) 이홍(李弘)·의덕태자(懿德太子) 이중윤(李重潤)·절민태자(節愍太子) 이중준(李重俊) 등은 폐출되거나 피살되었다.

두 번째, 황위를 이은 사람들은 예외 없이 "궁정혁명"을 일으켰는데, 태종·중종·예종·현종이 여기에 속한다. 이런 상황에서 황태자는 사실 이름뿐인 저군이었다. 이름뿐인 저군과는 달리 강력한 경쟁 상대, 즉 "잠재적 저군"은 줄곧 존재했다.

후계자간의 투쟁에서 대신들은 각자 자신의 당파에 속해 내정에서 외조로 중앙에서 지방으로 방대한 정치세력을 이루었다. 이들 정치집단들은 "일군양저삼방(一君兩儲三方)"이라는 구도를 만들었다. "일군"이란 실권을 가진 황제 내지 태상황을 말한다. "양저"란 정치집단에서 분화되어 조직된 가장 큰 양대 세력으로 각자의 황위계승자(이름뿐인 저군 내지 잠재적 저군)를 지지하는 것을 말한다. "삼방"은 양대 정치세력과 실권을 가지고 있는 군주가 삼자구도를 형성하는 것을 말한다.

이런 정치구도는 당 제국의 건국과 함께 만들어진 것으로 당나라의 건국사와 밀접한 연관이 있다. 태원기병(太原起兵)부터 이연 일가는 분담과 협력으로 대업을 달성하였다. 이세민·이건민·이원길은 무력으로 점차 자신의 두뇌집단·무장역량과 주변 인물들을 만들어나갔다. 그래서 당 제국을 세운 이후 이세민 등과 고조의 관계는 이전 황자와 황제의 관계와 달랐다. 이건성은 이름뿐인 저군이었고, 이세민과 이원길은 강력한 실력과 황위를 계승할 수 있는 어떤 합법성을 가지고 있었다. 특히 이세민의 경우 천하를 평정한 공이 있는 잠재적 저군이었다. 최종적으로 헤쳐모인 결과, 당 고조·진왕·태자와 제왕이 "일군양저삼방"의 구도를 만들었다. 무력으로 천하를 얻은 태종의 숭고한 지위와 위엄은 황자들이 모방하려는 대상이었다. 이태는 부친과 닮은 점이 있어 인재를 모으며 호시탐탐 저위를 노렸다. 이건승 역시 힘을 비축하며 권력을 찬탈할 준비를 하였다. 그들은 상대를 없애려 했을 뿐만 아니라 태종을 협박하기 시작했다. 이에 이태·이건승과 태종이 "삼자구도"를 형성하였다. 정치에 능한 당 태종은 과감하게 두 후계자의 세력을 제거하고 이치에게 제위를 물려주었다. 그러나 이치의 나약함 때문에 이씨는 지존의 지위를 상실했다.

무측천은 이런 구도로 정치에 지속적인 영향력을 행사하려고 당나라를 주나라로 바꾸었던 것이다.

당나라 전기에 황위계승이 제대로 되지 않았던 중요한 원인은 황권과 귀족의 갈등 때문이었다. 진인각은 지적한 바 있다. "당나라의 역사는 현종 때의 안사의 난을 기준으로 전·후기로 나눌 수 있다. 전기 최고통치 집단은 표면상으로 이씨 내지 무씨를 꼽을 수 있으나 고종 초년부터 현종 말년까지의 100여 년간은 실질적으로 최고 통치자는 번갈아가며 집권했다. 선후로 업적의 차이는 있지만 단단한 복합체로 볼 수 있으며, 이·무씨를 중심으로 위·

양씨가 이를 도와 100년간의 세상을 주재했다."

　무주가 당나라를 대신하기 전, 황위계승자는 이씨 가문에서만 배출되었다. 그러나 무주가 당나라를 대신한 후, 황위계승자의 인선범위는 이·위·무씨를 비롯한 특수한 귀족 가문으로 확대되었다. 무승사·무삼사·위후(중종 이현의 처)·안락공주(위후의 딸)·태평공주 등은 황위계승자가 되려고 했다.

　무측천이 칭제한 기간, 특히 왕조의 후기에 이씨와 무씨는 각자의 실력 집단을 갖고 있어 제위에 있던 무측천과 삼자구도를 형성하였다. 황제로서 무측천은 이런 현실을 이용해 정권을 확고히 할 필요가 있었다. 오랫동안, 무측천은 무씨 일가를 끼고 이씨 위에 군림하였다. 어쨌든, 제국의 황제는 무씨였기 때문에 대부분의 실권을 가진 사람들은 무씨 문하의 사람들이었다. 이씨에게 충성하는 대신들은 제거되거나 심지어 황저(皇儲) 이단도 성을 무씨로 바꾸어야 했다.

　태자의 부재로 무승사 등은 태자의 자리를 탐했다. 정치적 권위는 시간을 두고 만들어지는 것이다. 한 가문이 황권을 차지한 시간이 오래되면 될수록 권위성과 합법성을 갖게 된다. 그 반대라면, 이 가문의 권위와 합법성은 의심받을 것이다. 무주가 10년 동안 이당을 대체하면서 이씨의 절대적 권위는 약화된 반면, 무씨의 특수한 지위는 귀족뿐만 아니라 전국의 백성들까지도 인정하였다. 그러나 이씨도 비밀리에 힘을 결집하며 지존의 자리를 되찾으려고 하였다. 모든 무씨 자제들의 세력이 상당했고 당시 무측천의 둘째 아들 이현·이단은 모두 연금 상태에 있어 죄수와 다를 바 없었지만 무씨들의 기도(企圖)는 조정의 집정대신들의 강력한 반대에 부딪쳤다. 이·무의 태자자리를 둘러싼 투쟁은 실질적으로 무씨자제들과 이당종실을 지지하는 대신들 간의 다툼이었다.

무측천은 자신이 처한 상황을 분명히 알았다. 이파와 무파를 다룰 때 그녀는 시종 균형을 맞추며 어느 한쪽의 세력이 갑자기 커지는 것을 막았다. 그러나 무측천은 황사(皇嗣)를 세우는 문제로 고민했다. 예로부터 어떤 제왕이라도 자신의 아들을 황사로 세우고 방계(傍系)를 세우지 않았다. 그러나 아들은 그녀가 키웠지만 종법관계로 봤을 때 아들은 이씨 사람이었고, 그녀는 이씨 집안의 며느리에 불과했다. 아들이 황사로 있는 한 천하는 결국 이씨의 것이 될 수 밖에 없었다. 이런 모순된 마음이 줄곧 그녀를 어렵게 했다. 모순을 해결하기 위해 그녀의 아들과 손자를 무씨 성으로 바꾸었다. 그래서 두 부류의 친왕이 병립하는 상황이 나타났다. 그녀를 골치 아프게 한 것은 이 두 부류의 친왕은 성이 무씨였음에도 서로 파벌을 형성하고 있었다는 점이었다. 종법관계로 봤을 때 그들은 출신이 달라 함께 할 수 없었다.

장수 2년(693년), 후계자 문제가 다시 불거졌다. 정월 초하루, 무측천은 만상신궁에서 재배하는 성대한 의식을 주재하였다. 성대한 원단대전에서 무측천의 뒤를 이어 아헌(亞獻: 제사 때 두 번째로 술을 올리는 것…옮긴이)과 종헌(終獻: 제사 때 마지막에 술을 올리는 것…옮긴이)을 한 사람은 위왕 무승사와 양왕 무삼사였다. 황사 이단의 자리는 없었다. 이단은 이때 아주 위태로운 상황에 있었다. 그의 황비 유씨와 두씨(이융기의 모친)가 궁내에서 미신 활동을 벌여 무측천을 저주했다고 고발당한 것이다. 정월 초이틀, 유씨·두씨는 비밀리에 피살되었다. 두비의 부친 윤주자사(潤州刺史) 두효심(竇孝諶)·모친 방씨(龐氏)와 그들의 세 아들도 노비들의 무고로 하마터면 멸족 당할 뻔 했다. 이러한 행동은 분명히 황사 이단을 겨냥한 것이기 때문에 이단은 무측천의 심기를 건드리지 않기 위해 일이 끝나자 모친 앞에서는 아무것도 모른 척했다.

한 달 후, 황사 이단의 아들들은 작위를 전부 강등 당했다. 황태손 이성기(李成器)는 수춘왕(壽春王), 항왕(恒王) 이성의(李成義)는 형양왕(衡陽王), 초왕(楚王) 이융기(李隆基)는 임치왕(臨淄王), 위왕(衛王) 이융범(李隆范)은 파릉왕(巴陵王), 조왕(趙王) 이융업(李隆業)은 팽성왕(彭城王)으로 강등되었다. 무측천은 또 그들의 아들과 손자들을 연금시켜 대신들과 접촉하지 못하게 했다. 전상방감(前尙方監)[소부감(少府監)] 배비궁(裵匪躬)과 궁내 시종을 책임지는 환관의 수령 내상시 범운선(范雲仙)이 사적으로 이단을 배알했다가 저자거리에서 참수되었다. 이때, 그녀는 무씨 왕자들의 지위를 올리는데 주력했다.

신공(神功) 원년(697년) 전후, 황위계승을 둘러싼 투쟁이 새로운 국면에 접어들었다.

이때 장이지(張易之)·장창종(張昌宗) 형제는 태평공주의 추천으로 궁중에 왔다. 그들은 준수한 용모로 무측천의 총애를 받았다. 무씨들은 장씨 형제와 관계를 맺어 저위를 차지하려 하였다. 신공원년 6월 말, 무승사·무삼사는 다시 재상에 임명되었다. 이것은 장씨 형제가 잘 말해준 결과였다.

그러나 국면은 무승사와 무삼사에게 아주 불리하게 돌아갔다. 그들은 종실에서 황위를 잇는 전통을 제기하며 예로부터 천자는 다른 성을 가진 사람들이 뒤를 잇지 않았다고 주장했다. 그러나 아들을 세우고 조카를 버리는 것은 이미 사람들의 바램이었다. 재상 적인걸은 다시 당시 이소덕의 의견을 따라 무측천에게 권고했다. 그는 이 일로 무측천과 여러 차례 회담했다. 적인걸은 강조했다. "폐하께서 지금 누리는 천하는 태종 황제가 갖은 고생 끝에 세우신 것입니다. 그에게는 이 나라를 자손에게 물려주어야 할 이유가 있습니다. 고종천황대제께서 붕어하실 때 두 아들을 폐하께 맡기셨습니다. 폐하께서 지금 황위를 다른 가문에 넘기시는 것은 천의를 저버리는 것이옵니다!" 무측천의 경우, 조카를 세우는 것은 아들과 남편을 져버리는 것을 의미하면서 자신의 합법성을 부정하는 것이었고 훗날의 지위도 보장할 수 없었다. 이것은 무측천이 아들에게 물려주고 조카에게 물려주지 않기로 결정을 내리게 된 중요한 전제였다. 이씨를 세우고 무씨를 억제하기 위해 적인걸은 여릉왕 이현을 방주에서 소환하려고 하였다. 재상 왕방경·왕급선(王及善) 등도 적인걸과 보조를 맞추며 여릉왕의 소환을 지지하였다.

게다가 이번 후계자 문제는 외교문제와 복잡하게 얽혀있었다. 두 파벌은 외교적 압박을 통해 후계자 문제를 자신들에게 유리한 쪽으로 끌고 가려 했다.

만세통천 원년(696년) 5월, 동북지역의 거란이 무주에 반기를 들었다. 수령 이진충과 손만영이 영주도독부를 함락했고 가는 곳마다 승전하자 여황은 군사를 일으켜 응전하였다. 주나라의 형세가 급박할 무렵인 9월에 토번의 사자가 평화협상을 하러 와 안서에 있는 4개의 진을 할양할 것을 요구했다. 같은 달, 동돌궐은 먼저 양주를 공격하여 도독 허흠명(許欽明)을 생포하였다. 또 그들은 사자를 보내 하서에 투항한 사람들을 돌려주는 조건으로 거란을 치

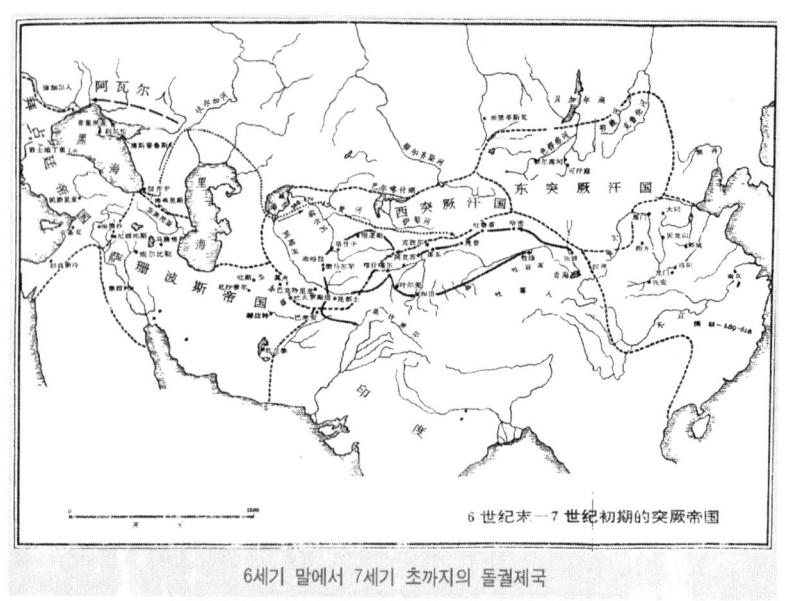

6세기 말에서 7세기 초까지의 돌궐제국

는데 협력하겠다고 했다. 여황은 건안왕(建安王) 무유의를 청변도 행군대총관(清邊道行軍大總管)으로 삼아 토벌하도록 했다. 10월, 이진충이 사망하자, 손만영이 거란을 이끌었다. 이때 동돌궐의 수령 묵철이 이를 틈타 거란의 근거지인 송막(松漠)을 습격해 손만영의 군대에 일시적인 타격을 가했다. 얼마 후 거란은 세를 회복하여 기주(冀州)(지금의 하북성 기현)를 함락하고 또 만주(滿洲)(지금의 하북성 간현)를 공격하였다. 병사들의 기세가 워낙 대단해 하북 일대를 공포에 떨게 하였다. 다음 해(697년) 3월, 왕효걸(王孝傑)의 17만 대군과 동협석곡(東陜石谷)에서 전투를 벌였다. 무주군은 대패했고 왕효걸은 전사하였다. 거란은 여세를 몰아 유주(幽州)(지금의 북경) 경내를 공격하여 백성들을 학살하였고 무유의는 패전하였다. 유주를 포위 공격할 때 손만영은 이현·이단이 폐위된 것을 구실로 낙양의 조정에 격문을 보냈다. "어찌 우리 여릉왕을 지지하지 않는가?" 이것 때문에 무측천은 심기가 매우 불편했을 것이다. 4월, 여황은 하내왕(河內王) 무의종을 신병도행군대총관으로 삼아 거란을 토벌하도록 했다. 6월, 조주(趙州)(지금 하북성의 조현)에 온 무의종은 싸우지도 않고 수많은 군수물자를 버려둔 채 상주(相州)(지금의 하남성 안양시)로 퇴각해버렸다. 거란은 조주를 함락하였다.

무측천은 이당파를 기용하지 않을 수 없었다. 처음으로 기용된 사람이 적인걸이었다. 이후, 80세가 다 된 익주장사 왕급선(王及善)을 활주자사(滑州刺史)로 기용하였다. 무측천은 적인걸의 재능을 알아보고 중서령에 임명해 재상그룹에 포진시켰다. 이런 상황은 무파에게 불리했다. 하북에서의 위기가 커지는 상황에서 무파의 무능이 여지없이 드러나면서 이당파의 사족들이 점점 더 많이 기용되었다. 무파 씨족은 두 가지 중 하나를 선택해야 했다. 독립적으로 하북의 위기를 타개할 것인가 아니면 이당파 사족이 그들의 권세를 차지하도록 놔둘 것인가. 이때 새로운 상황이 나타났다.

이해 6월, 동돌궐의 묵철은 손만영이 유주를 치는 틈을 타 그들의 후방기지를 재차 급습하였다. 손만영의 군대는 동요하기 시작했다. 그 예하의 해인(奚人)들이 반기를 들며 무주군과 함께 손만영을 협공하였다. 손만영은 대패하여 달아나던 도중 부하에게 피살되었다. 그의 수급은 신도로 보내졌다. 나머지 사람들은 동돌궐에게 투항하였다. 9월 하북이 안정되자 여황은 통천궁(通天宮)에서 연회를 열어 연호를 신공(神功)으로 바꾸어 치하했다. 그러나 더 위험한 적이 옆에서 세력을 키우고 있었다. 오랫동안 동돌궐만의 나라를 세우려는 야욕을 가지고 있던 묵철은 이번 기회에 세를 과시하려고 했다. 묵철은 당군을 이용하여 큰 근심거리였던 거란을 제거했고, 또 당나라로부터 토지와 대량의 물자를 받아 강력한 군사력을 갖추게 되면서 남침을 통해 하북을 도모하려고 했다.

전황이 급박해지자 묵철은 신하가 되기로 한 두 번째 교섭에서 세 가지 사항을 요구했다:

(1) 여황과 모자관계를 맺는다.
(2) 딸을 "천자의 후계자"에게 시집을 보내 화친을 맺는다.
(3) 투항한 여섯 주(州)의 가구·선우부(單于府)의 땅과 농기·종자를 동돌궐에게 하사한다.

여황과 신하들은 또 다른 적을 만들고 싶지 않아 요구를 들어주었다. 이것은 무주의 가장 큰 정치문제인 저위문제와 연관되어 문제를 더 복잡하게 만들었다. "천자의 후계자"는 이현과 이단을 가리킬 수도 있고, 무승사와 무삼사를 가리킬 수도 있다. 무파가 보기에 묵철이 무연수를 받아들인다면 그것은 세상 사람들에게 이현과 이단이 "천자의 후계자"라는 것을 부정함을 의미했다. 이것은 그들이 저위를 가져오는데 상당히 유리했다. 당시 봉각사인으로 있던 장간지(張柬之)가 간언했다. "자고로 중국의 친왕이 이적(夷狄)의 딸에게 장가든 적은 없었습니다." 후에 이파의 핵심인물이 되는 이 사람의 말은 지나치게 보수적인 것처럼 보이나 사실 무파를 배제하기 위한 속셈이었다.

무씨가족은 무승사의 아들이자 회양왕(淮陽王)인 무연수를 생각하고 있었다. 무연수는 젊고 준수했다. 이 같은 인물이라면 묵철이 반드시 받아들일 것이라 여겼다. 이것은 무씨가족이 가장 바라는 것이었다. 이번 혼사를 위해 무주제국은 묵철의 모든 요구를 들어주었다. 그들은 자신에게 불리한 위기를 정치적 승리로 만들려고 했다.

그러나 무연수 일행이 돌궐의 흑사(黑沙)에 도착했을 때 묵철은 불쾌한 얼굴로 화친협의서를 찢어버렸다. 사위를 잘못 골랐다는 것이 이유였다. 그는 또 이씨를 세우고 무씨를 멸하기 위해 군사를 일으키겠다고 공공연하게 말했다. 그는 무주의 사자 염지미(閻知微) 등에게 말했다. "내 딸을 이씨 천자의 아들에게 시집보내려고 했는데, 그대는 지금 무씨 집안의 아들을 데려왔으니, 이 사람이 천자의 아들이란 말인가? 우리 돌궐은 대대로 이씨 가문에게 복속(復屬)하였소. 내가 듣기로 이씨의 후대가 끊겨 황자 두 명만 남았다고 하던데, 내가 지금 군사를 데리고 두 사람이 다시 황위를 계승할 수 있도록 도와주어야겠소." 이에 그는 무주를 치기 위해 10여만의 병사들을 동원했다.

묵철은 대략 지금의 장가구(張家口) 쪽에서 하북으로 진공했다. 그가 경내에 진입하자 무측천은 부서를 만들었다. 무중규(武重規) 등이 30만 대군을, 이다조(李多祚)·염경용(閻敬容)이 15만 대군을 지휘하여 돌궐군에 맞섰다. 그러나 성력(聖歷) 원년(698년) 9월 11일, 묵철은 또 조주를 함락하였다. 돌궐의 일부 부대는 남하하여 상주를 공격하였다. 이것은 그가 진공한 정점이었다.

묵철이 침공한 목적은 무주제국 내부의 무·이파 간의 투쟁을 촉발해 이익을 보려는데 있었다. 그러나 뜻밖에도 이 일로 제국내부의 권력투쟁에 변화가 생기면서 저위문제가 순식간에 해결되었다.

9월 15일, 이현은 정식으로 태자의 자리에 올랐다. 황사 이단은 상왕(相王)으로 퇴위되었다. 이틀이 지나, 이현은 하북도대원수(河北道大元帥)로 임명되었다. 그러나 태자는 사실 출정하지 않았다. 여황은 재상 적인걸을 하북도행군부원수(河北道行軍副元帥)로 임명하여 출병할 것을 명했다.

큰 의미가 있는 이 사건은 묵철과 무주 백성들에게 곧바로 효과가 나타났다. 조정은 군사를 모아 돌궐을 치고자 했으나 모집에 응한 사람은 천명이 되지 않았다. 이현이 복위하자 군사들이 구름처럼 모여들어 얼마 되지 않아 5만을 넘었다. 무주군이 아직 출발하지도 않았는데 묵철은 한 차례 약탈을 감행한 후 철군하기 시작했다.

하북 전장의 화연이 아직 걷히지 않았음에도 이파는 이현의 저위를 굳히기 위한 활동을 적극적으로 펼쳤다. 그들의 관심은 국경을 침범한 돌궐을 물리치는 것이 아니라 이현의 저위를 어떻게 지킬 것인가에 있었다. 돌궐의 압박이 줄어든 후라도 이현은 그의 저위를 지킬 수 있을까?

안동도경략(安東道經略)에 임명된 설눌(薛訥)은 무측천에게 이현을 황사로 지명하는 조칙이 내려지면 국내외 문제를 안정시키는데 유리할 것이라고 상주하였다. 무측천은 그의 견해에 동의했다. 이어 같은 내용으로 글을 올린 사람은 왕급선이었다. 그는 무측천에게 건의했다. "이현을 조신들과 만나게 해주십시오."

사실, 무측천은 무주의 명운을 결정지을 수 있는 저위문제를 감정적으로 처리하지 않을 것이다. 이현의 복위는 일시적인 대책이 아니었다. 만년에 무측천은 이씨 당나라로의 복귀라는 시대적 추세를 거슬리지 않고 아들을 태자로 삼았다. 이후, 그녀는 이·무 두 세력이 자신이 설계한 테두리 내에서 평화롭게 공존하기를 희망했다.

무측천은 저위문제를 대세에 의거해 이파의 손을 들어주었지만 권력분배에서는 무파에게 여지를 남겨주었다. 만년에 기력이 약해진 무측천은 조정의 큰 정사를 재상들에게 위임했다. 이들 재상 중 이파 쪽 인물로는 적인걸·누사덕(婁師德)·왕급선·요숭(姚崇)·육원방(陸元方)·위원충이 있었고, 무씨 가족으로는 무삼사·무유녕과 무측천의 측근인 길욱(吉頊)·이교(李嶠)·소미도(蘇味道) 등이 있었다. 이렇게 되자 원로중신들이 재상그룹에 진입했고 무씨 조카들도 국정에 참여하여 재상들을 견제할 수 있게 되었다. 그녀의 측근인 길욱이 내궁을 출입하며 두 파를 감시하는 역할을 했다. 그들은 무측천의 집권 후기에 서로 균형을 이루는 군체(群體)였다.

무측천은 모든 정책을 이씨 당나라로의 복귀에 맞추면서 무씨가 일정한 역할을 하도록 했다. 이당파 세력이 몇 해 동안 은밀하게 준비한 계획을 어느 날 폭발시킨다면 무측천에게 치명상을 줄 수 있었다. 그러나 이것만으로는 무측천이 설계해놓은 정치적 테두리를 무너뜨릴 수 없었다. 무측천 세력은 몇 십 년 동안 공고하게 뿌리를 내리고 있었다. 이당파가 다시 일어선 것은 중종 즉위 후였다. 이것은 무측천 사후의 일로 그녀가 예측할 수 있는 일은 아니었지만 이 열매의 싹은 그녀가 심었다.

중종 이현은 이씨 출신이었지만 그는 나날이 커지는 재상공신 그룹, 특히 일찍이 저군이 된 적이 있던 이단을 시기하고 의심했다. 이제 막 경성으로 돌아온 중종은 측근이 없어 무씨의 잔여세력에 의지해 정국의 균형을 맞췄다. 이때 상왕과 재상공신그룹에 대항할 수 있고 또 대항하기를 원했던 사람들로는 무씨들의 잔여세력뿐이었다. 이에 중종은 무씨 잔여세력을 지지하고 황후 위씨의 지위를 높여주면서 위·무씨를 연합하여 공동으로 상왕과 재상공신그룹에 대항하였다. 이것이 중종 즉위 후 무씨 세력이 계속 살아남을 수 있었던 원인이었다.

무측천은 만년에 두 개의 저울 위에 늘 따로 저울추를 더해 균형을 유지했다. 이런 변화는 노년에 추의 한쪽 무게를 줄일 경우 살상력이 너무 커져 그녀 자신도 통제할 수 없는 변고가 생길 수 있었기 때문이었다. 무게를 늘일 경우 양쪽의 실력이 강해져 한쪽이 완전히 사라질 가능성이 적어졌다.

무측천은 만년에 더욱 단호하게 "이씨·무씨를 함께 대우하는" 정책을 실시했다. 이른바 "함께 대우한다."는 것은 양 파벌이 공존하며 견제하는 것을 말한다. 그녀는 이현을 소환해 태자로 삼으면서도 이씨 형제와 무삼사 등에게 서로를 인정할 것을 요구했고 이씨를 지지하던 재상 위원충 등을 외지로 좌천켜버렸다. 다양한 견제로 균형을 잡는 권술은 확실히 그녀를 각 정파를 초월하는 주재자 역할을 하게 했다. 그러나 함께 대우하는 정책은 양쪽 모두를 불안하게 했다. 이파는 결국 쿠데타로 무측천의 집정을 끝냈다. 그것은 이파 쪽에서 오랫동안 몸을 숙이고 실력을 닦아온 결과이자 국면을 장악할 수 없을 정도로 무측천이 노쇠한 것에 기인한다.

여릉왕이 다시 태자로 세워진 후, 이·무 간의 갈등은 완전히 풀리지 않았다. 황위를 물려주는 과정에서 갈등을 조절하기 위한 무측천의 노력은 정치가로서 성숙되고 뛰어난 식견을 보여주었다. 무측천은 자신의 사후 정국을 구상했다. "이씨 성을 가진 사람이 황제가 되어 이씨 당나라를 유지하고, 무씨들은 자신이 칭제한 기간에 가졌던 지위를 누린다."

그래서 무승사가 사망하고 이현이 태자가 되자 무씨 인물들은 중용되었다. 성력 원년(698년) 8월, 즉 무승사가 사망한 지 3일째 되던 날, 춘관(예부)상서 무삼사가 검교내사(檢校內史)를 겸직하면서 다시 재상의 반열에 올랐다. 같은 달, 무중규는 사속경(司屬卿)[즉, 종정경(宗正卿)] 겸 천병중도대총관(天兵中道大總管)으로 병주(并州)[지금의 태원시(太原市)]성의 천병군을 다스렸다. 9월, 하관(병부)상서 무유녕은 재상에 임명되었다. 10월, 하내왕(河內王) 무의종과 구강왕(九江王) 무유귀에게 낙양성 방어를 위해 주둔 중인 군대를 통솔하도록 명을 내렸다. 성력 2년(699년) 7월, 무측천은 건안왕(建安王) 무유의에게 회계왕(會稽王) 무유왕을 대신해 서경을 유수(留守)할 것을 명했다. 위와 같이 배치한 목적은 분명했다. 무씨인물들이 군권을 받아 정치중심인 낙양·장안·태원을 장악하려 한 것이다.

무측천은 무씨를 격상하는 것만으로는 자신이 설계한 정치적 계획을 실현할 수 없음을 잘 알았다. 그래서 두 가지 조치를 취했다. 하나는 성력 2년 12월, 태자 이현에게 무씨 성을 하사하고 천하에 사면령을 내렸다. 이것은 이현에게 이후 황위를 계승하고 무주제국의 합법성과 무씨가족의 권리를 부정해서는 안 된다는 점을 알려주는 것이었다. 이때, 무씨가족의 대표인물은 더 이상 무승사가 아니었다. 그는 성력 원년(698년) 8월에 병사했다. 무씨가족의 대표인물은 양왕(梁王) 무삼사와 정왕(定王) 무유기였다. 또 하나는 동년 8월, 태자 이현·상왕 이단·태평공주·무유기 등에게 명당에서 천지신명에게 맹서(盟誓)를 고하고 맹서문을 철권(鐵券)에 새겨 사관(史館)에 보관하도록 명했다. 이현 등은 무씨의 권리를 보호하겠다고 약속했다. 무측천은 이 같은 치밀한 계획으로 마음이 놓였다. 8월 무신년, 무삼사가 검교(檢校)(대리) 직함을 떼고 정식으로 내사에 임명되었다. 10월, 무측천은 8년 동안 궁중에 유폐되어 있던 상왕 이단의 아들들에 대한 연금을 풀고 돌아가 관서(官署)를 두도록 명했다.

무측천은 이씨·무씨 간의 갈등을 조정하면서 무씨들이 이당 종실의 새로운 인물과 재능과 명망이 비교가 되지 않음을 잘 알았다. 그녀는 재빨리 무삼사를 재상에서 파면하였지만 그렇다고 사람들이 무씨인물을 무시하는 것을 좌시하지 않았다. 이 무렵 무측천을 대노하게 만든 사건이 일어났다.

무측천의 측근이었던 길욱은 당시 재상 중의 중요인물로, 천관(이부)시랑동평장사로 있었다. 심지어 길욱은 무측천이 고른 고명대신 후보자가 될 가능성이 있었다. 무측천은 자신의 사후에도 계속 "이·무씨를 함께 대우하는" 일을 집행할 수 있는 사람이 필요했다. 길욱은 이현을 옹립하자는 건의를 한 주창자이면서 무파와도 일정한 교분이 있었다. 길욱의 두 여동생은 무승사의 첩이었다.

그러나 길욱은 나날이 무측천이 계획한 이씨·무씨를 함께 대우하는 틀을 벗어났다. 그는 장래 무씨에게는 미래가 없음을 예견하고 이파를 지지했다. 돌궐이 정주(定州)를 함락하자 무측천은 길욱에게 상주(相州)에서 모병하도록 했다. 길욱이 처음 상주에 와서 모병할 때 사람들은 모집에 응하지 않았다. 이현이 저위를 회복하고 하북도원사로 임명되었다는 소식이 상주에 전해지자 사람들은 경쟁하듯 모집에 응했다. 돌궐군이 철수한 후 길욱은 낙양으로 돌아와 상술한 상황을 무측천에게 알렸다. 무측천이 그에게 말했다. "민심은 어떠하던가? 대신들에게 한번 말해주게." 길욱은 상황을 고려하지 않고 신하들에게 이야기를 했다가 무씨가족의 강렬한 반감을 샀다.

성력 2년(699년) 12월, 길욱은 또 무측천의 면전에서 무의종과 정면으로 충돌했다. 두 사람이 조주의 공을 놓고 다툰 것이 원인이었다. 길욱은 체구가 건장하고 언변에 뛰어났던 반면 하내왕 무의종은 체구가 왜소하고 눌변이었다. 두 사람이 무측천 앞에서 공을 다툴 때 길욱의 태도는 다소 거만했다. 무측천은 순간적으로 기분이 좋지 않았다. 그녀는 속으로 생각했다. "길욱이 짐의 면전에서 우리 무씨들을 무시하다니, 앞으로 어찌 믿을 수 있단 말인가!" 그녀는 어떤 사람도 자신이 치밀하게 설계해놓은 정치계획을 깨뜨리는 것을 용서하지 않았다. 길욱은 이현을 옹립한 공이 있고 또 대담하게 무씨들을 무시했기 때문에 무측천은 더 이상 용인할 수 없었다. 며칠 후, 길욱은 아직도 사태의 심각성을 깨닫지 못했다. 얼마 후 그는 또 무황을 알현하러 갔다. 그가 고금의 일을 거론하며 설파하자 무황은 불끈 대노하였다. "그대의 말, 많이 들었으니 쓸데없는 말 그만하시오! 짐이 과거 궁녀로 있을 때 태종에게 철 채찍·철추·비수만 있으면 사납게 날뛰는 사자총이라는 야생마를 길들일 수 있다고 했소, 태종께서 들으시고는 짐의 뜻을 가상히 여기셨소. 설마 오늘 그대가 짐의 비수를 더럽히고 싶은 게요!" 그래서 길욱은 안고현위(安固縣尉)로 좌천되었다.

길욱은 여황에게 작별인사를 할 때 눈물을 흘리며 여황에게 말했다. "신은 이제 궁궐을 떠나면 성상을 영원히 뵙지 못할 것입니다. 지금 한 마디만 올리겠습니다." 여황은 그에게 앉으라고 명하고 말했다. "할 말이 있으면 하라." 길욱이 말했다. "물과 흙이 합해지면 진흙이 됩니다, 논란의 여지가 있습니까?" 여황이 말했다. "없소." 길욱이 또 말했다. "반은 불상이고, 반은 천존(도교의 신선-옮긴이)이면, 논란의 여지가 있습니까?" 여황이 말했다. "논란의 여지가 있소." 길욱이 머리를 조아리며 말했다. "종실과 외척의 위치를 분명히 하셔야 천하가 편안해질 것이옵니다. 지금 태자가 정해졌는데 외척들이 아직도 왕으로 있으니 이는 폐하께서 그들 더러 훗날 싸우라고 하는 것이옵니다." 여황은 탄식하며 솔직히 말했다. "짐도 이 일을 처리하기 어렵다는 것을 알고 있소. 그러나 이렇게 된 이상 짐도 어찌 해야 할지 모르겠소."

길욱은 불·도 논쟁을 예로 이씨·무씨를 함께 대우하는 정책이 이씨·무씨 간의 충돌을 야기할 것이라고 지적했다. 그는 또 무씨·이씨에게 맹서를 강요하는 것은 소용없는 일이며 그것은 그들을 사이좋게 지내게 할 수 없을 뿐만 아니라 도리어 권력투쟁을 초래할 것이라고 생각했다. 아울러 그 원인은 서로간의 위치가 정해지지 않은데 있다고 했다. 위치를 정하는 것은 길욱의 기본관점이었다. 위치를 정하고 자신을 지켜야지, 권력의 경계가 불명확하고 등급이 분명치 않으면 문제가 일어나기 쉬울 것이다. 역사를 봤을 때 길욱의 말은 확실히 일리가 있었다. 친왕의 세력이 황사를 크게 넘는 것은 동란을 초래할 수 있는 화근이 분명하지만 무측천은 이러한 정책을 밀고 나가지 않을 수 없었다. 이것은 사람의 의지만으로 되돌릴 수 없기 때문일 것이다.

　무측천이 이당의 혈통을 무주의 계승자로 삼은 이상 무씨가족을 나날이 세력이 커지는 이파와 균형을 맞추는 저울추로 삼지 않을 수 없었다.

제3절

남창이 화를 불러오다

　낙빈왕은 일찍이 《서경업을 위해 무조를 토벌하는 격문(爲徐敬業討武曌檄)》에서 "만년에 춘궁(태자가 거주하는 동궁…옮긴이)을 어지럽히고", "황제를 근친상간하게 만들었다."라고 하며, 무측천의 음란함을 비난하였다. 무측천은 이런 비판에 크게 신경 쓰지 않았고 또 어떤 조치도 취하지 않았다. 이것은 그녀가 자신을 부녀자의 도리를 지키지 않는 여인이 아닌 진정한 군왕으로 생각했기 때문이다. 군왕에게 사생활 그 자체는 크게 문제될 것이 없었.
　무측천은 성격상 통치와 정복을 통해 적을 제압하고 대권을 차지해야했다. 객관적으로 평가할 때, 무측천은 당시 가장 출중하고 강력한 정객이었다. 그녀는 학식이 뛰어난 유신들을 굴복시켰고,

웅장한 포부를 가졌던 황후를 물리쳤다. 그녀의 소일거리는 건장한 남자나 잘생긴 소년들과 장난치고 어울리며 쾌락을 추구하는 것이었다.

무측천이 받아들인 첫 번째 미남자는 설회의(薛懷義)였다. 《구당서·외척전(外戚傳)》에 의하면 설회의의 본명은 풍소보(馮小寶)로, 낙양성에서 화장품 등의 여성용품을 파는 사람이었다. 그는 사업적 관계로 귀족공주의 시녀와 시종들을 알았고 그녀들의 소개로 무측천의 딸 태평공주를 알게 되었다. 태평공주는 설회의의 체구가 훤칠한 것을 보고 궁으로 불러 무측천에게 추천하였다. 무측천은 그를 시종에 임명하였다.

설회의는 미남자였을 뿐만 아니라 여황의 유력한 조수였다. 그는 고승들을 조직하여 《대운경》 중에 여주가 천하에 강림한다는 예언을 찾아 무측천이 새로운 왕조를 세울 수 있도록 여론을 조작하였다. 무측천은 그에게 백마사를 짓도록 명했다. 설회의는 또 총애를 믿고 세도를 부리며 조정의 신하들을 기만하였다. 그럼에도 무측천은 줄곧 그를 비호하였으니 그에 대한 총애가 얼마나 깊었는지 알 수 있다.

백마사(白馬寺)

무측천이 미남자를 들인 일은 역대로 많은 비판을 받았다. 구시(久視) 원년(700년), 주경칙(朱敬則)이 무측천의 사생활을 비판하는 글을 올렸다. 그는 말했다. "폐하의 내시로 설회의·장이지(張易之)·장창종(張昌宗)이 있는 것만으로 충분하옵니다. 최근에 또 듣자하니 상사봉어(尙舍奉御) 유모(柳模)는 아들 유량빈(柳良賓)의 피부가 희고 얼굴이 준수하게 생겼음을 자랑하고, 장사후(長史侯) 상운(祥雲)은 양기가 강해 내궁에서 황제를 시중할 수 있다고 말했습니다. 염치도 없고 예법에도 맞지 않는 이러한 행위들이 조정에 넘쳐나고 있사옵니다." 무측천은 글을 읽고 주경칙을 예로 대하고 큰 상까지 내렸다. 진인각은 다음과 같은 의견을 제시했다. "무측천은 황제나 여주이지 태후가 아니다. 태후가 아닌 이상 황제였다. 황제가 갖추어야 할 예제를 무측천도 갖추어야 했다. 보잘 것 없는 장이지·장창종·설회의 등의 내시들은 당대 황제가 거느린 후궁의 숫자에 비교하면 훨씬 적은 것이었다. 그렇지 않았다면 주경칙이 어떻게 기탄없이 하고 싶은 말을 할 수 있겠으며, 무측천이 어떻게 공개적으로 부끄러움 없이 상을 내렸겠는가?"

무측천이 외척을 기용하고 내시를 기른 것은 상당 부분 남성 황제들을 본받기 위해서였다. 어쨌든 그녀 이전에 여성이 황제가 된 전례가 없었다. 자신이 전례였고 자신이 처음이었다. 그녀는 남성 황제를 본받으려는 점 외에 옛 전통에 과감히 도전했다. 그녀는 남성 황제는 삼궁육원(三宮六院)에 천명이나 되는 궁비들을 가질 수 있음을 보았다. 왜 여성 황제는 미남자 몇 명도 고를 수 없다는 것일까?

무측천이 만년에 미남자들을 널리 받아들인 또 다른 원인은 성적만족을 건강의 핵심수단으로 보았기 때문이다. 그녀는 81살을 살았다. 이것은 중국 역대 황제 중 세 번째(청대 89세를 살았던 건륭황제와 남조의 86세를 살았던 양무제 다음이다)로 장수한 것이다. 그녀가 장수할 수 있었던 것은 불가와 도가의 양생술과 그 학설을 받아들여 음식과 감정을 절제하고 인도술(引導術: 도가에서 행하는 양생방식의 일종…옮긴이) 등의 체육활동을 중시한 것도 있지만 더 중요한 것은 만년에 만족스러운 성생활을 보낸 것과 큰 관련이 있었다. 68세가 되던 해, 무측천은 마음에 드는 미남자를 받아들였다. 그녀는 그들에게 큰 기쁨과 만족을 얻었기 때문에 연호를 천수 2년(692년)에서 여의 원년으로 바꾸었다. 얼마 후 연호를 다시 여의 원년에서 장수 원년으로 바꾸었다.

총애를 얻은 설회의는 점차 궁중생활에 염증을 느껴 나이가 연로한 여황을 모시길 원치 않았다. 그는 백마사를 거점으로 밖에서 소란을 피웠다. 그는 하내노니(河內老尼)·숭산위십방(嵩山韋什方)·노호(老胡) 등을 사방에 내세웠다. 이들은 신선으로 자처했다. 설회의는 엄연히 그들이 추앙하는 인물이었다.

한번은 "큰 스님" 설회의가 황궁의 전문(前門)을 통해 무측천의 궁원으로 가는 길이었다. 그는 문하성을 지날 때 어깨를 으쓱거리며 지나갔다. 나이가 지긋한 어른인 문하성시중 소량사(蘇良嗣)가 그에게 예를 갖추어 인사했다. 그러나 설회의는 못 본 척하며 예를 올리지 않았다. 소량사가 대노하며 꾸짖었다. "고약한 놈, 어찌 이리도 무례하느냐, 네 놈이 여기 뭘 하러 와?" 설회의는 소매를 걷고 자신이 가장 잘하는 씨름솜씨를 몇 번 보이더니 조정궁문에서 소리를 질러댔다. 그러나 소대인은 시위를 불러 그를 제압하고 따귀를 십 여대 때렸다. 설회의는 얼른 무측천의 궁원인 영현전(英賢殿)으로 달려가 억울함을 하소연하였다. 무측천은 듣고 크게 웃었다. "누가 너더러 전문으로 들어오라고 하더냐? 너는 북쪽으로 들어왔어야 했어." 시중 소량사에게는 아무 일도 없었다. 이런 일은 외부로 알려지면 무측천의 명예만 훼손될 수 있었기 때문에 그녀는 일을 떠벌리고 싶지 않았다.

무측천은 이 "큰 스님"을 떠나게 하고 싶지 않았고, 그가 밖에서 궁중의 추문을 퍼뜨리는 것도 원치 않았다. 그래서 그에게 황궁과 어화원을 관리하도록 했다. 이것은 그가 궁정 후원을 들어오는 구실이 되었다. 황궁에서 비빈들의 처소는 줄곧 여자들에게만 출입이 허락되었다. 지금 한 사내에게 출입이 허락되어 쓸데없는 말들이 나돌기 시작했다. 어사 왕구례(王求禮)는 줄곧 자신의 직분에 충실했다. 그는 글을 올려 "큰 스님" 설회의를 거세한 후 궁중 여인들이 거주하는 궁원을 출입하도록 하여 "궁녀들의 정절"을 지켜야 한다고 주청했다. 무측천은 글을 다 읽고 크게 웃었다. 그녀는 주청(奏請)이 황당하다고 생각했지만 별다른 조치를 취하지 않았다. 그녀는 떠벌리지 말아야 하는 일들을 퍼뜨리지 않을 것이다. 이 시기는 군왕의 위엄보다는 관용적이고 간언을 잘 받아들인다는 점을 보여줄 때였다.

무측천은 마음의 변화가 생겼다. 그녀에게 새로운 미남자가 생겼다. 설회의는 부끄럽고 분해 무주제국의 상징적인 건물인 명당을 불질러버렸다. 명당이 불에 휩싸이자 사기극이 만천하에 드러났다. 그 많은 신선들은 명당의 불을 막을 수 없었고 예고조차 하지 않았다. 무측천은 하내노니를 꾸짖었다. "그대는 미래를 예측할 수 있다고 말해놓고, 왜 명당의 화재는 예측하지 못하는가?" 그래서 "신선들"은 큰 화를 입었다. 노니와 그의 제자들은 궁비로 전락했다. 위십방은 소식을 듣고 자살했으며, 노호는 달아났다. 설회의만 잠시 남아있었다. 일이 발생한 후 무측천은 창피하다고 생각했지만 화를 내기도 쉽지 않았다. 그녀는 누가 불을 놓았고 무엇 때문에 그랬는지도 알고 있었다. 그녀는 신하들에게 일꾼의 실수로 마(麻)더미에 불이 붙은 것이라고 말했다. 그녀는 설회의에게 다시 명당을 짓도록 명을 내렸다.

그러나 설회의는 야심이 컸던지 승군(僧軍)을 조직하려고 했다. 그는 천명이나 되는 건장한 백성들을 승려로 입적시켜 백마사에서 양성하였다. 백마사는 낙양궁성에서 불과 10여리에 있었다. 설회의의 승군은 사실 아주 가까운 곳에 나타난 근심거리였다. 무측천은 그의 이런 태도를 절대 용서할 수 없었다. 그녀는 어사 주구(周矩)를 보내 이 일을 처리하도록 했다. 주구는 승군들을 멀리 귀양보내버렸다. 유일하게 남은 사람은 설회의였다. 설회의를 대하는 무측천의 태도는 날개를 자르는 것이었다. 위의 날개를 자르면서 아래의 도당들을 축출하자 설회의의 힘은 점점 약해졌다. 그럼에도 그는 여전히 제대로 처신하지 않고 무측천의 면전에서 불손한 말을 했다.

무측천은 이런 난폭한 인사와 분란을 일으키는 것을 싫어했다. 법으로 그를 심문한다는 것은 세상의 웃음거리가 되기 때문에 당연히 불가했다. 신중한 성격의 그녀가 많은 사람들이 모인 대정(大庭)에서 이 미치광이 승려를 잘못 심문했다가는 소란이 일어날 수 있었다. 그녀의 명예와 존엄은 보잘 것 없는 일로 손상 받을 것이다. 무측천은 설회의를 제거하기로 했다. 그러나 이 일은 아무도 모르게 처리해야 했다. 그녀는 자신의 딸 태평공주에게 이 일을 맡겼다.

태평공주는 인편으로 설회의에게 편지를 보내 무측천이 명당을 중건하는 일로 상의할 일이 있다고 말했다. 그런 후 20여명의 날쌘 아녀자들을 골라 포승줄·몽둥이·빗자루를 들게 하고 그녀들에게 어떻게 하라고 일러주었다. 시간이 되자, 그녀는 날쌘 아녀자들과 함께 요광전(瑤光殿)에 왔다. 요광전은 설회의가 무측천을 만나기 위해 반드시 거쳐야 하는 길목이었다. 만일의 사태에 대비해 태평공주는 무유령에게 우림군 소속 근위병 몇 명을 뽑아 행동할 준비를 하라고 일러주었다. 모든 준비가 끝나자 태평공주는 복도에 서서 기다렸다. 설회의가 하인을 데리고 말을 타고 왔다. 백마사의 승려들이 쫓겨난 후 지금 태평공주의 편지를 받고 그는 약간 망설였다. 후에 그는 무측천이 심문을 피하게 해주며 시어사 주구에게 풀어주라고 알려준 것을 떠올리며 자신에게 손을 대지 않을 것이라 생각했다. 신중을 기하려고 그는 조심조심 황궁의 북문으로 들어가 사방을 한번 탐색했다. 궁문과 궁 안의 주택 사이에는 어화원이 있다. 연못을 돌아 그는 궁중 주택의 뒤쪽 편으로 왔다. 연못과 주택의 중간지점에는 회랑이 있었다. 그가 조심스럽게 이리저리 살펴보니 평소의 궁녀들만 보였다. 태평공주가 마침 복도에 서서 그에게 미소를 지었다. 설회의가 말에서 내려 말을 나무에 묶는 순간 여러 명의 날쌘 아녀자들이 뛰쳐나와 포승줄로 그물에 걸린 물고기처럼 겹겹이 그를 포박하여 땅바닥에 넘어뜨렸다. 날쌘 아녀자들은 몽둥이와 빗자루로 그를 마구 때렸다. 설회의는 고래고래 소리를 질러댔지만 그의 하인은 일찌감치 달아난 후였다. 이때 숨어있던 근위병들이 벌떼처럼 뛰쳐나왔다. 태평공주는 바로 명을 내려 설회의를 처형해버렸다. 사체는 백마사로 보내 화장되었다. 일이 깔끔하게 처리되었다.

장이지(張易之)와 장창종(張昌宗)은 신공 원년(697년)에 무측천의 시중을 들었고 이후 큰 총애를 받았다. 장이지와 장창종 형제의 등장으로 무측천은 새로운 방식으로 양생하였다. 이 두 청년은 용모가 준수했을 뿐만 아니라 의약에도 정통했다. 무측천 본인도 그들이 조제한 약은 장수하는데 큰 도움이 되었다고 말할 정도였다. 사서에 의하면, 무측천은 70세를 넘겨서도 몸 관리에 주의하여 "좌우에 있는 사람들은 그녀의 연로함을 알아보지 못했다"고 하였다. 《신수본초(新修本草)》에는 무측천이 얼굴을 가꾸는데 이용한 "신선옥녀분(神仙玉女粉)"이라는 비방이 수록되어 있다. 제조방법은 다음과 같다: 5월 5일에 흙을 묻히지 않은 채로 익모초(益母草) 전체를 캐낸다. 이를 말린 후 고운 분 형태로 찧어 체로 친 다음 밀가루와 물을 넣어 골고루 섞은 후 계란 크기의 환약으로 빚어 다시 말린다. 누런 진흙으로 사방이 트인 화로를 만들어 위와 아래에 목탄을 넣고 환약을 중간에 놓는다. 큰불로 밥을 지을 정도의 시간동안 굽고 다시 약한 불로 밤새도록 구워낸다. 꺼내서 완전히 식으면 가늘게 갈고 체로 쳐서 서늘한 자기사발에 담아둔다. 사용할 때 활석분(滑石粉: 텔컴파우더…옮긴이) 10분의 1과 연지 100분의 1을 넣어 잘 섞고 가늘게 갈아 목욕하거나 세면할 때 가루약으로 닦고 씻는다.

임어당(林語堂)은 다음과 같이 말했다: 장씨 형제의 등장으로 무측천은 동년시절로 돌아간 듯 많이 젊어졌음을 느꼈다. 그녀는 장씨 형제 등의 근시(近侍)들과 위아래 할 것 없이 장난치며 놀기도

하였다. 외부 사람이 있어도 이렇게 행동했기 때문에 조정의 신하들은 장씨 형제가 무례하다고 여겨 여러 차례 간언했다. 사서에도 기록하고 있다. 무측천은 장이지 형제를 총애하였다. 이 두 사람이 내연(內宴: 왕비들을 위해 베푸는 연회…옮긴이)에서 시중들 때 군신들과 장난치고 떠들자 왕급선은 보다 못해 이렇게 해서는 안 된다고 누차 간언하였다. 무측천은 언짢아하며 왕급선에게 말했다. "경은 나이가 많으니 내궁 연회에 참석하는 것이 적절치 않는 것 같소이다, 외정을 돌보면 될 것 같소이다." 왕급선은 듣고 기분이 좋지 않아 한 달 여 동안 휴가를 냈다. 무측천도 그를 불러 국사를 묻지 않았다. 왕급선이 탄식했다. "어찌 중서령이 천자를 하루도 보지 못하는 일이 있을 수 있나?" 그래서 글을 올려 퇴직하고 쉬게 해줄 것을 청했다. 무측천은 비준하지 않고 도리어 그를 문창좌상(文昌左相)·동봉각앵대삼품(同鳳閣鸞臺三品)에 임명하며 내정의 흥겨움을 방해하지 않도록 했다. 왕급선은 죽을 때까지 이 관직에 있었다. 사실, 연회는 무측천의 목적에 불과했다. 더 중요한 것은 무측천이 내정에 "연회내각"을 만들어 내부에서 외부를 다스리려 했다는 점이다. 장씨 형제가 이 "연회내각"의 핵심이었다. 어쨌든 그들 두 사람만이 곁에서 모셔야 했고 그들 두 사람의 장래와 이익은 여황의 이익과 완전히 함께 묶여있었다. 그들 두 사람이라야 그녀는 가장 마음이 놓였다.

대족(大足) 원년(701년), 이현의 아들 이중윤(李重潤)·그의 여동생 영태군주(永泰郡主)· 군주의 남편 위왕(魏王) 무연기(武延基)가 사석에서 장이지·장창종이 정치를 독단하고 있다고 비난했다. 장이지 등은 이 일을 즉각 무황에게 알렸다. 무측천은 대노했다. 9월, 세

이중윤(李重潤)의 묘에서 나온 벽화

사람에게 자살할 것을 강요하였다. 이것은 당시를 뒤흔든 대사건이었다. 내준신의 사망 후 4년 여 동안 고위층 인물을 처형한 일은 거의 일어나지 않았다. 지금 친왕 두 명과 군주 한 명이 피살되었다. 당시의 여론은 대체로 장씨 형제에게 불리했기 때문에 무측천은 세 사람을 압박하여 자살하도록 했다. 그 목적은 장씨 형제를 위로하고 여론을 경고하기 위함이었다.

장씨 형제가 조정에 간섭하려면 재상그룹 내에서 돌파구를 찾아야 했다. 이후의 재상그룹의 변화는 장씨 형제에게 유리한 쪽으로 흘러갔다. 장안 2년(702년) 말, 이당파의 재상 위원충(魏元忠)이 안동도안무대사(安東道安撫大使)에 임명되어 군사를 이끌고 출정하였다. 장안 3년 윤 4월, 재상 위안석(韋安石)에게 신도(神都)를 유수(留守: 황제가 수도에 없을 경우 황제를 대신해 수도를 지키는 것…옮긴이)할 것을 명하고 그를 낙양으로 파견하는 것과 동시에 장씨 형제 쪽의 핵심 인물 이교(李嶠)를 지납언사(知納言事)에 임명했다.

이해 9월, 장씨 형제는 더욱 과감한 조치를 취했다. 그들에게 은밀하게 포섭된 봉각사인 장열(張說)이 위원충이 모반을 꾸몄다고 무고했다. 무측천은 조당에서 직접 심리했다. 일군의 신하들이 전 밖의 옥 계단 아래에 서서 대질심문의 결과를 기다렸다. 위원충과 장창종이 전 위로 불려갔다. 그들은 격렬한 논쟁을 벌였다. 장창종은 장열을 전 위로 부를 것을 제의했다. 장열은 위원충이 모반을 일으키려 한다는 말을 들은 증인이었다. 장열은 이때 전 밖의 옥 계단 아래에 있었다. 그가 전 위로 올라가려고 할 때, 신하들이 그를 막았다. 먼저 그에게 권고한 사람은 송경(宋璟)이었다. "가장 중요한 것은 명예와 절개일세, 하늘의 도리는 속일 수 없네. 자네는 간사한 무리들과 어울려 어진 신하들을 해치면서까지 구차하게 목숨을 구걸하지 말게. 용안을 거슬려 폄적된다면 후세에

송경(宋璟)

큰 이름을 남길 것이오. 무슨 변고라도 생긴다면 내가 전 위로 올라가 자네를 구하겠네, 자네와 함께 생사를 같이 할 것이야." 이 말은 송경이 많은 신하들을 두고 한 말이었다.

장열은 이렇게 많은 사람들의 권고로 마음에 변화가 일어났다. 지금 그는 전당 위에 왔다.

위원충은 장열의 마음이 바뀌었다는 것을 몰랐다. 그가 들어오는 것을 보자, 위원충은 순간 긴장하며 먼저 말했다. "장열이 장창종과 함께 나를 해치려 하고 있습니다."

장열이 꾸짖으며 말했다. "위원충, 무슨 말을 그렇게 하시오, 그대는 재상이면서도 말하는 것은 저자거리의 소인배들 같구려."

옆에 서있던 장창종은 장열을 다그치며 말했다. "빨리 말하게, 빨리 말해!"

장열은 장창종을 가리키며 무측천에게 말했다. "폐하, 잘 보셨지요? 장창종이 어떻게 저를 협박했는지? 지금 폐하 앞에서도 이렇게 하고 있는데, 밖에서 저를 어떻게 협박했는지는 알 수 있을 것입니다!"

장열의 말이 끝나자 장창종이 소리치며 말했다. "장열이 위원충과 같이 모반을 했습니다." 무측천은 그에게 증거를 제시하라고 했다. 장창종이 말했다. "장열은 예전에 위원충을 이윤(伊尹)과 주공(周公)에 비유하였습니다. 이갑(伊甲)이 태갑(太甲)을 놓아주고, 주공은 왕위를 도왔으니 그들은 반역을 도모한 역신들이옵니다."

장열이 반박하며 말했다. "그렇지 않소! 장이지 형제 같은 무지한 사람들이 어찌 이윤과 주공을 알겠습니까! 위원충이 재상에 임명되었을 때 내가 축하해주며 '명공께서는 이윤과 주공의 직위에 있소이다.'라고 말한 것이 무슨 잘못이란 말이오? 이윤과 주공은 역사상 유명한 현신입니다, 폐하의 신하가 그들에게 배우지 아니하면 누구에게 배우란 말입니까?"

장열의 태도변화는 장씨 형제를 곤경에 빠뜨렸다. 무측천은 장열을 변덕스러운 소인배로 간주하고 위원충과 함께 문책하겠다고 꾸짖었다. 이로써 대질심문이 잠시 끝났다.

며칠 후, 무황은 또 위원충과 장열을 심문하였다. 장열은 여전히 위원충이 무죄임을 주장하였다. 무측천은 매우 화가 났다. 그녀는 이 사건을 하내왕 무의종에게 넘겨 그가 재상들을 회동하여 심리하도록 했다. 최종적으로 무측천은 조서를 내렸다: 위원충을 우요현(禹要縣)으로 좌천시키고, 장열을 영표(嶺表)로 유배 보낸다.

장씨 형제는 재상그룹 중의 무삼사·이교·소미도·이회수(李回秀) 등의 실력자들과 관계를 맺었을 뿐만 아니라 그들 형제에 대해서도 중요한 조치를 취했다. 장창의(張昌儀)는 낙양현령에서 사부소경(司府少卿)·상방소감(尙方少監)이 되었고, 장창기(張昌期)는 기주자사(岐州刺史)에서 옹주자사(雍州刺史)로 발탁되었다가 후에 변주자사(汴州刺史)가 되었으며, 장동휴(張同休)는 사례소경(司禮少卿)이 되었는데 모두 3·4품의 고위관직이었다.

그러나 반장(反張) 정서가 크게 일기 시작했다. 장안 4년 7월, 사례소경 장동휴·변주자사 장창기·상방소감 장창의가 뇌물죄로 하옥되자 좌우어사대가 명을 받고 심리하였다. 장이지도 재상 위안석과 당휴경의 심리를 받았다. 그러나 위안석은 곧이어 8월에 검교양주도독부장사(檢校揚州都督府長史)로 임명되고, 당휴경도 유영도독(幽營都督)·안동도호(安東都護)로 파견되었다. 당휴경이 떠나기 전 태자 이현에게 건넨 말에 따르면, 그들은 장씨 형제에게 배척받았음을 알 수 있다. 그가 말했다. "장씨 형제가 총애를 믿고 신하들을 안중에 두지 않으니 반드시 후환이 될 것이옵니다. 폐하께서는 대비하셔야 하옵니다." 이것은 반장세력이 장창종이 관직을 회복한 후에 받은 타격이었다. 위안석과 당휴경을 멀리 보내버리는 방식으로 장씨 형제에 대한 심판을 무마시켜버렸다. 그러나 이 것으로 장씨 형제 문제가 끝난 것은 아니었다. 사람들은 이미 무황이 장씨 형제를 보호하면서 여론을 불식시켜야하는 어려운 상황에 처해있음을 알았다. 그녀는 이미 더 이상 변통할 방법이 없어 곤란한 상황에 직면했다.

장안 4년(704년), 이파의 중심인물인 장간지(張東之)가 요숭(姚崇)의 추천을 받아 재상이 되었다. 그리고 이때 장씨 그룹 중의 방융(房融)도 회주장사(懷州長史)에서 재상그룹에 진입하였다. 11월, 위사립(韋嗣立)의 형 위승경(韋承慶)이 재상그룹에 진입하였다. 이때의 재상그룹 중 양재사(楊再思)·위승경이 장씨 형제 쪽이고, 방융은 장씨 형제가 통제하고 있는 봉신부(奉宸府) 출신이었다. 반면 재상 그룹 중의 최현위(崔玄煒)와 장간지는 반장의 핵심인물이어서 쌍방은 팽팽한 균형을 이루고 있는 것처럼 보였다.

대략 장안 4년 10월부터 무측천의 병세가 점점 위중해져 재상들은 알현할 기회가 없었다. 이때 장씨 형제가 무측천을 시중들었다. 이치대로라면, 탕약을 시중드는 사람은 황태자 이현과 상왕 이단이어야 했다. 지금 이현과 이단은 한쪽으로 소외되었고, 무씨 자제들도 가까이 갈 수 없었다. 심지어 그녀의 유일한 딸인 태평공주도 가까이 갈 수 없었다. 이것은 당연히 그녀가 장씨 형제의 시중에 익숙해져있는 것과 관련이 있겠지만 무·이씨 중 어느 쪽을 편애한다는 점을 드러내고 싶지 않아서 일 것이다. 이때 그녀가 진정으로 신임한 사람은 장씨 형제였지만 안타깝게도 그들은 충직한 대신이 아니라 미남자였다. 그렇지 않았더라면 고명대신은 분명 그들 두 사람의 몫이었을 것이다.

무측천은 미남자에 빠져 정치에 대한 남다른 감각을 잃어버렸고 장씨 형제의 야심도 군신들의 반대를 불러왔다. 무측천이 중병에 걸린 후, 이·무파는 이를 이용해 서서히 움직이기 시작했으니 무주제국 최후의 순간이 다가오고 있었다.

제4절

여황제의 말로

신룡(神龍) 원년(705년) 정월, 무측천의 병세가 위중해졌다.

무측천의 노년정치에서 가장 큰 문제는 후계자 문제와 집정자의 건강문제였다. 노년정치를 한 원인은 권력에 집착해 물러나지 않기 때문인데 이는 후계자를 선정할 수 없게 한다. 시간을 끌수록 후계구도를 둘러싼 투쟁은 점점 치열해졌다.

신룡 원년에 일어난 쿠데타는 이당파의 세력이 다년간 비밀리에 준비하여 하루아침에 폭발시킨 결과이지만 무감각해진 무측천의 생각이 적에게 역습의 기회를 제공했다는 점도 부인할 수 없을 것이다. 영휘 연간에 황후가 되고 성력 연간 저위를 회복하기까지 무측천은 많은 어려움을 헤쳐 왔다. 그녀는 사람들과 투쟁하며 자신의 지위를 얻었다. 그녀는 성력 이후가 되어서야 여유를 찾았지만 이 역시 6·7년간에 불과했다. 그러나 이 6·7년 동안 이파는 그녀를 속이면서 결정타를 날렸다. 정치가로서 그들에게는 휴가란 있을 수 없었으며 잠깐의 방심도 멸족을 초래할 수 있었다.

성력 2년(699년), 무황의 나이는 벌써 75세였다. 오랫동안 정무에 힘썼다고 생각한 그녀는 즐기고 싶은 욕구가 생겼다. 이해 2월, 무측천은 장이지·장창종 등의 건의로 "공학감(控鶴監)"이라는 새로운 기구를 설치했다. 공학부에서 매일 하는 일은 음주가무 외에 시를 짓고 도박을 하며 조정대신들을 놀리는 것이었다. 무측천은 이 공학부를 신선이 사는 곳으로 만들려 한 것 같다. 이 건물은 화려하고 금빛 찬란한 요광전에 둘러싸여 있었다. 공학부 뒤쪽으로 길이가 1리 정도 되는 어화원이 있다. 어화원에는 직사각형 형태의 연못이 있다. 연못에는 작은 섬 두 개가 있는데 그 사방에는 화초와 수목들로 정교하게 그려진 패방(牌坊)과 유랑(遊廊)이 있다. 후에 신화를 날조하여 장창종의 전생이 고대 신선인 왕자진(王子晉)이라고 하였다. 왕자진은 전설상의 미남자로 후에 하늘로 올라가 신선이 되었다고 한다. 이 도가의 선몽(仙夢)을 보여주려고 장창종은 학창의(鶴氅衣: 학의 깃털로 만든 옷…옮긴이) 차림에 화양건(華陽巾)을 쓰고 정원 안을 한 바퀴 돌았다. 마지막에는 공학부(控鶴府)에 미소년들로 가득 채웠다. 이 미소년들은 무황의 "후궁의 미남"이 되었다.

후에 공학부는 봉신부(奉宸府)로 바뀌었다. 부 내의 관원들을 공봉(供奉), 그들의 우두머리를 공봉령(供奉令)이라 했다. 봉신부의 설치는 여론의 비난을 받았다. 무측천은 여론을 무마하기 위해 장창종 등에게 봉신부에서《삼교주영(三敎珠英)》을 편찬하도록 조서를 내리고 이교·부가모(富嘉謨)·서언백(徐彦伯)·장열·송지문(宋之問)

등의 문장가들을 모았다.

무측천은 건강이 나날이 악화되었지만 궁중의 연회에는 자주 참석하였다. 즐기고 싶은 이상 호화롭고 사치하지 않을 수 없었다. 국학의 권위자 전목(錢穆)은 당시 사람을 의아하게 만든 것은 왕실의 사치스런 생활이었다고 말했다. 태상(太常) 소속의 악인은 수 만 명이었고, 손님에게 식사를 제공하는 사람은 2,400명이나 되었으며, 천자의 행차에 동원된 사람은 22,221명이었다. 수많은 환관과 궁녀는 당나라의 정치가 부패한 중요한 원인이었다. 각종 문제들은 고종의 나태함과 무후의 안일함을 거쳐 현종 때 나타났다.

무주 정권의 마지막 몇 년은 장씨 형제에 의해 좌지우지 되었다. 특히 700년에 적인걸이 사망한 후로 무측천은 자신의 두 미남자에게 더욱 빠져 그들의 요구라면 무조건 들어주었다. 이전에 보기 드물었던 비호와 부패는 당시 아주 보편적이었다. 그녀는 이 총신들을 제약하는 조치를 취하지 않았다. 심지어 그들의 각종 비리와 관련된 민원들이 끊이지 않았는데도 이런 태도를 보였다. 무측천의 명망도 이로 사라져갔다.

무삼사는 무황 마음속의 비밀, 즉 즐기고 싶은 욕망을 발견했기 때문에 후궁연회에 적극적이었다. 무황은 장씨 형제가 없이는 즐길 수 없었다. 장씨 형제에게 다가가는 것은 무황에게 다가가는 것이었다. 이것은 무씨와 장씨가 합해지는 또 하나의 배경이다. 무삼사와 장씨 형제의 연합으로 무측천은 더욱더 유흥에 빠져들었다.

무측천이 향락에 빠져있을 때, 이파는 무·장이 연합하는 상황에 직면하였다. 그들도 남몰래 역량을 모으는 작업을 치밀하게 진행했다.

신공 원년(697년), 이소덕이 처형되자 이파는 중견역량을 잃었다. 그해 많은 일이 일어났다. 거란과 돌궐이 끊임없이 당나라를 침공했고, 장씨 형제도 정치무대로 올라오기 시작했다. 이 일련의 변화 속에서 차분하게 사태의 추이를 관찰한 인물이 있었다. 그가 바로 천하에 명망 높고 사건을 귀신처럼 처리했던 대리승 적인걸이다. 그의 이름은 민간에 모르는 사람이 없을 정도로 유명했다. 그는 지금 난대시랑에 있으면서 무후를 타도하고 당나라를 되찾고자 하였다. 그는 대세를 관망한 후 아직 시기가 오지 않았다고 판단했다. 그의 이번 거사는 건곤을 되돌리는 것처럼 어려운 일이었다.

낙양에 있는 적인걸을 추모하는 비석들

적인걸은 침착하고 냉정했다. 그의 지혜와 안목은 무후에게 뒤지지 않았다. 막역한 친구 몇 명만이 그의 생각을 알뿐 다른 사람에게는 절대 나타내지 않았다.

적인걸은 당연히 당나라 황실에 충성했다. 무씨 조카들이 단번에 높은 직위에 올라 세도를 부리자 사태의 추이를 관망할 수밖에 없었다. 무측천이 대업을 도모한 것처럼 적인걸 역시 인내와 계획이 필요하다는 점을 잘 알았다. 그가 당 황실을 중흥하기 위해서는 대담하고 세심한 능력이 있는 인사들이 필요했다. 적인걸은 결코 혼자가 아니었다. 그는 자신과 의기투합하는 장간지 등과 깊은 교분을 나누었다.

봉건군주제 사회에서는 정권이 교체될 때 가장 쉽게 변란이 발생할 수 있다. 순조로운 권력이양을 위해 역대 통치자들은 사전에 주도면밀한 계획을 세운다. 그중 가장 중요한 절차가 고명대신을 뽑는 것이다. 일반적으로 고명대신은 우선적으로 권력의 순조로운 이양을 보장하고 그 다음 새로운 군주를 보필하여 적절한 정책을 펼쳐야 했다. 700년, 무측천의 나이 76세가 되었다. 이현이 저위를 되찾은 후 그녀가 염두에 둔 문제는 당연히 후계자 문제였다. 무측천의 기존정책은 "이·무를 함께 대우하는" 것이었다. 11년 동안 공포정치를 행하면서 무씨 가족은 민심을 잃어버렸지만 무측천은 자신의 사후 이·무를 함께 대우하는 정책을 지속적으로 실행해줄 사람을 갈구하였다. 이로 봐도 그 임무가 얼마나 막중한 것인지 알 수 있다. 지금 그녀는 조정에 상당한 능력과 권위를 가지고 있는 장수출신으로 재상이 된 대신이 필요했다. 무측천은 적인걸을 가장 먼저 주목하였으나 나이도 고령인데다 몸도 좋지 않다고 여겨 적인걸이 자신을 대신해 이 중임을 맡을 인물을 물색해주길 희망했다.

적인걸과 무황은 중요한 담화를 나눈 적이 있다. 그녀는 그에게 재상이 될 만한 "뛰어난 인사"를 추천해줄 것을 요구했다. 적인걸이 말했다. "만일 폐하께서 원하시는 인물이 문인출신이라면 이교나 소미도면 충분할 것입니다. 만일 폐하께서 원하시는 인물이 탁월한 기재라면 신은 다른 인물을 추천할까 합니다."

무측천은 그가 누구인지 묻자, 적인걸이 말했다. "형주장사(荊州長史) 장간지이옵니다." 곧이어 적인걸은 장간지의 장점과 단점을 언급했다. 그가 언급한 결점은 나이가 너무 많다는 점이었다(당시 75세 정도였다). 이것은 적인걸이 처음으로 장간지를 추천한 것이다. 이번 추천으로 무황은 장간지를 형주장사에서 낙주사마(洛州司馬)로 승진시켰다. 얼마 후 무측천은 적인걸에게 "뛰어난 인사"를 추천해줄 것을 재차 요구했다. 적인걸은 여전히 장간지를 추천했다. 장간지는 재상급 인재이기 때문에 사마(司馬)로는 충분하지 않다고 보았기 때문이었다. 이번 담화 후 장간지는 사형소경(司刑少卿)으로 발탁되었지만 재상은 아니었다. 무측천에게 장간지는 그리 낯설지 않은 인물이었다. 2년 전, 장간지는 무연수가 돌궐로 신부를 맞이하러가는 것에 반대하는 상소를 올렸다가 무황의 노여움을 받아 봉각사인에서 합주자사(合州刺史)로 좌천당했다. 무측천은 이 사람을 의심하였지만 그래도 관직을 높여주었다. 그 목적은 적인걸을 잠깐 붙잡아 두기 위함이었지 정말로 장간지를 "뛰어난 인사"로 보아서가 아니었다.

적인걸이 성공한 점은 무측천에게 가장 원치 않았던 인사였던 이당파의 장간지를 받아들이게 했다는 점이다. 적인걸이 장간지를 추천한 것은 이현이 저위를 되찾은 후의 정치적 노림수였다. 적인걸은 장간지 외에 환언범(桓彦範)·경휘(敬暉)·요숭(姚崇) 등을 추천했다. 이들은 이후 쿠데타 세력의 핵심이었다. 의도가 더욱 분명해졌다. 그들이 함께한 것은 우연이 아니었다. 그들은 쿠데타를 일으키기 전에 치밀한 인사준비를 했다. 적인걸은 막후의 총지휘자였다.

적인걸은 어떻게 무측천에게 자신이 "이·무를 함께 우대한다."는 정책의 충실한 집행자라는 믿음을 줄 수 있었을까? 어떻게 자신의 계획을 아무도 모르게 순조롭게 진행할 수 있었을까? 이것은 주도면밀한 그의 처신 외에 무측천의 대세관 상실과 느슨해진 경계심에 있다. 자신이 추천한 인사를 넣기 위해 적인걸은 세상사에 무심해하거나 자신을 타락시키는 등의 연막전술을 펼쳤다. 적인걸은 만년에 무측천이 주최한 연회에 자주 참석하였다. 참가한 사람들은 무삼사·장이지·장창종을 비롯한 몇몇 문인학사들로, 대부분이 봉신부의 단골손님들이었다.

《시비(詩碑)》에는 적인걸의 시가 수록되어 있다. 그중 한 구절은 다음과 같다. "노신(老臣)이 현포연(懸圃宴)에 배석하니, 이제야 여생을 적송자(赤松子: 신농씨 때 비를 다스렸다는 신선)와 보낼 수 있네."

"현포연"은 "시연(詩宴)"을 말한다. "이제야 여생을 적송자와 보낼 수 있네."는 여생이 얼마 남지 않아 정치에 마음을 쓰고 싶지 않음을 의미한다. 적인걸의 시는 경물을 대하고 지은 평범한 시이지만 정치적으로 보면 매우 고심하여 지은 시이다. 적인걸의 말은 그가 추천한 장간지의 움직임과 함께 연관시켜 봐야한다. 이 두 가지 일은 시기적으로 큰 차이가 나지 않는다. 더 중요한 것은 적인걸이 장간지 등을 추천하여 쿠데타를 준비하면서 시회(詩會)를 이용하여 연막전술을 펼쳤다는 점이다. 이렇게 하여 그는 무주에게 치명적인 일격을 가할 준비를 진행했던 것이다.

적인걸의 연막전술은 이것만이 아니었다. 잡사(雜史)에는 기록하고 있다: 적인걸은 만년에 지나칠 정도로 재물을 좋아하였다. 적인걸이 재물을 좋아한 시기는 그가 비밀리에 이당왕조의 회복을 준비하던 시점이었다. 숭고한 이상을 가진 사람이 목숨은 기꺼이 내던지면서도 재물은 어떻게 그토록 좋아했을까? 사실, 이 역시 적인걸의 연막전술이었다. 자신을 타락시킨 것이 계책이라면 계책이었다. 그가 지나치게 고결하려 했다면 무파의 의심을 받았을 것이다. 적인걸은 고결한 명성보다 대업을 중시했다.

적인걸이 자신을 타락시킨 것은 그와 장씨 형제와의 관계에서 알 수 있다. 조정에서 장씨 형제를 끊임없이 비난했음에도 적인걸은 그들과 교류했다. 이현이 저위를 되찾기 전, 장씨 형제는 적인걸에게 자신들의 안녕을 도모할 방법을 물었다. 적인걸은 조정의 비난을 받기 위해 고의로 장씨 형제와 어울렸다. 그는 장창종과 내기를 하여 얻은 값이 나가는 가죽 옷을 자신의 가노에게 내렸다. 이것이 재물에 빠진 것인가? 그는 인내하며 훗날을 도모하였다. 보통 사람들은 그의 의도를 알 수 없었다. 무측천 조차 그를 신임했다.

구시(久視) 원년(700년), 적인걸은 여생이 이제 얼마 남지 않았음을 느꼈다. 그는 이제 진인사대천명(盡人事待天命)의 심정으로 편히 눈감을 수 있었다. 이해 9월, 적인걸은 장간지와 밀담을 나눈 후

세상을 떠났다. 그는 임종 때 조정을 적임자에게 맡겨 걱정할 것이 없었다. 그때 그의 나이 71세였다. 그는 때가 되면 장간지가 거사를 일으킬 것이기 때문에 자신이 직접 움직일 필요가 없음을 알았다.

적인걸의 묘

장안 4년(704년), 이파의 또 다른 핵심멤버 요숭의 거듭된 추천으로 장간지는 마침내 재상이 되었다. 당시, 요숭의 관직은 상왕부장사(相王府長史) 겸 하관상서(夏官尚書)로 재상그룹의 일원이었다. 얼마 후, 요숭은 무측천에게 글을 올렸다. "신이 상왕 곁에 있으면서 병권을 쥐고 있는 것은 좋지 않을 것이옵니다. 신이 명을 거역하는 것이 아니라 상왕에게 좋지 않는 영향을 끼칠까 두렵습니다." 요숭의 뜻은 상왕 이단은 태자는 아니지만 병권을 쥔 사람이

제6장 이씨 당나라로의 복귀

그의 부에서 근무하면 태자 이현이건 상왕 이단이건 서로에게 좋지 않고 무주의 안정에도 불리하다는 것이다. 무측천은 그의 생각이 옳다고 여겼다. 그녀는 요숭을 자신을 잘 보필하는 사람이라고 여겨 하관(예부) 상서로 임명하였다.

이후, 요숭은 장이지 형제에 의해 배척되었다. 9월, 요숭은 영무도행군대총관(靈武道行軍大總管)에 임명되었다. 8월에서 9월에 이르는 짧은 시기동안 세 명의 재상, 즉 위안석·당휴경(唐休璟)·요숭이 자리를 옮겼다. 그때 무측천은 병이 많아지는 시점이었다. 그녀는 유능한 재상의 필요를 절감했다. 그래서 무측천은 요숭에게 지방관 중에 재상이 될 만한 인물을 물었다. 이 기회를 이용해 요숭은 떠날 때 장간지를 추천하였다. 그는 무황에게 대답했다. "장간지는 지략이 뛰어나 대사를 감당할 수 있을 것이옵니다. 다만 나이가 있으니 폐하께서는 하루 빨리 그를 중용하시옵소서." 무측천은 결국 추천을 받아들였다. 10월, 당시 추관(형부)시랑이던 장간지는 재상에 올랐다. 그의 나이 이미 80세였다. 2개월 후 그는 쿠데타를 일으켰다.

요숭의 추천은 적인걸의 추천과 연속선상에서 봐야 할 것이다. 요숭은 적인걸과 가까운 인물이었고, 그 본인도 적인걸의 추천을 받았다. 그는 자진해서 병권을 내놓았기 때문에 무측천의 신임을 받고 이를 발판으로 추천에 성공할 수 있었다.

장간지는 재상에 임명되자 곧바로 쿠데타를 이끌 간부를 물색하기 시작했다. 가장 먼저 한 일은 양원염(楊元琰)을 우우림장군(右羽林將軍)에 임명한 것이다. 임명 때 장간지는 양원염을 일깨워주었다. "그대에게 이 직책을 맡긴 것은 이유가 있기 때문이오. 지난날 야밤에 강에서 한 말을 잊지 말고 함께 힘을 모으세." 사서에는 기록하고 있다: 고종이 붕어한 지 얼마 되지 않아 왕공들이 연금을 당했을 무렵, 장간지가 당시 형주자사로 있던 양원염의 후임으로 왔다. 두 사람은 야밤에 강에 배를 띄워 밀담을 나누었다. 무후가 당실의 왕공들을 연금시켰다는 말이 오가자 두 사람은 격노했다. 양원염은 이당을 다시 세우고자하는 뜻을 품었다.

쿠데타 전날 밤, 장간지는 이미 환언범·경휘·최현위(崔玄暐)·원서기(袁恕己)와 결탁하여 쿠데타 지휘부를 구성했다. 환언범은 어사중승에 있었고, 원서기는 우대중승과 상왕부장사에 있었다. 경휘는 중대우승(中臺右丞)과 은청광록대부(銀靑光祿大夫)에 기용되었다. 최현위는 무측천이 능력을 인정하여 직접 발탁한 대신으로 장안 4년 재상에 임명되었다.

쿠데타에 만전을 기하기 위해 장간지는 쿠데타 그룹의 중견인물들을 금군에 집어넣었다. 장간지는 이미 양원염을 우우림위장군(右羽林衛將軍)에 임명하였다. 궁정 위사(衛士)와 수도방위 병력에는 보병과 기병을 포함해 여러 부대들이 있었다. 남위(南衛)는 경성의 순찰을 담당하며 안전을 책임졌고, 북위(北衛)는 황성을 지키는 임무를 맡았다. 남·북위는 또 약간의 부대로 나누어져 있는데 6명의 상장군이 통솔하였고, 그중 좌우림위대장군이 가장 중요했다. 금위군에 파견된 인물 중에는 양원염 외에 경휘·환언범·이잠(李湛) 등이 있었다. 장간지 등이 자신의 도당들을 금위군에 보낼 수 있었던 것은 금위군 내부에 지위가 높은 동맹자인 좌우림위대장군 이다조(李多祚)를 포섭했기 때문이다. 이다조의 지지가 없었다면 장간지는 이렇게 많은 사람들을 금위군에 넣을 수 없었을 것이다.

이다조는 말갈족 출신으로 금위군에 20여 년간 복무한 고참이었다. 장간지는 그와 밀담을 나누며 선제를 애도하는 그의 마음을 자극했다.

"장군, 누가 지금의 부귀영화를 내리셨소?"

"대제(大帝)이십니다." 그가 말한 대제는 바로 고종 이치를 말한다.

장간지가 이 틈을 타 말했다. "대제의 아들이 장씨 형제의 협박을 받고 있습니다, 장군께서는 설마 수수방관하며 대제의 은덕을 져버릴 겁니까?"

"은덕에 보답해야지요! 그대의 지시를 따르겠소!" 감동한 이다조는 하늘에 맹세했다.

그러나 쿠데타가 성공하려면 태자 이현과 상왕 이단의 지지가 필요했다. 이현은 쿠데타 그룹이 추대하는 인물이었다. 쿠데타의 목적은 바로 그를 황제보좌에 앉혀 이당 황실을 회복하는 것이다. 이현은 전국에 영향을 줄 수 있는 정치적 위상을 가지고 있었다. 쿠데타가 성공하려면 이현의 이름이 필요했다. 경휘가 이현을 동원하는 임무를 맡았다. 그는 태자에게 접근할 기회를 엿보고 있었다. 당시 이현은 궁성의 북문에 거주하고 있었다. 환언범과 경휘가 이현을 알현하고 쿠데타 계획을 알려주자 이현은 승낙하였다. 이단과의 소통을 책임진 원서기도 임무를 완성했다.

모든 준비를 끝낸 후 장간지는 사람을 보내 영무도대총관으로 있던 요숭을 청했다. 요숭은 먼 곳에서 경성으로 왔다. 장간지는 요숭이 도착했다는 말을 듣고 기뻐하며 말했다. "모든 준비가 끝났습니다."

이파가 준비에 여념이 없을 때 무측천의 세력은 나날이 약화되었다. 장안 4년 말, 무측천은 병이 위중해 낙양궁의 침전 장생원(長生院)에 오랫동안 거주했다. 이해의 마지막 몇 개월부터 여황제는 침상에서 일어나지 못했고, 장씨 형제가 침소를 지키며 시중들었다. 오랫동안 침상에 있었던지 무측천의 정보루트는 제대로 작동하지 않았다. 나이든 호랑이가 후각과 시력을 상실한 것처럼 그녀는 외조의 움직임을 효과적으로 파악할 수 없었다. 이것은 그녀의 정책결정에 큰 어려움을 주었다.

장안 4년 12월, 낙양의 거리에 서명이 없는 동일한 내용의 격문이 수없이 나붙었다. 장씨 형제가 모반을 일으키려 한다는 것이다. 모반을 일으키려면 병권이 있어야 했지만 장씨 형제에게는 병권이 없었다. 장씨 형제가 가까이 한 문인학사들 중에서도 병권을 가진 사람은 없었다. 장역지 등은 장간지가 대규모 인사이동을 단행한 것에 의심이 생겨 무유의(武攸宜)를 우우림대장군에 추천하였다. 실제적으로 무유의에게 군권을 위임한 것도 장간지가 계획한 것으로 장씨 형제를 안정시키기 위한 책략이었다. 그러나 장씨 형제의 역량도 무시할 수 없었다. 병권이 없는 장씨 형제에게는 무황의 총애라는 일종의 특수한 권력이 있었다. 장씨 형제는 천자의 최측근으로 최고 권력에 가장 가까운 인물이었다. 그들이 이런 권력을 이용해 정적을 친다면 가공할 위력을 발휘했을 것이다. 그가 성지를 날조하여 장간지 등의 직책을 파면하고 이현의 저위를 폐위한다면 이당파로서는 속수무책이었을 것이다. 그래서 이당파는 이런 상황을 계속 두고 볼 수 없었다. 재상 최현위가 장이지 형제를 무측천 곁에서 몰아내려고 하였다. 무측천의 병이 차도를 보이자 재상 최현위는 무황에게 말했다. "황태자와 상왕은 효심이 지극해 폐하의 약시중을 들 수 있습니다. 폐하, 궁궐에 다른 성을 가진 사람들을 절대 출입시키지 마시옵소서." 무측천은 응내하지 않았다. 장씨 형제가 모반을 일으키려고 한다는 것은 장간지 쪽에서 퍼뜨린 연막전술로 쿠데타를 일으키기 위한 구실이었다. 반면 금군 지휘관을 빈번하게 조정한 것은 더욱 분명한 쿠데타 징조였다. 무측천이 기민했다면 이러한 움직임을 포착했을 것이다. 이것은 말년 정치의 비애이다.

신룡 원년(705년) 정월, 무측천의 병이 위중했다. 그녀의 침궁에서는 걱정스런 소식들이 계속 전해졌다. 그녀의 곁에는 여전히 장씨 형제가 시중들고 있었다. 쿠데타가 임박했다.

치밀한 준비를 통해 장간지 등은 정월 22일 쿠데타를 일으켰다. 두 부대가 쿠데타에 참가했다. 황궁을 지키는 "북군(北軍)"은 기병 1,000명과 보병 500명을 보유했다. 그들의 임무는 황궁을 포위하고 장생전(長生殿)으로 진공하여 무측천을 압박해 양위하게 만드는 것이었다. 이 부대는 장간지·환언범·경휘·최현위·양원염 등이 지휘하였다. "남아병(南牙兵)"의 임무는 북군이 궁정으로 진격할 때 수도 각지의 요지를 장악하고 장창종의 하인들을 포위해 그의 저택을 통제하는 것이었다. 상왕 이단의 명의로 지휘하는 것으로 되어있지만 실질적으로는 원서기가 지휘를 책임졌다. 이다조 등은 이현이 직접 나서서 쿠데타를 지휘할 수 있도록 영접하는 임무를 맡았다.

계획은 치밀해 각 계층의 사람과 타협이 이루어졌다. 그러나 현무문 통과가 문제였다. 현무문은 궁궐로 들어가는 주 관문이어서 통치자들은 늘 정예병사로 지키게 하였다. 현무문을 장악하지 못한다면 쿠데타는 실패할 것이다.

현재 "천기(千騎)"라고 하는 최정예 부대가 현무문을 지키고 있다. 천기의 전신은 당태종이 세운 "백기(百騎)"였다. 당태종은 용맹하고 힘이 센, 특히 활을 잘 쏘는 사람들을 뽑아 "백기"를 창설하였다. 태종이 사냥을 나갈 때 백기가 그의 말 전후로 호위하였다. 후에 무측천은 이를 "천기"로 확대 개편하였다. 천기의 지휘관은 전중감(殿中監) 전귀도(田歸道)였다. 전귀도는 무삼사·장씨 형제와 친분이 있었지만 쿠데타라는 큰 문제에서는 이파를 지지했다.

쿠데타를 일으킨 후, 경휘 등은 사람을 보내 전귀도에게 천기의 지휘권을 내줄 것을 요구했으나 전귀도는 거절하였다. 전귀도는 사전에 쿠데타에 참가하지 않아 장간지 등의 행동을 의심하고 있었기 때문에 권위 있는 인물이 나서야 그의 의심을 거둘 수 있었다. 이 권위 있는 인물이 바로 이현이었다. 이현이 현무문에 오자 전귀도는 의심을 거두고 문을 열었다. 손에 번뜩이는 병기를 든 일군의 사람들이 무측천이 거주하는 장생전으로 달려가 두려움에 떨고 있던 장역지 형제를 찾아내 전 아래에서 참수했다.

쿠데타의 주모자들이 장생전으로 들어갔다. 여러 해 동안 그들은 줄곧 경외심을 갖고 무측천의 면전에 섰으나 오늘은 달랐다. 무측천은 밖의 소란스런 소리를 듣고 침상에 앉았다. 그녀는 위엄을 잃지 않았다. "누가 소란을 피우느냐!" 그녀는 권위적인 어투에 익숙했다. "장이지 형제가 모반을 일으켜 신 등이 태자의 명을 받들고 그들을 처형했나이다. 사전에 폐하께 아뢰지 못한 점 죽어 마땅하옵니다." 사람들은 대답하며 이현을 앞으로 내세웠다.

무측천은 아들 이현을 보고 큰 소리로 꾸짖었다. "너도 있었느냐! 빨리 돌아가거라. 두 사람이 죽었으니 이제 만족하겠느냐." 평소 무측천을 두려워했던 이현은 이때 아무런 대답도 못했다. 환언범이 성큼 앞으로 나와 말했다. "외람되오나 신들은 폐하의 뜻을 따를 수 없습니다, 태자는 돌아갈 수 없습니다. 선제께서 태자를 폐하께 맡기셨습니다. 폐하께서는 일찍이 황위를 태자에게 물려주셔야 했습니다. 지금 폐하께서는 퇴위하시고 태자가 황위에 등극하도록 해주시옵소서."

이 말을 듣고 무측천은 차분하게 앞쪽에 서있는 관원들의 면면을 살펴보았다. 그녀는 이잠을 발견했다. 이잠은 이의부의 아들이었다. 이의부는 유배지에서 사망하였으나 상원 초년 무측천은 그의 처와 아들을 사면하여 낙양으로 돌아오게 해주었다. 여의 연간에는 또 이의부가 맡고 있었던 양주대도독직을 내렸다. 죽은 사람을 기용할 수 없으니 이잠이 아버지의 덕을 보았다.

"아니, 이잠도 있었느냐! 너와 너의 부친은 나의 은택을 받았다. 그리고 최현위, 내가 직접 그대를 발탁하였다. 정말 뜻밖이구나!" 이잠은 대답할 수 없었다. 최현위가 말했다. "지금 하는 일이 폐하의 은혜에 보답하는 것입니다!"

무측천은 이미 되돌릴 수 없다는 것을 알았다. 그녀는 병을 치료하기 위해 황태자에게 정권을 넘긴다는 의사표시를 했다. 법률적으로 이현은 이 제서(制書: 천자가 명령을 내리는 문서의 일종…옮긴이)로 제위를 부여받았다. 쿠데타가 성공했다. 근 반세기 동안의 무측천 통치가 끝나는 순간이었다.

신룡 쿠데타 이후, 무측천은 후궁으로 퇴거해야 했다. 몸이 좋아졌다면 때를 봐서 직접 반 쿠데타 세력을 이끌었을 것이다. 그러나 그녀는 몸이 좋지 않아 이런 모험을 포기했다. 그녀는 지금 쿠데타를 주도한 장간지 등에게 호된 맛을 보여주고 싶었지만 연금 상태이기 때문에서 권력도 없었다. 그녀가 생각한 것은 중종을 이용해 보복하는 것이었다.

쿠데타가 일어난 후, 무측천은 상양궁(上陽宮)으로 이주하였다. 중종은 궁중에서 그녀를 알현했을 때 크게 놀랐다. 원래 노년의 무측천은 화장을 좋아해서 곁에 있는 자손이라도 그녀의 노쇠를 알아보지 못했다. 상양궁으로 이주한 후 무측천은 화장을 하지 않았고 심신까지 피폐해져 얼굴이 초췌해져 있었다. 중종은 이를 받아들일 수 없었다. 무측천은 마지막 기회라고 생각해 아들에게 울며 하소연했다. "내가 방릉(房陵)에서 너를 맞이한 것은 천하를 너에게 주기 위함이었다. 그런데 도적 다섯 명이 나를 이토록 놀라게 하는구나!" 중종 역시 슬피 울며 엎드려 사죄했다. 이 기회를 이용해 무삼사 등이 그 음모에 가담했다. 다음해, 장간지를 비롯한 다섯 명은 피살되었다.

무측천은 장간지 등의 죽음을 보지 못했다. 신룡 원년 겨울, 그녀는 상양궁 선거전(仙居殿)에서 향년 81세로 세상을 떠났다. 사망하기 전 그녀의 유조는 간단하면서도 의

당고종과 무측천이 합장되어 있는 건릉(乾陵)

미심장했다. "제호(帝號)를 없애고 측천대성황후(則天大聖皇后)로 부를 것이며, 고종의 건릉에 부장하라. 공과를 후인들에게 맡긴다는 의미에서 능묘에 아무 것도 쓰지 않은 비를 하나 세우라. 왕 황후·소숙비 두 집안과 저수량·한원·유석을 비롯한 화를 입은 사람들의 성씨와 관직을 복권하라." 당시 여황은 모든 것이 부질없음을 느꼈을 것이다. 그녀가 마음에 둔 것은 당시 자신을 괴롭히던 정적도 아니고, 하루 강아지 범 무서운 줄 모르고 날뛰고 있던 신흥귀족도 아니고, 얼마 전에 죽은 장씨 형제는 더더군다나 아니었다.

수양제·무측천·당명황은 무능한 군주들이 아니었다. 그들의 시대는 태평성대를 구가했지만 그 몰락은 산사태가 일어나는 것처럼 막을 수 없었다. 그들의 공통점은 지나치게 안일과 향락에 빠져 정치가로서 지녀야 할 감각을 상실했다는 점이다. 달콤한 술이 사냥개의 코를 마비시키면 어떻게 늑대의 냄새를 맡을 수 있겠는가?

무측천은 나이가 들어 병이 많아졌고, 이현은 적인걸과 장간지 등의 도움으로 무측천에게 양위할 것을 압박했다. 무측천은 이씨 당나라로 돌아감으로써 자신의 정치인생에 종지부를 찍었다.

무측천의 일생은 임기응변에 정통한 일생이었다. 그녀는 평범한 재녀로서 궁정투쟁을 통해 황후가 되었고 이어 조정을 이끄는 "이성(二聖)"이 됨과 동시에 천후로 추존되었다. 자신의 세력이 커지자 직접 섭정하며 자신만의 대주제국을 세웠다. 그녀는 정치인생에서 최고 권력을 목표로 삼았다. 이를 위해 그녀는 수단과 방법을 가리지 않고 갖은 지략을 동원했다. 그녀의 눈길은 시종일관 당나라의 흥망성쇠에 집중되었다. 임어당(林語堂)이 지적한대로 "무측천의 바램은 당당하고 원대했다. 그녀가 진정으로 관심을 보이고 흥미를 느낀 유일한 대상은 대당제국이었다."

저자 **우지앙(吳江)**

중국 인민대학(人民大學) 역사과에서 석사학위를 취득했다. 현재 정부기관에서 공무원으로 근무하고 있다. 중국역사에 정통하며 특히 중국 역대 제왕들에 대해서 조예가 깊다. 이와 관련된 여러 편의 저술이 있다.

역자 **권용호**

중국 남경대학 중문과에서 문학박사학위를 취득했다. 현재 한동대학교 객원교수로 있다. 옮긴 책으로는 《중국역대곡률논선(中國歷代曲律論選)》(2005년), 《송원희곡사(宋元戲曲史)》(2007년), 《중국의 고대 잡기(雜技)》(2010년; 공역) 등이 있다.

측천무후(則天武后)

초판 1쇄 발행 2011년 5월 31일
초판 2쇄 인쇄 2019년 3월 1일
초판 2쇄 발행 2019년 3월 10일

저　　자ㅣ우지앙
역　　자ㅣ권용호
펴 낸 이ㅣ하운근
펴 낸 곳ㅣ學古房

주　　소ㅣ경기도 고양시 덕양구 통일로 140 삼송테크노밸리 A동 B224
전　　화ㅣ(02)353-9908　편집부(02)356-9903
팩　　스ㅣ(02)6959-8234
홈페이지ㅣhttp://hakgobang.co.kr/
전자우편ㅣhakgobang@naver.com, hakgobang@chol.com
등록번호ㅣ제311-1994-000001호

ISBN　978-89-6071-203-4　03900

값 : 18,000원

※ 파본은 교환해 드립니다.